发展援助的未来

西方模式的困境和中国的新角色

李小云 ◎ 著

中信出版集团 | 北京

图书在版编目（CIP）数据

发展援助的未来：西方模式的困境和中国的新角色/李小云著. -- 北京：中信出版社, 2019.6
ISBN 978-7-5217-0387-0

Ⅰ.①发… Ⅱ.①李… Ⅲ.①对外经济援助—研究 Ⅳ.① F114.4

中国版本图书馆 CIP 数据核字 (2019) 第 070959 号

发展援助的未来——西方模式的困境和中国的新角色

著　　者：李小云
出版发行：中信出版集团股份有限公司
　　　　　（北京市朝阳区惠新东街甲 4 号富盛大厦 2 座　邮编　100029）
承　印　者：北京楠萍印刷有限公司

开　　本：787mm×1092mm　1/16　　印　张：19.5　　字　数：240 千字
版　　次：2019 年 6 月第 1 版　　　　印　次：2019 年 6 月第 1 次印刷
广告经营许可证：京朝工商广字第 8087 号
书　　号：ISBN 978-7-5217-0387-0
定　　价：68.00 元

版权所有·侵权必究
如有印刷、装订问题，本公司负责调换。
服务热线：400-600-8099
投稿邮箱：author@citicpub.com

目 录

序 言 / V

第一编 发展援助从何而来？

第一章 西方发展援助 ABC / 003

从利文斯通到杜鲁门 / 004

从"四点方案"到"釜山会议" / 008

西方发展援助的三个伦理视角 / 014

西方发展援助体系如何制造全球公共品 / 019

西方发展援助的知识生产机制 / 022

西方国家私营部门如何参与国际发展合作 / 027

美国的对外援助 / 034

非洲朋友眼中的中西援助差异 / 043

第二章 西方发展援助出了什么问题？ / 047

迪顿的"援助错觉" / 047

为何援助备受争议？／052

"有效性"的战略为何走向"无效"？／060

撕破的西服／064

世行的闲话／068

不断变化的议程／072

西方发展援助有哪些经验和教训？／077

第三章　西方发展援助走向何处？／081

"全球有效发展合作伙伴"的诞生／082

西方发展援助体系的自我拯救？／084

特朗普当选会改变西方发展援助吗？／088

德国版"非洲马歇尔计划"／093

第二编　新发展知识

第四章　新发展知识的兴起／099

历史的故事／099

新发展知识的兴起／109

新兴国家与全球、区域公共品供给／113

"新南南合作"的兴起／115

"想象"的建构与经验的平行分享／119

林毅夫挑战了什么？／123

第五章　新发展机构的出现／130

从斌椿到亚投行／130

亚投行是替代性的"发展知识银行"吗？／135

亚投行应成为新型发展知识银行／136

目 录

与亚投行争，日本的钱不一定管用 / 138

第六章 中国与新发展知识 / 140

中国能为世界提供什么？/ 141

中国发展知识能成为世界性知识吗？——以农业发展知识为例 / 144

中国学者眼中的国际发展合作 / 149

中国是否重塑了国际发展架构？/ 157

中国如何分享农业技术 / 170

全球发展合作中新兴大国缺席可以吗？/ 173

中国如何回应"全球有效发展合作伙伴" / 175

中国与世界的新关系：社会科学家的在场性 / 178

第三编 中国对外援助

第七章 中国对外援助 ABC / 187

中国为何要援助贫困国家？/ 187

如何理解中国的对外援助 / 193

国内公众对对外援助的认知 / 202

600 亿美元是什么？/ 208

对外援助的历史与改革要务 / 212

中国需要新型对外援助 / 215

第八章 如何看待中国的对外援助 / 221

世界减贫需要更多中国声音 / 221

中国发展研究的萌芽 / 228

评价中国对外援助的标准是什么？/ 231

如何看待中国的对外援助效益？/ 237

中国对外援助超过美国了吗？/ 239

中国的"发展研究"将迎来新时代 / 244

发展工作在中国：从何处来，往何处去？/ 247

第九章　中国为什么援助非洲 / 255

非洲对中国发展的四大战略意义 / 255

中国援非的历史经验与微观实践 / 260

对非洲的报道缺了什么？/ 272

非洲有值得我们学习的地方吗？/ 276

私企走进非洲，功课须先做足 / 281

"白衣天使"的援非使命 / 283

中国援非专家如何更好地助非发展 / 288

讲好中国故事勿要变成仅讲中国"好故事"/ 291

序　言

1985年5月的一天，我的老师对我说，你明天去陪一下德国专家艾迪特博士到颐和园参观一下。老师说，你先熟悉一下他，日后可能会派你去德国留学。我当时硕士即将毕业，想出国读博士。艾迪特是这位德国专家的中文名字，这是我平生第一次近距离接触西方人。我和同学孙其信陪艾迪特先生游览了颐和园。我不记得与艾迪特先生都交流了什么，好像孙其信和他说的话更多。实话说，那时候我的英语口语水平至多只能说些你好、再见之类的话。在这本书的序言一开始就讲这件事的主要原因是，我从来都没有想到这件事情居然会与我过去几十年所做的工作密切相关，国际发展援助竟然成了我的专业，我当时还并不知道什么是国际发展援助。艾迪特博士是20世纪80年代中国和联邦德国政府间发展合作项目"中德综合农业发展中心"项目的德方代表，是派驻到中国的德方长期专家。我当时只是只言片语地从老师那里获知德国政府在未来五年中为这个项目提供800万德国马克的援助。我当时想，这德国人为啥要为中国提供这么多钱的援助呢？直到我博士毕业，我的老师再也没有跟我提及送我到德国留学的事情，我也再没有和艾迪特博士有过直接的接触。

发展援助的未来

1987年，我在原中央农村政策研究室工作，当时有一个关于中国农业发展是不是应该依然坚持提高化肥施用量的讨论，我写了一篇文章，论述了中国人多地少，需要注重通过良种和化肥的应用，提高土地产出。这篇文章报给了研究室主任杜润生先生，杜先生在文章上做了批示，他讲文章写得很好。正好这时国际施肥大会在中国召开，杜先生让我去参会。我在这个会上见到了当时北京农业大学（现中国农业大学）副校长、著名的土壤化学专家毛达如教授，他跟我讲，你到学校来工作吧，我们有一个中国－联邦德国综合农业发展中心项目。他的邀请让我想到了几年前和艾迪特博士的简短接触。我对毛达如教授讲，我考虑考虑。1988年年底，我在中央农村政策会议上碰到了当时北京农业大学的校长石元春院士，石元春院士对我讲，你可以考虑考虑回到学校工作，你知道我们有一个中德项目吗？我说，知道呀，毛校长也跟我讲过这个事。1989年，出于多方面原因，在两位校领导的邀请下，我回到了北京农业大学担任中德综合农业发展中心常务副主任兼中德综合农业发展中心项目中方副代表。当时中心的主任是老校长安民教授，项目中方代表是毛达如教授，我实际上是日常工作的负责人。我报到后，毛达如教授、安民教授带着我正式见到了艾迪特博士。艾迪特博士带着疑惑不解的神情，看着中方给他配了一个只有二十多岁的年轻人，问了很多问题，我基本上都听不懂，是由我们的老校长安民教授做的翻译。我从来没有想过，当时让我去陪同一下的这位德国专家，以后我要和他一起工作，更为尴尬的是，每次开会，我都需要翻译，当时我们的德文翻译是现在在联合国妇女发展署工作的郭瑞香女士。不久，艾迪特博士给了我一本小薄书，英文名是 *The Guidelines of Integrated Rural Development*（《综合农业开发指南》）。我从这本书里了解了社区开发、参与、性别、赋权等很多概念。我在工作中开始了解发展项目的规划、监测和评价，

序 言

开始了解国际发展项目，并且把这些概念都视为西方的先进理念。我从来没有对这些理念提出过任何质疑，客观地说，我当时也没有那样的视野和知识水平来质疑。

后来，在这个项目的支持下，我踏上了西方的土地，在德国和荷兰学习了农村发展、发展研究理论和实践的方法。我学习的课程都是德国和荷兰为在发展中国家从事发展工作的人设置的课程。我的身份就是所谓的"当地合作伙伴"。我在德国、荷兰比较系统地接触到国际发展的概念、理论和实践方法，把这些理论和实践方法都当作西方先进的知识，认真地学习。回国后，我将我学到的这些理论和实践经验在中国进行传播。1992年，中德综合农业发展中心来了一位德方派出的培训专家，她的中文名字叫杨嘉琳。她从其他德国援助中国的项目中承接了很多咨询类的合同工作，带着我们中心的工作人员开始为德国的项目和其他国际组织的项目提供咨询服务。从事这样一项工作的理由是，要让德国的援助项目逐渐成为经济上可持续的项目，这样我和我的同事就从原来的"当地合作伙伴"转变成"当地专家"。我后来将这种当地专家取名为"发展掮客"，就是一种穿梭在外方和中方之间的协调人，给外方解释中方的意图、中方的想法，有时候实际上更多的是在落实外方的理念。外方每天支付100德国马克的费用，相当于现在每天500元人民币，而当时的工资水平也就是每月100元人民币。我们逐渐成了很多国家和国际组织对华援助非常重要的当地专家团队，我自己也成了"知名的国际发展专家"。在以后很长的一段时间里，我从来没有思考过国际发展究竟是什么，我遇到最多的问题就是每到一个地方，很多国内的项目单位的同志都会问，他们为什么要给我们提供援助？我总回答，他们有钱有技术，他们想帮助发展中国家发展起来。我这样的回答，实际上也是发达国家对外援助和国际发展组织从事发展援助所讲的他们的援

发展援助的未来

助目的。我对此一直深信不疑。我在这个过程中先后编写了农村区域发展规划、农村妇女与发展研究、性别与发展、参与式发展等方面的书，我的同事也编写了国际发展项目管理、参与式培训等方面的书。我和我的同事在实践过程中同时传播了国际发展援助的理论和概念。所以，客观地说，我和我的同事都算是典型的"发展掮客"。

1998年，中德综合农业发展中心团队召开了一个内部会议，讨论我们走向何处的问题。最后，大家一致同意我们不应成为一个纯粹的发展咨询公司，而应该成为一个大学的教学科研部门。同年，我找到福特基金会的代表托尼·赛奇博士和麦思文博士，请求他们为我们建立学科提供资助。我与福特基金会在过去几年中一直都有比较紧密的合作，托尼·赛奇博士一直关注我们的发展。福特基金会对我们的想法予以积极的回应。与此同时，我通过学校向农业部和教育部提出建立发展研究本科专业。那一年正好赶上教育部调整本科专业，当时的政策是压缩本科专业的数量，好在石元春院士是教育部学科调整小组的成员，我的建议同时也得到了农业部的大力支持。后来教育部的反馈意见是，农业大学搞发展研究不合适，应该叫农村发展，我无奈之下只能同意农村发展；接着，毛达如教授是时任校长，他说农村发展不好，加上个"区域"吧，我也只好说加上吧。这样，就诞生了"农村区域发展"这样一个本科专业。前一段，突然有一个朋友邀请我加入微信群，这个微信名叫"农区"，我当时很纳闷，他解释说就是全国农村区域发展专业的微信群。实话说，无论是教育部，还是毛达如教授都曲解了我提出建立发展研究专业的初衷。当然，当时的初衷也仅仅是简单地想复制西方的"发展研究"。实际上，尽管我们形成了农村区域发展这样一个本科专业，但是在福特基金会的支持下，我们这个专业的课程设置基本上采用了西方发展研究的教学框架。我也完全没有想到，国际发展格局会出现

序 言

今天这样的变化。更没有想到，中国有一天会真的需要有一个属于自己的"发展研究"学科。

2004年，在上海召开了全球扶贫大会，我在会上听到了很多中国扶贫经验、中国发展方式等新的提法。在以后的几年中，国内的很多机构和国际组织开始找我研究中国的减贫经验。这样的工作好像还属于"发展掮客"的惯性，但是我也隐隐约约感觉到了某种变化。2006年我主持由英国国际发展部和中国国际扶贫中心支持的中非减贫比较研究工作；2007年我带领团队到尼日利亚、坦桑尼亚展开实地调研工作。这一工作从某种程度上讲标志着我们身份的转变，也就如同我在很多场合讲的主客体关系的改变。2009年，我在世界银行坦桑尼亚代表处开始作为专家研究坦桑尼亚农业发展战略并为坦桑尼亚政府提供农业发展方面的政策咨询。在两年的工作中，我了解了世界银行在发展中国家工作的方式，开始反思包括我过去工作在内的国际发展援助的问题。2011年，我基于在坦桑尼亚工作期间建立起的社会关系，建议中国国际扶贫中心能够在坦桑尼亚展开中国减贫经验的实地示范工作。我与中国国际扶贫中心的同志一起，在中国农业发展集团坦桑尼亚分公司的支持下，在莫罗戈罗省选择了一个叫佩亚佩亚的村建立了村级减贫学习中心。这应该算是中国第一个在非洲村里展开的扶贫项目。2012年，我们又在科技部的支持下，利用科技援外项目，在莫罗戈罗省的另一个村狮子村建立了第二个村级减贫学习中心。从2011年到现在，我和我的同事频繁往返于中国和非洲，我们的身份发生了彻底的变化，由原来的受援者变成了援助者，由当地专家转变成了真正的国际专家，或叫"中国专家"。我们也开始在非洲寻找当地的合作伙伴，为这些合作伙伴提供"能力建设"；我们也在非洲找"当地专家"，支付他们咨询费用。在这一过程中，我亲身感受到了被支配和支配的结构性含义，我在

发展援助的未来

一些文章中提到的所谓"霸权"的政治警觉和文化自觉,指的就是在这样的身份转换过程中的这种权力的意识。

我们在非洲实施援助的过程中,我反复强调:我们就是示范中国是如何做的,这叫"平行经验",不要去做我们在中国为西方援助项目做的那些事,比如社会经济评价、性别培训、参与式培训等。我说,这些都是西方发展援助中的做法,并不是中国自有的做法,我们不需要把从西方学来的并且不确定在中国是否有用的东西,再搬到其他发展中国家,我们要尽可能原汁原味地介绍中国自己的发展经验。我把这样的做法称为中国经验的"主体性",这听起来和在实践中是有一些"中国中心主义"的色彩。有些人说我是搞"中国特殊论",其实我认为,非洲并不缺乏西方的概念和实践,你到非洲工作就会发现,非洲的同事比我们更熟悉西方的东西,但他们的确不熟悉中国的做法。

在这些年里,我一方面和西方发展援助组织以及国际发展援助机构有着长期的合作,并开始在非洲展开中国方式的援助实践,有机会更多地参与国际发展援助方面的各种学术和工作会议;另一方面,国内的政府机构和研究机构也常常邀请我参与讨论中国的对外援助工作,因此也有机会接触国内的各方面专家。在这样的过程中,我形成了一些关于国际发展援助、中国对外援助的观点,这些观点当然也来自我在过去30年集"当地合作伙伴"、"发展掮客"和"援助提供者"于一体的个人实践。

在过去几年我在互联网、报刊、微信公众号和一些学术讨论会等场合写了很多关于国际发展援助和中国对外援助的评论,也有一些对话和访谈,很多同事建议把这些散落在不同角落的材料汇集起来,便于大家参考。所以我将这些短文做了筛选和编辑,形成这本书。我要强调的是,这不是一本学术著作,也不是系统的观点论述,而是在不同场合的

序　言

观点的汇集，便于从事国际发展研究和中国对外援助研究的同事参考和批评。本书回答了我 30 年前问的问题——西方为什么要为其他国家提供援助，谈到了我对这个体系的反思。我在书里还提到了新援助的问题。这些问题正在引起国际发展援助领域的关注。我不能说西方发展援助将会消失，也不能说中国的对外援助会取代西方的。但是很显然，中国独特的援助方式正在改变国际发展援助的版图。

需要提到的是，本书中的很多观点并非我个人的观点，也来自国内很多的同行，来自我单位的同事。而且，我也把我同事唐丽霞、徐秀丽、陆继霞、张传红等，以及我的学生肖瑾、徐加、孟雷、陈玮冰在这方面写的一些短文收录进来。我要感谢这些同事和学生同意我把他们的观点放入这本书里，感谢我的学生孙兴斌和徐加帮我做了大量的筛选和编辑工作。

第一编
发展援助从何而来?

从 18 世纪末期由英国基督教福音促进会和福音传播会开始推动的向非洲这个"愚昧而深受压迫的"民族传播基督教福音，到杜鲁门 1949 年在国情咨文中宣称帮助欠发达国家走向繁荣，西方世界对非西方世界的使命从"上帝对落后野蛮群体的心灵拯救"转到了"推动非西方世界向西方物质文明的转化"。在这期间，教会组织为了显示上帝的关怀展开了对落后和"野蛮"群体的医疗和教育等方面的援助，这就是所谓的非官方援助的起源；接着又出现了西方殖民主义者在殖民地有目标、有计划的社会经济改造，这也可以说是西方官方援助的起源。

当殖民主义受到抛弃以后，西方将殖民主义的遗产转化为欠发达国家的"发展"。源于基督教的传教救助行动以及西方官方在殖民地开展的社会经济改造均在去殖民化主义语境的新历史条件下逐渐发展成西方发展援助。杜鲁门的"四点方案"标志着西方对非西方的关系正式从宗教和对殖民地的改造中脱胎出来，成为一种更具"文明"和"合法性"的新的结构关系。自从西方现代发展援助诞生以来，西方一直通过不断的知识生产和再生产机制强化西方发展理念和路径的合法性，无论是早期有关劳动力供给和投资的发展经济学理论，还是后来的全球消除贫困理论以及现在盛行的可持续发展，无不体现着西方发展思想的影响。进入 21 世纪以来，随着发展中国家的成长，特别是以中国为代表的新兴国家的崛起，西方发展理念和经验的普适性开始受到挑战。新兴国家坚持的南南合作的发展方式在全球发展中的作用越来越显著，西方发展援助体系开始出现深刻的变化。

第一章　西方发展援助 ABC

我们经常听到"西方对外援助""西方发展援助""国际发展援助""国际发展合作"等不同的名词概念。实际上，所谓的"国际发展援助""国际发展合作"这些概念过去一直是指由西方发达国家也就是经合组织发展援助委员会成员国主导的国际发展援助的内容，而国际发展援助体系则是这些国家主导下的各种援助机构的总称。现在我们讲到国际发展合作时，包括的内容较多，除了西方的官方援助以外，还包括非西方国家提供的援助，以及私有企业和各种非政府组织等提供的援助。西方发达国家利用其资金、技术和理论的优势在过去几十年中逐步将其对外援助演化成了所谓的"国际发展援助"，并继而通过一系列的制度化手段和资助框架将其演化为"国际发展合作"，并使其成为全球治理的重要组成部分。西方提供的援助经历了主要由所谓的非官方主导也就是说由教会主导、以人道主义救助为主要内容的援助，逐步到由政府主导的官方对外援助，并最后发展成为所谓的国际发展合作。虽说当代的国际发展合作已经不能说由西方垄断，但是西方国家依然是国际发展合作的主导性力量。这种主导性，一方面来自资金的优势，更重要的一个方面则来自援助框架和援助理论的主导性。西方发展援助对发展中国家的发展发挥了积极的作用，同时也引发了不同的问题，因此关于西方发展援助有效性的质疑从 20 世纪 60 年代开始到现在愈演愈烈。这样的一种争议，一方面来源于这个体系自身存在的问题；另一方面，也来源于西方国家和发展中国家关系的变化。中国和其他新兴国家长期倡导的南南合作呈现出的生命力极大地挑战了西方主导的"援助－被援助"关系的模式。在这样一个过程中，西方为主导的国际发展援助体系也开始发生变化。

从利文斯通到杜鲁门

尼尔·弗格森（Niel Ferguson）在他的《帝国》（*Empire*）一书里讲述了英国早期的基督教传教历史。1776年英国伦敦的福音教会，在其杂志上发表了一篇社论，呼吁"我们要向那些处于愚昧的、深受压迫的民族传播基督"。该社论是具有历史性意义的，很多传教士因为这个社论，开始到其他国家传教。1792年，一个叫威廉·凯里的英国人，在诺丁汉布道的时候明确提出，要把传教士组织起来，到海外去传教。国际发展援助的序曲从此刻就开始了。后来，另一个英国人戴维·利文斯通，受伦敦传教士协会的派遣，到今天的南非传教，他需要说服南非一个部落——巴克温那——的首领赛凯勒。赛凯勒有好几个妻子，而一夫多妻制在基督教里属于落后的习俗，利文斯通就希望说服赛凯勒放弃这个习俗，但并不起作用。后来，赛凯勒的儿子生病了，病得非常严重，生命垂危。恰巧利文斯通也是医生，他将赛凯勒儿子的病治好了。治好以后，出于感恩，首领赛凯勒认为上帝很好，于是要求其部落的人都信奉上帝。宗教被当地人接受了，不知道他们是不是真的信奉了宗教，但至少宗教能解决他们的问题，所以这些人才开始信教。这就是卫生医疗人道主义援助的开端，也可以看成国际援助的开始。

卫生医疗人道主义援助是从非洲开始的，但却不仅限于非洲。新中

第一章　西方发展援助 ABC

国成立前，中国的很多医院，最初都是由基督教的传教士建的。他们建医院、建学校的目的是希望改造中国人，因为当时的中国非常落后，他们认为自己有义务带领落后地区的人走向文明。这是他们的理念，这也成为殖民主义自认为合法性的依据。谈到殖民主义，很多人认为殖民主义是一个很负面的词，认为殖民主义就是一种反动的行为。但当时的殖民主义应该算一个现代的词语，当时的殖民主义行为也是非常合法的。对殖民者来说，通过殖民主义改造那些"野蛮人"是非常光荣的。笔者曾去过南太平洋的巴布亚新几内亚，生活在那里高山上的人几乎不穿衣服，殖民主义者认为这些人就是野蛮人，所以他们要带领这些"野蛮人"走向现代化。殖民统治就把这样的理念付诸行动，殖民者在殖民地修学校、建医院等，这就是殖民主义的援助。比如香港，香港很多东西都是英化的、英式的，是英国殖民统治期间建成的。英国在1929年通过了《殖民地发展法案》，从此以后，在殖民地的建设就有了法律的支持。因为在此之前，英国的政府不会拿钱去为其"殖民地"搞建设，一般由教会自行修建。所以，1929年以后英国政府在"殖民地"建学校、建医院、建农场、修道路，这些就属于政府行为了。于是，始于宗教传播的民间援助开始演化为改造落后民族的官方援助。

1944年7月，二战基本结束，在美国的布雷顿森林华盛顿山大旅社召开了著名的布雷顿森林会议，会议通过了布雷顿森林会议协定，决定成立国际货币基金组织和世界银行。国际货币基金组织的职责是监察货币汇率和各国贸易情况，提供技术和资金协助，确保全球金融制度正常运作。简单说，如果一国的金融体系出了问题，没有足够的资金用于支付国际贸易和进口货物，或是国内经济出现重大问题，经济系统瘫痪，国际货币基金组织可以提供大量的贷款，用以稳定该国家的财政。世界银行最初的使命是帮助第二次世界大战中被破坏的国家重建，资助

发展援助的未来

它们摆脱贫困，提高人民生活水平。后来，转为帮助非洲、亚洲和拉丁美洲国家的经济发展。比如一国需要建设铁路、公路等基础设施，可以向世界银行申请贷款。世界银行还举办相关的培训，以促进成员国能力和技术水平的提高。

国际货币基金组织和世界银行的成立，为国际发展援助提供了资金和制度支持。1947 年美国国务卿马歇尔在哈佛大学做演讲，提出了"欧洲复兴计划"，即美国对被战争破坏的西欧各国进行经济援助、协助重建的计划。通过该计划，美国将自己过剩的物资捐给欧洲，并向欧洲提供贷款，帮助欧洲重建。西欧各国接受了美国包括金融、技术、设备等各种形式的援助合计 130 多亿美元，相当于如今的 1 000 多亿美元。"马歇尔计划"历时四年，绝大多数参与国的国民经济都恢复到了战前水平，之后二十多年整个西欧经历了前所未有的高速发展。

为什么西方国家推行"马歇尔计划"？为什么资本主义国家会提供援助？概括起来有以下几个方面的原因。第一，很多发展中国家在过去都是西方资本主义国家的殖民地，西方国家认为自己有义务，或者有一种道德责任，去帮助这些原殖民地发展，不能让这些国家走上他们所谓的"歧途"。所以，以美国为首的西方国家，通过援助和资金支持，希望这些发展中国家都能够按照他们的价值体系、发展方式发展。第二，如果欧洲不能复兴发展，美国就没有办法发展。欧洲和美国的经济关系很密切，在历史上美国为欧洲提供原材料并同时也是欧洲的主要市场，所以，如果欧洲发展不起来，美国是无法发展的。当欧洲发展起来以后，如果发展中国家还没有发展起来，又没有西方发达国家的帮忙，南北差别即发达国家和发展中国家之间的差别会越来越大，将直接威胁到他们的利益。所以西方国家采取的措施就是：拿出自己财政的一部分，来支持发展中国家的发展。第三，维护自身利益的需要。西方的发展援

第一章　西方发展援助 ABC

助是以美国为主导的，因为二战以后美国是除了苏联以外唯一的超级大国，因此，美国开始实施"马歇尔计划"，为被二战破坏的国家提供援助，包括欧洲国家、日本、韩国，甚至台湾地区。这些国家和地区发展起来以后，美国又将它们团结在一起，成立了经济合作与发展组织，共同向其他国家提供援助。但是它们必须遵守由美国主导的共同规则，这样就在经合组织成立了一个委员会，叫发展援助委员会，通过委员会规范成员的行为。美国通过控制经合组织，约束各国遵守其制定的相关规则，不允许其他国家做不同于美国的事情，由此，美国就形成了霸权。美国的霸权不仅表现在金融方面，还体现在发展领域，国际发展援助的制度化进程由此开始。

现代国际发展援助从"马歇尔计划"开始，到 20 世纪 80 年代，对发展中国家的援助已经进行了三十多年。然而，发展中国家还是落后，经济没有实现快速增长，非洲国家、印度、巴基斯坦的经济发展都没有变化。于是，很多国家认为，过去开展的援助是不可行的，不起作用，需要更换援助主题和方向，援助资金不应再被用于帮助发展中国家发展经济，应在人们的基本需求、教育、卫生、社会发展等领域开展援助。所以，2000 年联合国通过的千年发展目标主要是做扶贫工作。要扶贫、要脱贫，成为国际发展援助第二个阶段的主要任务。

2015 年，联合国千年发展目标到期。但是，如果把中国的扶贫成就去掉，非洲国家和其他国家的贫困情况基本上没有变化。这意味着过去的援助并没有效果。那么，以后怎么办呢？所以，联合国又开始召开可持续发展峰会，于是，国际发展援助进入第三个阶段，即可持续发展阶段。国际发展援助在不同的阶段有不同的主题。虽然，发展中国家在这些问题上的话语权越来越大，这些问题也是发展中国家发展中的挑战，但是，西方国家，特别是美国的影响力还是很大。中国不是依赖援助的国家，但很多国家都非常依赖援助。对它们来说，援助非常重要，有些国家预算的60%~70%都是援助资金。这些援助通常都是附带条件的。

既然西方的援助没有很好地发挥作用，实际的援助效果也不好，西方国家为什么还要向发展中国家提供援助？西方国家的人们为什么不反对呢？西方发展援助经过了上百年的历史演变，特别是经过二战后六十多年的演变，对外援助已经形成一个巨大的利益链条，形成一个产业，实现了技能化、制度化，为很多人提供了就业机会。一旦停止对外援助，这些人就会失业，出于本国的利益考虑，西方国家无法停止对外援助。

国际援助发展到现在，也出现了一些新的变化。第一，很多发展中国家如中国、印度、巴西等，特别是中国，都取得了很大的发展。现在的第三世界也不再是过去由众多很穷的发展中国家组成的第三世界了。第二，南南合作的性质和内涵发生了变化。过去的南南合作是穷国在富国的封锁之下万不得已进行的，旨在一起相互交流经验，"抱团取暖"。如今，像中国、巴西、印度等国家都有了发展的经验；经过多年的发展，也积累了一定的资金；发展中国家还建立了自己的发展筹资机构，比如金砖国家新开发银行和亚投行（亚洲基础设施投资银行）。过去的合作，政治上的意义较大，今天的合作则具有更多的实质性内涵。比如中非合作，是具有实质性的合作。

从"四点方案"到"釜山会议"[*]

有人说杜鲁门开启了西方的现代发展援助，而釜山会议形成的所谓

---

[*] 本文节选自《论"全球有效发展合作伙伴"议程的演化与前景》一文，原载于2017年第6期《学习与探索》杂志，作者：李小云、马洁文、王伊欢。

第一章　西方发展援助 ABC

"全球有效发展合作伙伴"则标志着西方现代发展援助的衰落。杜鲁门总统在1949年1月20日的讲话中阐述的"四点方案"标志着现代发展援助体系开始形成。在二战后的相当长一段时间内，国际发展援助的资金主要由美国提供并用于"马歇尔计划"的实施，这使得战后的西欧及日本在很大程度上受益，国家经济得以迅速发展，并随后加入了提供国际发展援助的行列。在这样的情况下，为了避免出现国际发展援助各自为政的乱局，美国认为有必要建立一个国家间的制度机制协调不同国家、国际组织和非政府组织提供的发展援助。基于此，美国及其盟友于1960年1月共同组建了"发展援助小组"，该小组成立时吸纳了包括美国在内的11名成员。这既可以看作西方发展援助集体型组织形态的形成和美国主导地位的确立，也可以被视为国际发展援助体系在美国主导下的第一次扩张。1961年9月，原"欧洲经济合作组织"（简称OEEC）让位于现在的"经济合作与发展组织"（简称OECD）；同年10月，"发展援助小组"并入经合组织，并更名为"发展援助委员会"。为了配合发展援助委员会的工作，经合组织内部成立了包括"发展筹资"和"技术援助"两个子部门的发展部，其中发展筹资部门于1969年改为发展援助司，1975年更名为现在的发展合作司，并长期承担发展援助委员会的办事机构和秘书处角色。从表面上看，建立这样一个体系的基本逻辑是首先假设不同的援助提供者都有一个共同的目标，但如果提供援助的方式、路径等相互不协调，那么援助的目标很难落实；其次，在一个具有共同目标的群体内，如果没有一个相互对照和制约的机制，也难以保证援助提供者履行其提供援助的承诺；最后，如果缺乏普遍适用的统一援助标准，援助质量也很难保障。基于上述考虑，发展援助委员会于1961年采用了"发达国家应提供占其GNP（国民生产总值）1%的资金用于发展援助"的标准，该比例经1969年的《皮尔森报告》建

发展援助的未来

议后更改为 0.7%，又于 1993 年以 GNI（国民总收入）替代了国民生产总值这一概念，比例保持不变。此外，发展援助委员会于 1962 年首次实施了针对成员国的评估，也就是今天仍在坚持实施的"同行评议"。同时，发展援助委员还建立了不同国家之间可比较的数据统计和报告系统，致力于更加有效地推进同行评议。然而从实质上看，建立这样一套发展援助整合机制是美国在发展援助提供者日趋多元的格局下力图确保发展援助的实施不会偏离美国政治目标的战略性措施，尤其考虑到在冷战这一历史背景下，其对美国的重要性不言而喻。更进一步来看，美国为了规避外界对其通过"绑架"其他国家的援助来实现其自身安全和政治利益的目的的质疑，一方面继续强化其自身发展援助的政治影响，如向拉丁美洲派遣和平队；另一方面又不断通过强化其援助的技术特点的方式，力图将发展援助去政治化并保持中性化，并且还通过在全球范围内倡导单一价值体系来实现其发展援助道德普世化。落实到更具体的做法上，首先，美国着力推动发展援助与联合国第一个发展十年相挂钩，这奠定了发展援助的制度合法性基础，而联合国于 1970 年 10 月通过的决议采纳了发达国家将其国民生产总值的 0.7% 用于海外发展援助的提议，更进一步夯实了发达国家在国际发展援助体系中掌握话语权的经济基础。其次，经合组织在美国的支持下成立了发展中心，许多发达国家也纷纷成立发展研究智库以展开有关发展援助的科学研究，积极为发展援助的去政治化提供知识储备，如自 20 世纪 70 年代以来提出的"基本需求战略""性别与发展""参与式发展""可持续发展"等概念均是西方通过其研究机构生产出的"发展知识"。这些知识打着"共同价值"的名号，以中性甚至同情发展中国家的视角出现，在发展中国家发展了一大批忠实信徒。然而，这些知识也隐含着西方的霸权思想，发展援助的技术官僚化发展也掩盖了发展援助的政治意图。不仅如

第一章　西方发展援助 ABC

此，西方在发展援助道德化与知识技术化的过程中还着力将其主导的发展援助同时植入教育体系，建立了一整套发展研究培养本科、硕士和博士的教学体系，形成了发展知识生产与应用的完整链条，并且发展理论一直坚持的在西方社会、经济和政治体系发展方面的经验普世化这一使命也长期主导着发展的理论和实践。与此同时，美国还进一步采用将其政治议程道德普世化的手段，巧妙地将不同的援助提供者统一到由美国制定的规范下，实现了其对国际发展援助体系长期的主导和控制。总体而言，美国以占据普世化道德高地为前提，依托一系列规范建立起了一个能有效地践行自身价值，并通过所谓的"拉入"（buy-in）手段来实现的、旨在整合不同的援助资源的制度路径。其结果是将不同的援助资源有效地纳入以美国为代表的西方发展援助体系内，造成了国际发展援助变革对西方框架路径严重依赖的状况。同样，在过去的十多年中，发达国家在整合非发达国家的发展援助的过程中使用的一系列做法，无论在动机上还是手段上都与20世纪60年代美国设法纳入其他西方援助提供国如出一辙。

在1995年召开的发展援助委员会的部长级会议上，与会者集中讨论了"发展援助如何有效地发挥可以度量的作用"的问题。会议提出，发展援助的目标是"使全球范围内绝对贫困人口减少一半"，该目标后被联合国采纳为"千年发展目标"的主要内容。随后，2002年3月在墨西哥蒙特雷召开的联合国发展筹资问题国际会议上，明确提出了"增加援助数量并不一定会产生好的援助效果"这一观点，发展援助的有效性开始备受关注，发展援助委员会也随即将援助有效性问题纳入其主要的工作内容中。2003年2月，发展援助委员会在意大利罗马召开了"第一次援助有效性高级别论坛"。在该论坛上，发展援助委员会的成员发现他们要求受援国提交的各类报告给其造成了巨大负担，分散了

发展援助的未来

他们专注研究自身发展战略的精力,因此,罗马会议形成的宣言明确提出了"和谐援助"理念,并在此基础上成立了"援助有效性工作团"。同时,发展援助委员会也意识到要想改善援助的有效性仅仅靠自身的努力是不够的,因此将讨论和制定援助有效性政策的范围扩大到双边机构、多边机构、发展中国家政府、新兴国家、公民社会组织以及公共和私营部门等领域。这是以西方为主导的国际发展援助体系第一次将其政策讨论范围扩大到发展援助委员会成员之外,该工作团最终由80位来自上述部门的代表组成。这个工作团实际上成为之后一系列有关发展援助有效性的高级别会议的发起者和组织者,而且围绕这个工作团的运作还形成了一个开放的讨论发展援助有效性的全球论坛,这一行动可被视为在美国主导下的国际发展援助体系的第二次扩张。与第一次扩张相比,它呈现出了两个更加鲜明的特征:首先,这一次的扩张范围涉及参与全球发展的各个方面,参与方的广泛性前所未有;其次,参与方的扩大本身又意味着长期统治国际发展援助体系的发展援助委员会在援助政策决策中的作用开始下降,发展援助政策已不再可能仅由发展援助委员会成员单独主导,对全球发展援助政策的讨论已过渡至更加开放和包容的阶段,并逐步奠定了发展中国家话语权的制度性基础。继罗马会议后,援助有效性工作团于2005年在巴黎召开"第二次援助有效性高级别论坛",并在论坛之后发表了《巴黎宣言》。该宣言围绕援助的拥有权、一致性、和谐援助、结果导向和相互问责五个方面提出了56项具体措施,其中最积极的贡献是开始认识到援助和发展之间的不对称关系,并试图充分调动受援国在利用援助上的自主性和能动性。随后,2008年9月在加纳阿克拉召开了"第三次援助有效性高级别论坛",最终形成《阿克拉行动议程》。参会各方在此次论坛上就如何进一步发挥受援国的拥有权,特别是更大程度地利用受援国自身的系统展开工作达

第一章　西方发展援助 ABC

成共识。2011年11月，援助有效性工作团在韩国釜山召开了"第四次援助有效性高级别论坛"。釜山会议不仅在参与方的范围上比以往三次会议更广泛，更重要的是论坛议程也从对"援助有效性"问题的关注转变到对"发展有效性"问题的讨论，这使得传统西方在国际发展援助体系中的话语权和实际统治地位遭遇了空前挑战。为了应对挑战，发展援助委员会等会议主导方在会议文件、议题和参与机制等方面做出了很大让步，同时他们仍寄希望于依托传统的"拉入"方式坚守底线。因此，釜山会议可被视为国际发展援助体系进行第三次扩张的标志性事件，与前两次不同的是，这次扩张使统治国际发展援助议程的援助有效性问题被发展中国家关心的发展问题取代；同时，实际领导历次援助有效性高级别论坛的工作团至少在名义上消失了，被"全球有效发展合作伙伴"的领导及其管理机制取代。上述转变在一定程度上意味着以美国为中心、依托发展援助委员会制度机制的国际发展援助体系在议程和结构上发生了某种意义上的转型，这一转型所具有的进步意义可见一斑。然而，即便发生了上述一系列积极的变化，新的发展伙伴议程无论在形成的方式上还是在其工作的具体内容上，仍未彻底摆脱西方发达国家长期施加的实质影响。首先，西方发达国家关于发展的知识生产体系在过去六十多年中积累了丰富的经验，其对国际发展援助体系的主导性话语影响难以在短时间内被迅速削弱，同时，包括新兴国家在内的发展中国家的自主性知识生产体系仍处于探索阶段，还无法同西方的发展知识抗衡；其次，国际发展援助仍存在严重的对西方发展框架的路径依赖，虽然新兴国家特别是中国的发展经验在某种程度上对西方的发展路径形成了挑战，但仍不足以对既有的西方发展路径形式的长期影响产生冲击；最后，全球有效发展合作伙伴议程在本质上还是以美国为主导的西方发展援助体系在新的条件下通过"拉入"策略使其继续发挥作用的一种隐蔽手段，对此我们应该有足够清晰的认识和判断。

西方发展援助的三个伦理视角[*]

世界上很多国家，尤其是发达国家的政府都明确表示提供国际援助是出于国际责任，认为自己有义务帮助其他国家，但不同国家对自己提供援助的根本动机表述存在很大差异。大部分斯堪的纳维亚国家政府将其提供对外援助的主要原因归于"团结"（solidarity）。如在1962年，瑞典议会就其提供对外援助发表声明："除道义责任和国际团结外再无其他动机。"丹麦和芬兰也强调促进与全世界贫困人口的大团结和分配正义是他们提供国际发展援助的主要原因。荷兰将财富的公平分配、社会正义、非歧视和减贫视作提供对外援助的道义基础。英国政府则指出："世界贫困是我们面临的最大挑战，我们提供国际援助只是因为这是一件正确的事情。"挪威则明确表示，反贫困就是为正义而战（fight for justice）。美国也一直声称帮助世界上的贫困人口和向面临紧急需要的其他国家的人民提供援助是其不可推卸的责任。

从表面上看，全球财富增长、贫富差距扩大、发达国家援助能力的增强及与之共存的发展中世界的极端贫困、紧急需求和人类苦难，是主权国家政府，尤其是发达国家的政府，提供对外援助的责任道义基础。然而，在现实世界中，主权国家政府是否应该承担国际援助责任，具体应该承担多少，期待的结果是什么，远比话语描述的要复杂得多。目前国际上从三个视角解读政府、援助和伦理三者之间的关系。

---

[*] 本文原载于微信公众号 IDT，作者：张传红。

第一章　西方发展援助 ABC

狭隘绝对主义视角

狭隘绝对主义视角的核心假设是一个国家的政府只对本国公民承担道义责任。也就是说，政府没有向"远方的需要者"提供固定数量援助的道义责任，但这并不意味着政府不会提供援助，而是援助的道义不是来自责任，而仅仅是一种善行。政府对遭受贫穷困苦的人提供援助，不是因为政府必须这么做，而是一种自愿行为，所提供的援助与受援者实际需要的援助数量之间没有明确关联，寻求本国利益往往成为援助国政府提供对外援助的根本原因。

从上面我们举例的各个国家阐述的自己提供援助的原因看，没有一个国家会明确把自己归于狭隘绝对主义者的范畴。但事实上，很多国家都将对外援助的主要目标定为促进本国利益。日本外务省公布的文件中明确表示，日本提供官方发展援助的目的是维护日本自身安全和促进本国繁荣。对外援助一直是美国对外政策的重要组成部分，在维护美国"地缘利益方面起到非常重要的作用"。

在美国国家安全战略的严重影响和制约下，美国援助资金大部分流向美国的同盟国。冷战结束后，美国在地缘政治目标压力减缓的情况下，对外援助不仅没有流向世界上最贫穷的国家，反而大大减少了援助资金。1990—1997年，美国对外援助总量减少一半。"9·11"事件之后，美国将对外援助与国防和外交并列为美国对外政策的三大支柱，明确写入2002年美国国家安全战略，将援助促发展（aid for development）与援助促国家利益（aid for national interest）之间的界限模糊化。如2005年美国国际开发署公布的文件中明确提道："威胁美国和国际社会安全的根源是欠发展，这个问题的解决不能仅仅依靠军事和外交手段。"在最新公布的美国2019年援助预算支持的目标活动中，美国明确指出本年度的援助资金将会流向四大领域：

（1）保护美国本土和海外安全；

（2）重塑美国在可持续经济增长和就业中的竞争优势；

（3）确保美国在平衡全球势力方面的领导地位；

（4）向美国纳税人保证援助有效性。

当然，把美国当成完全狭隘的绝对主义者也有失偏颇，因为美国援助资金的很大一部分也流向了人道主义援助，美国不断强调向发生紧急状态的国家提供人道主义援助是其应承担的道义责任。

混合视角

在该视角下，政府虽然承认发达国家具有承担提供对外援助的责任和义务，但对责任和义务的大小不做任何承诺，同时认为承担国际援助义务不应该受到有约束力的国际规则制约。该视角下的国际援助提供模式包含以下四个特征：

（1）保护本国国土和海外安全；

（2）更多援助会流向人道主义援助和减贫领域，较少支持援助国国内和战略利益；

（3）援助提供的方式和方法会基于受援国需求；

（4）援助与受援国本身商业利益的结合并不明显。目前大部分发达国家属于该视角下的援助提供者。

该视角存在以下几大缺陷：

（1）援助国政府虽然具有提供对外援助的道义责任，但具体应该向本国公民负责还是向那些遭受贫困的受援者负责，并没有明确的评价标准，援助资源在两者之间的分配标准也不明确；

（2）没有统一的规范对援助国群体进行约束，本质上，提供援助

第一章　西方发展援助 ABC

仍然是一个自愿行为；

（3）没有一个有约束力的规则来决定穷国和富国之间不断加大的财富差距和不平等之间的关系，对援助国提供的援助数额也无法预期；

（4）不能基于对援助的整体需求评估援助提供数量；

（5）不能对某一个援助国提供的援助数额提出要求，也不能因为国际援助资金存在短缺而要求某一援助国与其他援助国一起增加援助额。

尽管该视角仍然有很大的局限性，但援助国政府对自身道义责任的共同认知和理解大大促进了国际发展援助有效性话语的构建，如在规定时间段内将官方发展援助标准定为国民总收入的 0.7%；引导援助流向最需要的领域；尽量减少援助数额的不确定性，增强其可预测性；利用援助将全世界贫困人口减半等。这些迹象表明，越来越多的援助国政府已经开始从更广泛的国际视角来认识政府援助、道义和责任的问题。

国际视角

该视角认为，国家的道义责任在某种程度上是由超越国界的某些因素决定的，这些因素会影响国家政府对本国公民和非本国公民之间传统的责任划分。对该视角的形成具有重大推动作用的应该是联合国 2005 年世界峰会，本次峰会的主要目的是讨论千年发展目标的实施进展，重申世界对实现千年发展目标的承诺。本次会议的一个例外成果提出"保护责任"和"人道主义干预权利"。会议成果文件指出：在本国权威政府明显不能让本国民众免于种族灭绝、战争犯罪、民族清剿和反人道主义的迫害时，国际社会有责任提供"保护"。发展、和平与安全和人权是相互联系、相互促进的。主权国家对自身发展负最重要责任，但国际合作也应该发挥重要作用。

发展援助的未来

本次峰会后,所有国家基本接受了富裕国家负有向贫困国家提供援助的一般性义务的判断。千年发展目标的颁布,以及后来的一系列政府承诺也将国际合作引向全球减贫领域。各国政府对实施千年发展目标的庄严承诺,也在一定程度上体现了主权国家政府对承担具有约束力的国际义务的认可,在某种程度上已经具备了国际惯例法的特征。

对极端贫困问题的普遍同情和关注为对外援助领域的国际合作奠定了道义基础。贫穷国家,尤其是资源、技术、能力或制度匮乏的国家,有义务制定出自己的发展计划,对实现减贫所需要的外部资源与援助国进行协商,向援助国提出具体的援助需求。而援助国也有义务对其进行帮助。国际社会普遍认为极端贫困实际上是对人们最根本尊严的践踏,因此有必要采取一致的、综合性的、合法的国际行动来对抗极端贫困,这些行动可以作为援助国政府自愿提供援助的一个补充。然而,要真正做到这一点,需要克服三大挑战:

(1)国际社会并不能对全球需求的援助数额做出精确评估并达成一致意见;

(2)缺乏被大家统一接受的具体时间表;

(3)对如何动员和分配全球援助资金,确保所有国家根据自己的能力对全球发展做出贡献并没有明确的机制和实质性的讨论。

"2030年可持续发展议程"的颁布似乎为克服这些挑战提出了解决方案,但在民族主义盛行,主要西方大国为维护本国利益不惜破坏自己制定的国际规则的环境下,如何确保主权国家政府承担具有国际约束力的对外援助义务似乎变得越来越遥不可及。因此如何重塑国际援助道义基础和约束机制,更好地动员国际资源,鼓励和约束援助国政府承担更多的国际责任,加强受援国在国际规则制定过程中的话语权,提高援助有效性,是目前国际社会发展面临的重大任务。

第一章　西方发展援助 ABC

西方发展援助体系如何制造全球公共品

现代西方援助的干预性除了其历史、政治、社会文化根源外，还有一个特有的发展知识背景。西方在非西方世界的构建中形成了特定的对非西方的认知体系，这个认知体系逐渐发展成了特有的知识生产系统。西方利用其物质化的文明和特有的知识生产系统将西方的发展知识变成了全球公共品。

西方的基本路径是：在西方发展经验的基础上，按照西方中心主义的框架，通过对非西方世界的研究从而生产出一套针对非西方世界发展的理论，然后将这种理论实践化和制度化。实际上这种理论在西方并无具体的实践，是一个基于"想象"的理论。现代化理论就是这种知识的核心。

20世纪90年代中期，发达国家负责国际发展事务的部长在巴黎开会，讨论援助的有效性问题，并提出了全球减贫的概念。这个概念迅速被西方的知识生产系统再生产，并通过一系列制度化手段成为全球公共品。西方减贫的理论基础是新自由主义和新制度主义的结合，但是其主张全球性的减贫，占据伦理道德高地。正如戴维·莫斯（David Moss）所说的那样：西方相信只有建立像西方那样的制度，贫困问题才能解决。这样干预就变得必然了，也更加合法了。有趣的是，西方援助方案很少将一些他们正在实践的政策或做法直接介绍到发展中国家，凡是介绍的都是"再生产"的知识。我的一位德国朋友是德国黑森州经济部东亚处处长，他和他的领导不停地往中国跑，试图吸引更多的中国人前往投资。他们的招商引资与中国很像。我说："你们的国际发展项目为什么不给非洲国家讲你们如何招商引资啊？却讲什么性别与发展，这连

发展援助的未来

你们国家都没有。"他说:"我们的国际援助已经和我们的经验断裂了。"

中国的对外援助往往是把中国的经验直接转移。20世纪50年代的"农业八字宪法",农业学大寨,80年代到90年代的承包经营,以及目前的事业单位企业化经营,如援非农业示范中心等都是直接的表现。这样的做法备受批评,被认为脱离了非洲的实际。但是,把很多中国援外项目的失败归结为没有因地制宜是不全面的。实际上,平行经验转移比构建性的再生产更加便于学习,而且相当经济,这也是我一直对培育一个专门的知识职业体系有所顾虑的原因。

西方发展援助已经形成了一个产业链,这个链条消化了很大一部分援助资金,而且这个系统以非政治化的面貌出现,不断生产各种各样的产品,如各种各样的评估、规划、社区驱动式发展、性别敏感化发展等我们熟悉的概念,让发展援助系统越来越复杂,成本越来越高。

加纳财政部的一位副部长在某个会上说,西方的援助给了我们劳工标准、工会和性别平等,而中国给了我们公路,当时在座的很多人都大笑。西方的援助在其对抗性的国内政治体系和发达的发展技术官僚体系的约束下,虽然不容易出现援助腐败,但也很难有效地解决发展中国家的问题。

中国的对外援助虽然也面临提高援助质量、成本上升等问题,但是在援助执行中的简化和低成本一直是中国对外援助坚持的原则。将援助的可行性和可持续性交给受援国把控是提高援助拥有感的关键。我在一个国际会上就这个问题与当时的法国援外署首席经济学家有过激烈的讨论。

他认为:我们出了钱,就得管钱是如何花的。我的观点是,钱是你愿意给人家的,他们应该负责钱如何花。

第一章　西方发展援助 ABC

中国迅速发展的基本经验恰恰是没有遵循优先变更制度这一路径，而是采取了优先发展经济，再逐步调整制度使其更符合中国社会文化和政治条件。这正是新自由主义和新制度主义在发展中国家失败的情况下，有识之士对中国产生兴趣的原因。他们希望中国的发展援助能把这个方案带到发展中国家，有的甚至明确表示这是新的和替代性的发展方案。

中国的经验当然可以为其他发展中国家提供借鉴。但是要成为全球的公共品则需讨论。一国发展经验的全球化需要具备一些条件。首先，要有解决带有普适性问题的实践和经验，这一点中国具备了；其次，要具备将普世化经验转变为知识的能力，这一点中国具有一定的条件，但是还不具备为全球提供知识产品的系统能力。这是中国与国际发展体系合作的结合点。中国正处于重新寻找其世界位置的时期，仍需要谦虚地学习西方发展援助的经验和理论。最后，要看是否具备将经验和知识转化的物质和制度条件，这一点，中国正开始尝试。

亚投行和金砖银行等都可看成中国把握西方的历史性尝试。大家可能注意到，最近关于亚投行的一些报道，其中提到的非驻会的执董制度、简易化的管理等都是中国的发展经验，也得到了西方国家的认可。因此，发展知识是在发展学习中融合发展的。

中国的对外援助一直以硬件为主，避免涉及制度性问题，这是中国对外援助的优势。同时，中国也注意到了能力和治理的重要性，开始将治国理念的交流作为援助的内容，使涉及制度方面的问题不从干预的角度入手。中国这种不遵循西方发展方式，又广泛学习西方发展经验，以及通过平行技术转移的对外援助的综合模式，构成了 21 世纪最重要的发展趋势。随着中国知识生产能力的加强和包容性合作的深化，中国的经济增长和减贫以及国际和社会治理等经验，将会逐渐转变成有价值的全球公共品。

无论中国的还是西方的对外援助，都不能按照历史的经验简单地延续。中国目前提出了"一带一路"倡议，这个倡议是基于中国自身经济发展延伸出来的惠及全球的发展框架。这个框架看起来具有很强的"自我性"，但是，在全球多元化的背景下，这个战略必定是利益均衡的，否则将不可能落实。将中国的对外援助放置在这个大的框架下有很大的合理性。但是，中国的对外援助应该更大程度地服务于解决全球发展问题。

事实上，即使过去中国强调对外援助服务于中国的经济建设，中国的对外援助也还是按照全球发展的需要布局的。按照经济合作与发展组织和中国政府公布的数据，在过去十多年中，中国对外援助投入低收入国家中的比例，高于经合组织成员国投入这些国家的比例。但是，最近几年，中国国内公众对对外援助的批评不断增加。这一方面来源于在援助透明性低的情况下对援助效果的质疑，同时也来源于国内民粹主义的影响。中国如何保持其对外援助的优势，同时又能面对诸多挑战，是中国对外援助需要研究的课题。

西方发展援助的知识生产机制

讲到西方的发展援助，就不能不提"发展研究"这个学科。西方发展援助在实践中应用的如减贫、良政、全球卫生等很多的知识产品主要是由"发展研究"这个学科生产的。发展研究是西方发展援助的理论支撑，西方的发展研究学科不仅提供了展开发展援助的理论框架和知识产品，也为发展援助提供了源源不断的人力资源，是西方发展援助知识生产的基本制度。

虽然，有关发展中国家如何发展的研究在20世纪三四十年代就已

第一章　西方发展援助 ABC

经开始了，但是，很多学者如斯图尔特·科布里奇（Stuart Corbridge）认为，发展研究作为一个独立的学术研究领域主要诞生于 20 世纪 50 年代初期。

1947 年美国总统杜鲁门在就职演说中所提出的"帮助发展中国家发展"的誓言被广泛认为是现代发展研究的起点，这标志着西方中心主义的全球扩张模式由原来的殖民主义正式进入现代的发展主义。

从历史的角度看，作为一个后起的资本主义体系，与传统的资本主义者热衷于殖民主义不同，美国更倾向于去殖民化的新全球结构和秩序。因此，美国促进了现代发展主义的形成，从某种意义上讲，也催生了现代的发展研究。

20 世纪 50 年代的发展研究主要是在现代化理论主导之下展开的，这个阶段研究的主要内容是如何促进穷国按照富国的发展经验实现发展。这个阶段的主要理论来自发展经济学，其主要的假设是：发达国家可以通过向发展中国家投入资本和技术来协助发展中国家实现发展。所要强调的是，早期的发展经济学一方面从西方发展的经验里吸取了关于自由化、自由贸易等方面的观点，同时又将西方民族国家的概念作为前提，通过一系列理论构建，形成了发展中国家如何实现经济增长的路径假设。

从政治意义上讲，美国推动去殖民化的过程，也为其在发展中国家的发展奠定了基础。因此，西方发展模式向非西方的扩散不仅仅是经济增长方面的，民族国家的模式也是西方资本主义扩散的重要特点之一，这也是后来在非洲或很多亚洲地区，形成众多民族国家的主要原因。

现代化的理论主导并没有使拉丁美洲取得预期的发展，在此情况下出现了批判现代化理论的依附理论。依附理论认为西方主导的发展会让穷国更穷。穷国要想得到发展，必须脱离发达国家的体系，因为在目前的全球体系中，穷国贫困的主要原因是不断地受到发达国家的剥削，而

发展援助的未来

现代化理论并没有从根本上解决导致穷国贫困的原因。所以在这个阶段，依附理论打破了现代化理论主导发展研究的局面，以批判现代化理论为特点的批判发展研究开始出现。发展研究进入了建构性和解构性同时存在的阶段。同时在方法上，发展研究也进入一个强调跨学科和多学科研究的阶段。

这个阶段的发展研究，在很大程度上受到了以结构主义为特点、以依附理论形态出现的新马克思主义发展观的影响。在此影响下，批判发展研究的思潮开始出现。批判发展研究的思潮同时也受到了后现代发展观念的影响。因此，在这个阶段出现了与主流发展经济学不同的发展观点，如性别与发展、环境资源的可持续发展、参与式发展、权力与发展。同时，原本以经济转型为主要内容的发展研究扩展到减贫等社会发展领域。20世纪60—70年代同时也是发展研究学科迅速发展的阶段。

进入80年代后，发展实践和发展政策开始受到来自欧洲的"新右派"和来自美国的新保守主义思潮的共同影响。在此影响下，世界银行和国际货币基金组织逐渐推出一系列新自由主义的全球发展政策。在此情况下，一方面，在福柯后现代哲学思想影响下，批判发展研究日益深入；另一方面，自由主义和市场主义的发展政策开始影响发展研究。这个阶段主流的发展研究，无论是从自由主义还是新马克思主义的观点出发，都承认了发展中国家摆脱贫困的重要性，因此研究的主要问题集中于如何摆脱贫困。

这个阶段，同时也发生了日本与欧美的巨大分歧。日本从20世纪80年代开始成为全球重要的发展资源的提供方，同时也是向亚洲国家提供援助的最大资助方。日本在这个阶段的全球发展系统中大力强调政府主导型的东亚发展模式，这与欧美和世界银行主导的新自由主义模式产生了巨大分歧。所以，东亚发展模式成为这个阶段发展研究的重要内

第一章　西方发展援助 ABC

容之一。发展研究从这个阶段开始，具有了能与西方发展经验对话的非西方的实践经验。因此，从某种意义上讲，发展研究也形成了一些"新发展"的思想要素。

进入21世纪以后，基于经典发展经济学和西方发展经验的发展研究，几乎进入重建阶段。新兴国家的出现以及南方国家的成长，将原来的东亚发展奇迹全球化，这进一步促成了全球政治经济格局的重组。

在这个阶段，新自由主义的发展模式受到了前所未有的挑战。以中国成功的发展经验为基础的各种新理论观点不断涌现，"经济特区""减贫""政策实验""劳动力流动""城市化"等基于发展中国家实践的概念，开始影响发展研究，同时也开始影响发展研究学科的建设。很多发展中国家，如中国，开始建立自己的发展研究学科体系，开始培养学生，并传播自身的发展经验。在某种意义上，进入21世纪以后，发展研究进入"新发展研究"阶段。

有关发展研究的起源和特点，这些问题属于发展研究的基本问题。总的来说，发展研究就是探讨在发展中国家如何取得经济社会变化和进步的理论框架。

记得斯图尔特·科布里奇曾经说过，发展研究有点自相矛盾，因为一方面它沿着西方-非西方这个线性的逻辑展开研究，另一方面它又强调文化的特殊性。无论如何，严格意义上的发展研究还是在关注如何产生变化和社会转型。需要注意的是，发展研究不研究发达国家的发展，而主要研究发展中国家的发展。

从某种意义上说，虽然这几十年出现了很多中性的发展概念，如参与式发展、性别与发展、包容性发展等，但发展研究的主流学术基础一直没有离开市场化、自由化的新自由主义轨道。这是所谓批判发展研究（critical development studies）出现的主要原因。

发展援助的未来

批判发展研究,顾名思义就是与发展研究的思想相对立的研究。因为发展研究的主线还是在全球资本主义条件下的转型框架内,因此,批判发展研究主要是揭示这个转型的问题。

与反思或改良发展研究不同的是,批判发展研究从全球资本主义条件下的政治、经济、社会和环境问题出发,从阶级、性别和帝国这三个核心概念的视角全面审视全球资本主义的本质,并对基于全球资本主义的发展研究展开了深刻的批判,形成了独具特色的学术研究思潮。

批判发展研究从质疑苏格兰和法国启蒙主义者提出的"进步"的普适性开始,而后对殖民主义、20世纪50—60年代的发展主义,以及后来的新自由主义等从多个学术视角和综合的方面展开了学术批判。

批判发展研究的主要特点是提供了一个关于殖民主义和去殖民主义之后的全球发展理念,这种理念不同于发展主义,它是一种全新的替代性叙事和批判性解释。这一批判分析的基础主要来源于两个方面的思想资源:

一是马克思的结构主义理论。20世纪50年代以后的发展经济学家,如刘易斯、罗斯托等都在积极推动在资本主义体系下实现全球的转型发展,他们认为只要满足投资、制度和技术等方面的条件,发展中国家就可以实现增长。

然而,保罗·巴兰(Paul Baran)在1957年提出的拉丁美洲结构主义的发展思想,以及后来形成的依附理论,对这一理论提出了批判。他们认为全球资本主义体系中的中心和边缘关系制约了发展中国家的发展。这为以后形成的系统批判发展的思潮奠定了基础。这个领域的学者基本上都是持有新马克思主义思想的政治经济学家、社会学家、人类学家和历史学家。

二是后现代和后殖民主义的思想资源。当然,这方面的思想与新马

第一章　西方发展援助 ABC

克思主义的思潮相互交织。后现代思潮从文化和环境的角度质疑发展研究，从而为批判发展研究提供了更为广阔的学术资源。这两个角度的批判最终使 20 世纪 70 年代开始的发展研究得以重建，也就是说发展研究从这个时候开始逐渐关注政府在社会公平中的作用、减贫的议程、公平的增长等问题。

批判发展研究的学术贡献主要体现在以下几个方面：

一是 20 世纪 60 年代的依附理论建构的替代性发展政治经济学；二是基于对新自由主义的批判形成的关注穷人命运的发展理念；三是提出了除金融资本以外的社会资本的概念；四是提出了基于资本主义和帝国主义理论框架下的历史唯物史观的生产力和生产关系的理论；五是提出了对发展进行彻底解构的另类发展模式，如阿图罗·埃斯科瓦尔（Arturo Escobar）等；最后就是提出了社会和团结经济（social and solidarity economy）的概念。

有关批判发展的学术观点，可以参考亨利·威尔米耶（Henry Veltmeyer）和保罗·鲍尔斯（Paul Bowles）等西方学者的著作和文章，还有中国农业大学人文与发展学院叶敬忠教授及其团队的研究，以及中国农业大大学人文与发展学院《农政与发展》系列讲座。

西方国家私营部门如何参与国际发展合作[*]

如今，私营部门正日益成为发展援助的重要力量，发达国家的官方援助机构越来越重视与私营部门一道开展国际发展合作。根据经济合作与发展组织数据，2016 年，发展援助委员会成员国流向发展中国家的

---

[*] 本文原载于微信公众号 IDT，作者：徐加。

发展援助的未来

发展援助资金大约有 40% 来自私营部门，其中日本私营部门资金的比例更是高达 73%。2011 年《釜山宣言》、2015 年亚的斯亚贝巴行动议程、"2030 年可持续发展议程"等都强调私营部门在确保可持续社会、经济、环境成果方面扮演着关键角色。私营部门带来的资源、知识、就业机会、基于市场的解决方案在应对全球性问题中起着重要作用。

发达国家官方发展援助机构与私营部门的合作自二战以来开始萌芽，经历了 20 世纪八九十年代的私有化浪潮之后，现在已经达到比较成熟精细的多元主体合作阶段。

第一阶段，二战后到 20 世纪 80 年代：政府对政府的援助为主，私营部门主要从事人道主义救助活动。二战以后，由发达国家向发展中国家提供援助成为国际社会的制度化安排，美国对欧洲战后重建的援助成为应对全球贫困的先例。这些早期的活动往往以"政府对政府"的援助为主，其他主体虽然也参与，但它们主要致力于人道主义传统的救助活动，与官方合作较少。

第二阶段，20 世纪 80—90 年代：政府回退，援助私有化。20 世纪 80 年代以来，新自由主义成为发达国家对外援助的指导思想。一方面，为了提高援助效率，新自由主义要求加强市场等部门的作用，以私有化和委托外包的方式开展对外援助；另一方面，该流派认为正是受援国政府的贪婪和过度干预造成了其经济上的落后，因此，应绕开政府，强调附加条件和绩效要求，着力培育市场和民间力量。

这一时期，大量对外援助开始依托私营部门进行。例如在美国，里根政府时期提出了以削弱政府、加强私营企业和市场为核心的对外援助"四根支柱"，其中包括：大量开发适应自由市场经济发展的人力资源；将权力分给私营企业、志愿者组织，而非公共机构；发展私营部门和市场力量，使它们在解决发展问题方面发挥作用。

第一章　西方发展援助 ABC

第三阶段，反思私有化，开始政府、私营部门、NGO（非政府组织）多元主体阶段。到了 20 世纪 90 年代末，越来越多的人开始质疑私营部门援助的效果和持续性问题，"9·11"事件也让发达国家开始关注善治、民主等问题，政府的作用又开始被人重视。这种反思的结果并不是排斥私营部门的参与，而是重构政府、市场、民间三位一体的模式，形成健全的管理政策，标志着"多元参与"发展阶段的到来。例如英国前首相布莱尔在这一时期提出"第三条道路"，强调对政府、私人部门与 NGO 三者间关系的重新定位，加强国家与私人机构之间的合作与互补关系，更好地发挥企业、家庭、第三机构（志愿性工作）和其他民间社会组织的责任和作用。

综上所述，美国、英国等这些发达国家经过了几十年的对外援助历史，在一系列政策和事件的推动下，已经摆脱了单纯依赖公共部门或私营部门的方式，形成了政府与私营部门、社会力量相互配合的多元化合作体系。

私营部门参与国际发展合作的模式

以美国、日本、英国三个国家为例，本文根据政府部门与私营部门在合作中发挥的作用，将合作的方式分为三种（见图 1.1），即美国的合作协议模式、日本的公私合作伙伴关系模式、英国的赠款模式。

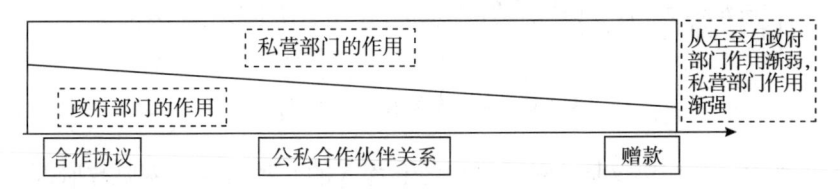

图 1.1　三种合作模式

第一，美国的合作协议模式。合作协议是美国官方援助机构美国国

发展援助的未来

际开发署与私营部门合作的主要机制。合作协议是一种需要政府部门持续参与发展项目的模式，美国国际开发署在与私人部门的合作中要负责批准项目实施、关键人员任免、合作实施项目、监测项目绩效、审核项目报告等。

美国国际开发署实施的全球发展联盟（Global Development Alliances，简称 GDAs）允许私营部门项目参与进来，也是一种典型的合作协议模式，旨在利用合作各方的资源和专业知识，实现私营部门的商业利益和美国国际开发署的发展目标。自 2001 年，全球发展联盟已经成为美国国际开发署与私营部门合作的旗舰模式，给美国国际开发署带来了 3 000 多个不同的合作伙伴。

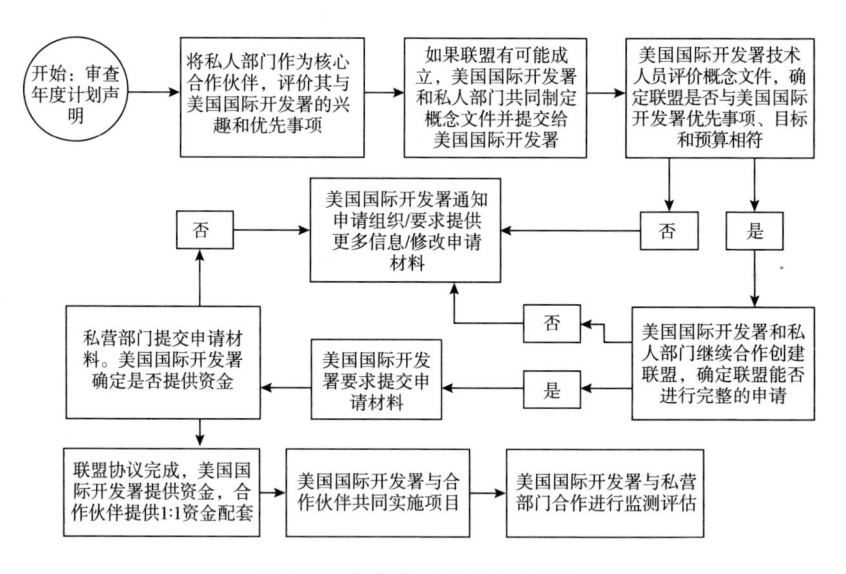

图 1.2　全球发展联盟项目流程

所以，合作协议是一种非常广泛和深入的互动模式，需要政府部门与私营部门基于共同的愿景和目标建立合作关系。援助项目是由各个主体共同设计、共同出资、共同实施、共同受益、共同分担风险和责任的。

第一章 西方发展援助 ABC

第二，日本的公私合作伙伴关系（PPP）模式。公私合作伙伴关系也是由政府部门和私营部门共同投资、承担风险的合作形式。自2008年4月日本颁布"发展中国家公私合作伙伴关系"这一加强官方发展援助（ODA）与日本公司之间合作的新政策以来，日本国际协力机构（JICA）在与私营部门的合作中就一直注重促进公私合作伙伴关系。

与美国的合作协议不同，日本的公私合作模式中私营部门是项目实施的主体，并以改善发展中国家商业环境和基础设施、收集受援国信息、为官方发展援助项目做准备为重点。

近年来，发展中国家越来越倾向于将私营部门的专业知识纳入基础设施项目。日本国际协力机构提倡公私合营式基础设施项目的筹备调查，其目的是鼓励那些有优秀的技术、知识和经验，有兴趣进行海外拓展的企业，涉足发展领域，然后将必要的调查委托给这些企业，在上游阶段形成业务计划，验证基础设施建设项目的可行性。

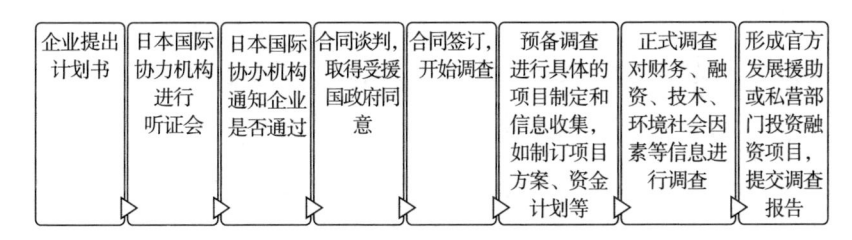

| 企业提出计划书 | 日本国际协力机构进行听证会 | 日本国际协力机构通知企业是否通过 | 合同谈判，取得受援国政府同意 | 合同签订，开始调查 | 预备调查进行具体的项目制定和信息收集，如制订项目方案、资金计划等 | 正式调查对财务、融资、技术、环境社会因素等信息进行调查 | 形成官方发展援助或私营部门投资融资项目，提交调查报告 |

图1.3　公私合营式基础设施项目筹备调查流程

除了这一项目之外，日本国际协力机构也通过私营部门投资融资、日本技术传播合作项目、金字塔底层业务促进筹备调查、私营部门运用日本技术参与官方发展援助可行性调查与验证调查等多种项目与私营部门合作，这些项目的主要目的都是调查日本的技术、产品能否在今后用于官方发展援助项目，或日本企业能否通过其专长和产品参与到官方发展援助中来。

发展援助的未来

第三种为英国的赠款模式。英国官方援助机构英国国际发展部（DFID）在国际发展合作中为私人部门提供赠款，即向受赠的企业提供资金和实物等，受赠方不必承担债务。与上述两种方式不同，赠款模式不需要政府部门持续地参与项目实施，对项目的监督也比较有限，私营部门是项目实施过程中的主角。

英国国际发展部设立的"挑战基金"是一种典型的可供私人企业申请的赠款。挑战基金是20世纪90年代后期出现的发展合作机制，它邀请来自特定领域的公司提交项目建议书，以实现具体目标，例如向穷人提供金融服务、激发对某些高风险市场领域的投资、鼓励创新等。其中，私营部门负责项目实施，而英国国际发展部在筛选申请人、提供资金、验收项目之外，并不参与项目的具体落实。

英国国际发展部通过基金管理人管理挑战基金项目的整个流程。在筛选阶段，申请人首先要提交概念说明，基金管理人审核概念说明。概念说明合格后，申请方会受邀提交完整的申请，申请由技术专家和捐赠组织代表组成的独立评估小组进行评估。签订协议后，英国国际发展部要向受赠方付款。受赠的企业主要承担项目实施的工作，基金管理人的职责是在实施过程中进行监督，以确保项目按照预先约定的时间框架进行。受赠方每季度提交一次进度报告，在项目完成时提交最终进展报告。基金管理人也要向捐助者和其他利益相关者提交报告，总结挑战基金的进度。

所以，在赠款模式下，政府部门负责筛选收到的建议书，在与这些选定的机构签订合同并提供赠款后，项目的实施就由私营部门推进，项目的资金管理和评估或由政府部门进行，或外包给其他机构。

对于私营部门参与国际发展合作，学者观点褒贬不一。支持一派的观点大致包括吸引新的财务资源、提高效率、通过竞争降低成本、分担风险等；反对一派的观点则有歪曲发展的优先事项、忽视相对欠发达的

第一章　西方发展援助 ABC

地区、对公共部门名声的滥用、公共部门管理失控等。本章将分别分析上述三种合作模式各自的优势与不足。

在合作协议模式中，政府部门与私营部门的合作非常紧密，贯穿了从项目设计到监测评估的各个阶段。这种密切的互动能让双方充分融合自己的优势：政府部门可以作为企业和当地政府的桥梁，帮助私营部门更方便地进入实地，推进并实现各种商业利益，并将发展干预的元素融入商业行为。但同时，这种模式要求双方投入大量的人力和时间：需要项目人员时时调整特定的合作联盟来适应实地发生的各种情况，也需要项目人员有足够的经验、知识，不能缺乏工作热情。运用合作协议模式的政府部门必须具有较高的识别、建立和实施合作项目的能力。另外，由于合作协议的情境性、一次性，私营部门的合作者难以从过去的联盟关系中吸取经验教训并融入当前的伙伴关系，政府部门也没有特别鼓励或支持这种学习活动。

公私合作伙伴关系模式可以降低投资风险，促使更多的私营部门参与国际合作，也验证了私营部门的产品、技术是否适用于官方发展援助，以及官方发展援助能否提高私营部门运行效率，确保了后续合作的效果和持续性。同时，道路、港口等基础设施的完善为私营部门创造了更好的投资环境，这可以鼓励更多企业到伙伴国家开展投资和发展合作项目，形成良性循环。但是，日本这种完全通过私营部门提交的建议书筛选项目的方式，可能会使项目更多地从企业的利益而非伙伴国家需要的角度出发，政府部门也可能因为对私营部门资金的需求而放弃发展合作的重点。另外，日本公私合营模式项目的时长大都在两年以上，所以项目期间政府对外政策、财务管理规定、项目相关领域优先事项的变动都有可能影响项目成果。

在赠款模式中，将项目的大部分或全部管理工作外包不需要投入大量技术人员和资源，同时还能最大限度地发挥私营部门的优势和能动性，例如根据当地人的需要出售产品和服务、雇用更多当地员工、改善劳工标准和商业惯例，等等。但是，赠款模式对选择、监督项目实施单位和项目管理人员有很高的要求，可能会发生监测评估标准和质量参差不齐的情况。另外，财务数据更容易从受赠的企业那里收集，但这些企业可能对发展问题没有多少兴趣，所以对项目取得的成绩、项目干预产生的发展影响的追踪，可能远远少于对受赠方在该项目的财务业绩方面的衡量。

美国的对外援助[*]

美国是世界上最早提供对外援助的国家，也是世界上最大的官方发展援助提供国。全球政府开发援助中有 1/4 由美国提供，接近 30% 的双边援助来自美国。美国提供对外援助的方式和目的对国际发展援助架构的影响远远超过了这些数据本身。作为世界超级大国，美国对世界上其他主要援助提供国的决策和援助分配流向都会产生深刻影响。

美国对外援助重点流向哪些领域？

美国对外援助包括经济援助和军事援助。军事援助占其对外援助很大一部分。根据美国国际开发署公布的对外援助数据（USAID's Foreign Aid Explorer），美国 2016 年承诺提供对外援助总额为 490 亿美元，涵盖 13 000 个项目和 217 个国家和地区。其中经济援助约为 340 亿美元，军事援助约为 150 亿美元，占总援助额的 31%。该年实际支出的 130 亿美元军事援助几乎全部由美国国防部执行。

---

[*] 本文原载于微信公众号 IDT，作者：张传红。

第一章　西方发展援助 ABC

根据美国国际开发署官方数据库，美国对外援助主要流入以下领域：冲突、和平与安全，艾滋病防治，紧急援助，政府和公民社会，业务费，基本健康，环境保护，农业和基本教育。与军事援助的重要地位相一致，冲突、和平与安全一直是美国对外援助支出最大的领域。过去 16 年来美国对外援助实际拨款数据表明，冲突、和平与安全一直是美国对外援助支出最大的领域。2016 年，450 亿美元的实际援助支出中有 132 亿美元用于该领域，占比高达 29%。美国对外援助官方网站公布的数据表述方式与开发署稍有不同，将美国对外援助涵盖领域分为和平与安全，民权、人权和治理，健康，教育和社会服务，经济发展，环境，人道主义援助，项目管理和多部门九部分。该网站最近更新的 2019 年对外援助预算表明（见表 1.1），和平与安全仍然为预算最高的领域，占总援助预算的 28%；其次为健康和人道主义援助，分别为 26% 和 23%；而经济发展援助仅为 7%。

表 1.1　2019 年美国对外援助预算分布

排名	领域	数额（亿美元）	百分比（%）
1	和平与安全	77	28
2	健康	71	26
3	人道主义援助	64	23
4	经济发展	20	7
5	项目管理	14	5
6	民权、人权和治理	14	5
7	多部门	7	3
8	教育和社会服务	6.5	2
9	环境	2.6	1

注：www.fa.gov 网站要求各对外援助预算单位和执行部门每个季度更新数据，数据分为三类，计划援助额、承诺援助额及实际支出额。尽管目前公布的关于 2019 年的预算数据并不全面，但已经包括了主要部门的计划预算。关于实际支出援助额的完整数据只更新到 2016 年。

资料来源：www.fa.gov。

发展援助的未来

根据《华盛顿邮报》对该数据的解读，美国的军事援助从根本上说是美国稳定国内国防工业的一个手段。如在2016年，美国对外安全援助预算中只有一半来自美国国防部，且主要与美国在阿富汗和伊拉克的军事行动捆绑在一起。另外一半来自美国国务院，包括在美国国际开发署、和平队及美国用于灾害援助及对抗艾滋病的双边援助预算里。如2016年，奥巴马政府承诺自2019年开始，美国向以色列提供380亿美元的安全援助，分10年拨付。条件是这些安全援助资金都必须用来购买美国国防物资。在2016年，美国实际交割的武器销售额为269亿美元，涵盖155个国家和地区。除全球层面外，处于前五位的分别为沙特阿拉伯、伊拉克、阿拉伯联合酋长国、澳大利亚、埃及。

美国为非洲国家提供军事培训

除销售武器外，提供军事培训也是美国对外援助的主要内容。根据该网站提供的数据，2015年，美国通过17个项目向154个国家的79 865人提供了军事培训，其中撒哈拉以南非洲国家占50%以上，其次为拉美和加勒比地区，约为19%。经费预算主要来自美国国务院（54%）和国防部（45%）。

需要指出的是，美国是世界上唯一公布军事援助额的国家。军事援助额和经济援助额在美国对外援助官方数据库中明确列出。但实际上，这些数据不包括专门由美国国防部拨款的军事援助，所以美国的军事援助额要远远高于对外援助官方网站公布的数额。

美国对外援助大多流向了哪些国家？

美国2018年的安全援助预算超过170亿美元，预期流向141个国

第一章 西方发展援助 ABC

家和地区，共包括 22 个项目。接受美国军事援助最多的国家为阿富汗，总援助额超过 50 亿美元，后面依次为以色列、伊拉克、埃及、叙利亚和约旦。

经济援助与其军事援助流向国家具有高度一致性。美国的经济援助大部分流向了其战略同盟国。2017 年，接受美国经济发展援助最多的前 10 位国家为：阿富汗、约旦、肯尼亚、尼日利亚、坦桑尼亚、埃塞俄比亚、乌干达、巴基斯坦、赞比亚和莫桑比克。如果将安全援助计算进去，排名第一的是阿富汗，第二位的是以色列，再次是埃及、伊拉克、约旦和巴基斯坦。其中，以色列接受的全部为军事援助，总额为 31 亿美元。根据美国 2018 年对外援助预算方案，接受美国对外援助前 10 位的国家为以色列、埃及、约旦、阿富汗、肯尼亚、坦桑尼亚、乌干达、赞比亚、尼日利亚和伊拉克（见表 1.2）。根据 2019 年最新政府援助预算，当年接受美国对外援助预算前 10 位的国家排名基本没有变化，只有南非代替伊拉克，位列第七名，乌干达、赞比亚、尼日利亚依次后退到 8—10 名。根据 OECD 2017 年发展合作报告，2014—2015 年两年的平均数据表明：接受美国官方发展援助（OECD 标准计算）前 10 位的国家为阿富汗、约旦、巴基斯坦、肯尼亚、埃塞俄比亚、南苏丹、叙利亚、刚果金、尼日利亚和坦桑尼亚。2015 年，只有 33.5% 的美国双边援助流向最不发达国家，占其国民总收入的 0.06%。

表 1.2　2018 年美国对外援助预算最高的前 10 个国家及具体预算数额

排名	国家	数额（美元）
1	以色列	3 100 000 000
2	埃及	1 381 300 000
3	约旦	1 000 000 000
4	阿富汗	782 800 000

发展援助的未来

续　表

排名	国家	数额（美元）
5	肯尼亚	639 350 000
6	坦桑尼亚	535 300 000
7	乌干达	436 400 000
8	赞比亚	428 875 000
9	尼日利亚	419 100 000
10	伊拉克	347 860 000

资料来源：www.fa.gov。

在2018年2月美国国务院起草的向国会申请预算的报告中明确提出，由美国国务院和国际开发署联合执行的378亿美元预算主要用来保护美国在本土和海外的安全。其中包括阻止朝鲜和伊朗等国获得大规模杀伤性武器；维护美国的边境安全，实现对同盟国的承诺，尤其提到美国与以色列达成的十年军事援助和导弹防御项目合作备忘录内容；保护美国海外人员和设施的安全，包括美国使馆建设和网络安全投入等。

美国对外发展援助的主要形式是？

美国的官方发展援助大部分为双边援助。根据经济合作与发展组织2017年发展合作报告，2015年美国官方发展援助的86.3%为双边援助，13.7%为多边援助，低于发展援助委员会成员国26.2%的平均水平。其中，项目形式干预占美国双边援助的85%，只有3%为直接预算支持。人道主义和食品援助为双边援助的25%。2015年，美国双边援助的48.4%用来支持社会基础设施和服务，19.3%用于支持性别平等和妇女赋权（约为52亿美元），10.4%用来支持环境（约为28亿美元），另外有专门3.5%用于气候变化（约为9.4亿美元）。从中可以看

第一章 西方发展援助 ABC

出特朗普时期美国对外援助政策的变化。

美国对外援助的执行机构有哪些?

从美国对外援助的具体执行机构来看,美国参与对外援助的政府部门和实体部门有五十多个。在 2015 年,只有 26.2% 的双边官方援助是通过非政府组织提供的,其余大多由政府机构执行。2013—2016 年位于前 10 位的是美国国际开发署、国防部、国务院、健康与人类服务部、财政部、千年挑战集团、农业部、和平队、能源部和内政部(见表 1.3)。在过去 16 年,除了其中三年(2005 年、2008 年和 2011 年)国防部为最大的对外援助执行机构外,其余时间美国国际开发署均为美国对外援助最大的承担者,其次为美国国防部和国务院。2012 年之前,美国国际开发署为独立的对外援助机构,具有独立的预算,可以相对不受政府行政部门的管控。

表 1.3 2013—2016 年美国对外援助执行部门及实际支出援助额 (单位:亿美元)

执行机构	2013	2014	2015	2016
国际开发署	172	175	182.2	189.6
国防部	145	102	151	134
国务院	53.2	57.0	67.7	54.0
健康与人类服务部	30.2	23.0	17.9	32.0
财政部	26.6	28.0	26.7	22.7
千年挑战集团	15.5	10.7	7.26	7.17
农业部	2.87	2.58	1.99	4.09
和平队	4.21	3.97	4.20	4.40
能源部	6.03	3.99	2.80	1.23

发展援助的未来

续　表

执行机构	2013	2014	2015	2016
内政部	1.80	2.35	2.52	2.30
其他	3.34	2.98	4.68	1.89

资料来源：USAID's Foreign Aid Explorer。

自2013年以来，美国国际开发署直接并入美国国务院，其预算首先要经国务院批准，然后才能由国务院统一提交国会通过，这增强了国务院对美国国际援助的控制。根据美国国际开发署官方网站，在2019年393亿美元的国际发展援助预算中（国会预算申辩报告中的数据为378亿美元），有168亿美元由国际开发署通过经济支持和发展基金、全球健康项目、转型倡议、国际灾害援助和国际开发署的业务账户进行完全或部分管理。

从过去7年的数据来看（见表1.4），国际开发署归属美国国务院管辖后，其所承担的对外援助实际拨付额出现了上升的趋势。2017年的最新数据表明，在240亿美元的对外承诺援助额中，有210亿美元是由国际开发署执行的，占比接近88%。当然，很大一部分原因在于美国政府官方网站最近改变了援助数据执行单位的公布方式，将国务院和国际开发署的数据合并后公布。2017年后的对外援助执行部门中，已经看不到国务院的名字。根据2015年《国际研究季刊》发表的一篇文章对1999—2010年美国15家政府对外援助执行机构的研究表明，机构独立性会影响美国对外援助的分配。对执行机构依赖性越强的政府部门，其执行的对外援助分配与美国总统对外政策目标的一致性就越高；独立性越高的政府执行机构，其执行的对外援助分配更能回应受援国的发展诉求。制度设计变化后，美国国际开发署具体执行的项目的资金分配和流向是否因此受到影响，目前无论是官方数据还是研究领域都还是

第一章　西方发展援助 ABC

空白。但毫无疑问的是，多部门的参与，使对外援助执行变得非常复杂，援助协调和一致性也变得非常困难，这使得对援助有效性的讨论也变得越来越有必要。

表1.4　2011—2016年美国国际开发署承担美国对外援助数额及比例

（单位：10亿美元）

	2010	2011	2012	2013	2014	2015	2016
美国对外援助额	42	47	46	46	41	47	45
国际开发署承担额	15	17	17	17	18	18	19
百分比	36%	36%	37%	37%	44%	38%	42%

资料来源：www.fa.gov。

美国对外援助是否考虑本土的商业利益？

捆绑援助是美国对外援助的一大特征。美国对外援助受本国商业利益影响深刻。美国对外援助法明确规定美国经国际开发署提供的双边官方发展援助要以从美国购买商品和服务为条件，援助物资必须由美国拥有的飞机和轮船运输（紧急情况下除外）。自2002年，为达到OECD发展援助委员会的标准，美国颁布免责条款允许执行机构在向最不发达国家提供官方援助时可不履行捆绑义务，但对美国官方发展援助中占重要部分的粮食援助和长期技术合作不能免除捆绑。据统计，美国官方发展援助中有70%为捆绑援助。大量美国对外援助流向了美国的商业、技术和咨询公司以及在美国注册的非政府机构，而受援国政府不能直接获得这类援助基金。2017年OECD发展合作报告显示2016年非捆绑援助仍然只占美国官方发展援助的55.5%，低于发展援助委员会成员国的平均水平。而2019年美国国务院预算报告中更是将促进美国本土就业和可持续经济增长中的竞争优势作为美国对外援助的重要战略优先目标之一。

美国对外援助占联邦政府预算及国民总收入的比例？

恺撒家庭基金会（Kaiser Family Foundation）2015年发布的一项研究表明，大部分美国公众认为26%的美国联邦预算被用来提供对外援助。而实际上，根据2017年的标准，美国对外援助仅占联邦预算的1%左右。20世纪50年代，官方发展援助的一半都是由美国提供的，此后占比逐渐稳步下降，90年代末达到最低水平（低于20%），2000年后又逐渐回升。2011年实际援助拨付额达到最高水平，为470亿美元，此后几年相对稳定。特朗普上台后，大大削减对外援助预算，提议将2018年预算缩减30%以上。尽管国会忽略该提议，但似乎没有改变美国对外援助支出缩减的趋势。2017年尽管美国对外援助总预算接近450亿美元，但实际拨付额只有290亿美元。

受美国对外援助预算缩减影响最大的部门是？

根据2018年美国国务院部门预算文件，新的预算下，负责消除饥饿的美国食品安全局的预算基金将缩减68%。而全球健康项目缩减25%，美国对以色列的安全援助却不会因援助预算减少受影响。可见，粮食援助受特朗普的援助预算缩减影响最大。但与粮食援助减少趋势不同的是，美国一直将全球健康和人道主义援助视为维持其全球领导力的重要手段。2019年美国国务院提交的援助预算中明确指出："该预算将会帮助发展中国家创造可以长期持续的健康基础设施，支持可以拯救生命的健康干预行动……"同时指出，在该预算下，美国仍然会成为全球最大的人道主义援助国，继续帮助如叙利亚、也门、伊拉克和南苏丹等国解决其人道主义危机。

第一章　西方发展援助 ABC

总之，美国提供对外援助的核心目标不是促进贫穷国家减贫和经济发展，也不是基于受援国的需求，而是越来越服从于美国本土利益和外交战略。在当前全球形势及美国本届政府的领导下，对外援助作为美国维护自身全球利益和有效外交手段的目的越来越被强化。这无论是对新兴援助国，还是传统援助国来说，都不是一个好榜样。目前关于国际发展援助有效性的讨论及各国在完善对外援助政策和实施援助项目时都应该意识到这一点。

非洲朋友眼中的中西援助差异

我和同事在埃塞俄比亚出差期间与埃塞俄比亚财政和国际合作部常务秘书长吃饭聊天。他是英国发展研究院（Institute of Development Studies，简称 IDS）的学生，所以我们套着算学友。我记得我问他，中国和西方的援助有什么不同。他说："中国的朋友不太爱开会，就是根据我们的请求，做具体的项目、看得见的项目；西方的朋友则老要我们开会，和我们讨论规划、政策，还有很多会议和能力建设培训。"

这个说法实际上反映了大家争论的中国和西方援助差异的问题。最近几年，西方对中国的对外援助的研究几乎成为国际发展领域的中心课题。2000 年之前国际上有关中国对外援助的研究是很少的，出版的书和发表的文章也很少，2000 年之后开始增加，2005 年之后是迅速增加。不仅是国际上，国内的国际研究领域也是如此。

国际上对中国对外援助的研究观点主要是两个维度，一是认为中国的对外援助提供了一种新的援助模式，是受援国的一个替代的选择，甚至有的更认为中国的对外援助方式最终会取代西方的发展援助模式；另一种则认为，中国不附加条件的援助以其自身的经济利益为中心，破坏

发展援助的未来

了西方援助正在推进的改善发展中国家治理结构的框架，有的甚至认为中国的援助是"流氓援助"。国际上对于中国和西方对外援助最大的争论是所谓的"干预"问题。

不论中国的还是西方的援助，都不仅仅是一个纯粹的政治经济的战略，而在很大程度上是历史构建的，是基于"我"与"他者"关系的历史性实践。西方对于非西方的构建始于15世纪，西方的远航者和传教士等通过他们的海外探险，带给西方世界最初的非西方的概念，很多从东方文明归来的使者更是感慨西方和东方文明的差距。如果不能说那个时期西方是处于文明的劣势的话，但至少可以说，西方看待非西方世界多少是平等的。詹姆斯·库克等航海家，关于南太平洋土著是具有完整人性的自然人的观点，就激发了启蒙主义者的灵魂。随着资本主义体系的迅速扩张，这种相对平等的西方和非西方的关系构建，特别是到了19世纪以后被彻底打破。随着西方工业化的开始，工业文明迅速重构西方的意识形态体系，西方与非西方关系构建的文明基础也发生了变化。非西方人在西方人的眼里逐渐成了没有开化、不文明的"野蛮人"。带领"野蛮人"走向文明成为西方殖民主义合法性的社会基础，西方逐渐将这一理念付诸行动。这些行动就是初期的"对外援助"。

第二次世界大战之前，西方国家的政治共识是要帮助非西方世界成为独立、自治和自由的资本主义国家。英法殖民当局在20世纪对其殖民地的发展都有系统的发展规划和具体的建设实践。实际上，在殖民当局系统的干预之前，基督教的传教活动一直与后来的发展援助有关。说服非西方人民信仰基督只靠说教是不行的。因此，教会雇用大批懂医疗和教育的人员，通过治疗土著人的疾病从而使他们信仰上帝。基督教的社会使命和殖民者的政治使命构成了西方发展援助的政治社会基础，而这一基础的核心是基于"优－劣"结构、通过"干预"改变非西方的

第一章 西方发展援助 ABC

逻辑的。

二战之后，殖民主义被摧毁，"发展"成了构建西方和非西方的新意识形态。"野蛮"的非西方世界变成了欠发达的发展中国家，殖民主义国家变成了发达国家。发展援助成了帮助发展中国家发展的主要工具，并逐渐演变成"干预主义"的合法工具。为殖民主义服务的专业人员变成了发展专家，资本主义的经济社会和政治结构就这样嵌入非西方社会。前不久，我在一个国际会上再次讲到这个问题，原经合组织发展援助委员会秘书长不无感叹地说："你讲得很好，我们好像都忘了这段历史的叙事。"西方早期的援助也不能说就是地缘政治的工具，因为那个时候还没有冷战，因此，援助主要还是基督教和资本主义文化的单向扩张工具。到了现代，西方的对外援助则可以说在很大程度上是服务于西方地缘政治的。基于近代国际的两极化格局，西方很多学者因此也把中国的对外援助看作中国地缘政治的工具，这一点也不能说全错。但是就像周恩来总理在 20 世纪 60 年代说的那样，我们的对外援助还是基于我们传统文化的东西多一点。

中国同样有自身与外部世界关系构建的逻辑。当我们讲中国没有"干预"的文化基础时，有的学者说，中国历史上也有领土的扩张和文化的对外传播。的确，中国文化里具有很强的自我意识或者说中国中心主义的意识形态。但是，中国早期疆域的扩张和文化的传播与"干预"是不同的。中国文化的传播始终都是非组织化和非系统性的，是随着领土的扩张和人口的流动发生的。相比较而言，西方文化的传播是有组织和有系统的，前者如教会，后者如殖民和现代发展援助等。中国的天下观不仅有中国中心主义的自信，也有谦卑，盛唐时期玄奘赴印度取经就是一例。中国与世界关系的构建，与西方和非西方在进化论基础上相对线性的构建路径不同，这与中国在近代闭关自守和处于工业化的落后而被"他者化"有关。这些因素都与中国在新中国成立之后,重新寻找其在世界中的地位的方式有很大关系。在新中国成立之初经济困难的情况下,为其他发展中国家提供援助看起来是出于地缘政治的考量,而实际上却是统一的中国尝试寻找其世界地位的历史延续。

中国在"天下观"下践行"世界大同"看起来很像帝国主义的行为,但是中国缺乏系统性干预外部世界的社会文化基础和经验。特别是近代以来,中国遭受西方的"他者化",中国将自身看成与其他"他者"一样的受压迫者,这种历史遭遇构建了中国与其他发展中国家的平等关系。

有一年,我在赞比亚做研究,使馆的参赞请我吃饭,我说我也带着我当地的助理。参赞见到他时和他握手称道:"兄弟好!"这个助理饭后告诉我,绝对不能想象英国驻赞比亚的专员公署的高官会称他为兄弟。中国在构建的这样一种平行关系中提供援助很自然会形成所谓的"不干预"形式。

第二章　西方发展援助出了什么问题？

2009 年，一位赞比亚的女学者丹比萨·莫约（Dambisa Moyo）出版了一本书《援助的死亡》（*Dead Aid*），这本书受到很多中国学者的青睐。这本书并不算是一本严格意义上的学术著作，很多观点并没有实证研究的支持，但是她提出的很多针对西方援助的观点却是很尖锐的。实际上，对西方援助的批判由来已久，其中很大一部分批判都来自西方学者对于援助的反思。对于西方发展援助效果的争议非常复杂，很难对其做出一个简单的判断。一方面，从资源供给的角度讲，西方发展援助对于很多发展中国家，特别是非洲国家来说是非常重要的。很多非洲国家都有着严重的援助依赖症，援助在这些国家的预算中占有非常重要的位置，一旦离开援助，很多国家甚至都无法维持基本的运行。另一方面，援助深深地陷在了政治、经济和社会的争斗之中，大量的援助资源被浪费。不久前被披露的英国乐施会援助工作者在海地的丑闻再次引发了西方社会对于援助走向的争论。西方发展援助从杜鲁门时代开始到现在经历了七十多年的实践，出现的问题越来越多。

迪顿的"援助错觉"

有关发展援助到底有无效果的问题直到现在也争论不休。林毅夫先

发展援助的未来

生和王燕女士最近出版了《超越发展援助》一书，这本书涉及发展中国家如何借助外部支持启动增长的问题，他们的观点突破了传统援助机制局限于援助－发展的困境。实际上，西方学术界对于援助一直都有着深刻的批判。后现代解构主义社会科学家往往把援助看成资本主义和西方维持其霸权的工具，这样的批判显得有些极端，却是深刻和尖锐的。大家可以参照阿图罗·埃斯科瓦尔的《遭遇发展》（Encountering Development）和詹姆斯·弗格森（James Ferguson）的《蚂蚁政治机器》（Ant Politics Machine）等著作。安格斯·迪顿（Angus Deaton）在他的《逃离不平等》（The Great Escape）一书中说，"2008年，世界上的贫困人口大约8亿，如果按照1美元贫困线，那么，美国人加上英国、德国和日本的成年人每人每天捐0.15美元，世界的贫困就解决了，这应该说是容易做到的，为什么没做呢？但是就算我们捐了这0.15美元，贫困问题也不会就此被消灭"。他没有从解构主义的角度看，他认为按照这样的算法产生了"援助的错觉"，援助绝非消除贫困的良方，相反却成为穷人改善生活的绊脚石。当然也有很多人说援助是有效的，他们说，研究显示，非洲这么多年教育和医疗的进步主要是援助的功劳，如坦桑尼亚的人均寿命从20世纪60年代的50多岁提高到现在的67岁。但是由于对照数据的缺乏，很多人质疑这不是援助的成果。很显然，对于这个问题，很难简单地用有效和无效来说明。

从现代发展援助开始的那天起，客观地说，援助的动机并不算坏的想法。殖民时代，财富从穷国流向富国，在贫富差异的结构关系中，穷国很难通过出口原材料致富。所以富裕的国家希望通过援助将财富回流到穷国，帮助穷国发展。如果我们不从解构主义的视角看，那么，援助的初衷和目标就是帮助穷国发展。可问题是，为什么这样一个看起来良好的愿望会引起长达几十年的争论？如果说援助是有效的，那么为什么

第二章　西方发展援助出了什么问题？

今天那些接受了援助的穷国依然贫困呢？如果说援助没有效果，那么为什么不停止援助，反而，联合国还在敦促富国提高它们的援助额呢？

发展援助扭曲了援助的道德原则

我一直相信援助的道德含义。亚当·斯密在他的《道德情操论》中讲过，"即使是一个腐败堕落至极的世界，也绝对不会存在这样以他人之苦为乐的恶棍"。他的意思是人类有义务对需要援助的人施予援手。对于活跃在战乱中的红十字会，对于在地震和其他自然灾害中的援助，以及对处于疾病灾难中的国家施予援助，我们都一直予以支持。人们排着长队捐款的情景反映了人类超越距离和民族的道德感和行动。显然问题不在于我们有没有义务帮助那些需要帮助的人，而在于现在的援助有没有达到帮助他人的目的。也就是说，当把援助作为手段去帮助穷国消除贫困和促进经济增长时，其效果是值得质疑的。

穷国能不能摆脱贫困和救灾是两个不同的概念。当灾害发生时，物质和资金的援助可以使受灾人民免受物资和资金缺乏而导致的灾难，可以拯救生命，也有利于灾后的恢复。现代援助的成功案例"马歇尔计划"实际上是战后的重建计划。真正使"马歇尔计划"成功的并不是资金和物质本身，而是由于接受"马歇尔计划"的国家战前都是发达国家。把"马歇尔计划"作为援助发展中国家的发展样板显然是有问题的。每一个国家的减贫和发展都需要内生的机制和动力。就像一个零件不全或者一部有毛病的机器，无论如何加油，它都不会启动一样，一个国家如果不具备发展的内生动力，援助是不起作用的。相反，如果一个国家具备了内生的发展条件，只是缺乏资金和技术，那么援助就会发生作用。当援助从人道主义领域延伸到发展领域的时候，援助者开始意识到援助的尴尬。但是他们没有减少或者停止援助，而是继续探讨援助

发展援助的未来

如何才能发挥作用。面对自己的工作，他们不会承认援助不起作用，相反会不断地告诉大家，不是援助不起作用，而是我们以前做得不对。大家就这样不断地相信这样的托词，也就不断重复着不起作用的援助。按照这样的假设，要想使援助在发展中国家发挥作用就得让援助与改革挂钩。然而，改革是个系统工程，通过外部的援助促进一个国家内部的改革则会让改革和援助都变得非常复杂。这也正是援助不能很好地促进减贫和发展的原因。显然质疑发展援助的效果不是在否认人类的道德义务，恰恰相反，它是在严肃地思考人类的道德责任。将人道主义援助延伸到发展援助在很大程度上是异化的人类普世性的道德义务。

发展知识异化了援助

发展援助的基本理论基础是经济增长和投资与国民收入的关系。经济增长和投资越高，国民收入就越高；当投资不足时，经济增长就缓慢，国民收入就低。因此，当一个国家缺乏投资时，想要提高国民收入就需要外部的援助。按照这个理论，发展政策和实践领域一直都致力于如何改善政策环境来吸引投资和提高投资的效率。这些观点也不能说是错的，但是围绕这些理论形成的通过投资促进穷国发展和减贫的一套发展知识体系却是值得怀疑的。首先，应用于穷国的发展知识是外生性的知识体系。这个知识体系是在殖民主义的历史背景下，在后殖民时代由西方的知识精英在发展中国家逐步构建而成的。这一体系虽然也包含了穷国的一些经验，但更主要的是基于发达国家的经验，如强调市场、法治等构建。这一知识体系的建设主体不是穷国的知识精英，他们无法植根于穷国社会文化和政治经济的历史和现实。说是知识霸权过于极端，但至少这一知识体系在构建过程中缺乏本土的能动性和主体性视角。在这一知识体系中，只能看到本土的参与和依附，不能看到本土的主导

第二章 西方发展援助出了什么问题？

性。因此，这就造成了所谓的知识主客体的关系错位，知识的生产由外部主导，而外部的投资又需要这一知识体系提供其运行的合法性依据。西方发展知识生产体系建构出的发展知识是高度抽象的，虽然这些知识有西方的发展经验和要素，但它既不是西方发展过程中真实的实践形态，也不是发展中国家的社会文化形态，如自由化、市场化、参与式发展、性别与发展知识等。知识的生产和应用结合在一起，从而使援助出现了异化。

援助机构导致援助异化

西方发展援助的高度专业化和体制化是西方援助的重要特色。援助由专门训练的人员和组织实施。援助客观上需要专业化和制度化，但是高度的专业化和制度化容易诱发援助人员和机构去追求自身利益。援助人员和机构在本质上很难接受援助是失败的这一事实，即使有所谓的独立评估，但是评估者与援助人员和机构都依赖援助生存，他们之间的主体利益是一致的。西方倡导的独立专业主义精神与援助实践之间存在极大的矛盾。援助专业化形成了从知识生产到传播的整个利益链条，在这个利益链上，除了不断将援助资源投到所谓改进后的项目以外，除了学者，在援助体系中很难有人能正视援助的问题，即使有像伊斯特利这样的专家，他最后也不得不从世行辞职。这种情况在新自由主义体制下更是如此。西方发展知识的生产和援助的执行在自由化和市场化之后均实行了自负盈亏的体制设置，营利性促使各种发展咨询公司和自由工作者大量出现，援助的公共使命与私有化公司和自由职业者的牟利动机产生冲突。由于援助成为这些机构和个人的生计来源，这就使得援助改革变得十分困难。不仅如此，专业化和制度化也导致援助成本的不断增加。据估计，西方真实援助的比例很低，管理成本甚至占到援助预算的50%以上。新自由主义认为政府的人格化是政府低效率的主要原因，但是，自由化后使用公共资源的各种市场主体同样是人格化的。市场化的援助体制非但没有改善援助的效果，反倒使援助陷入了更加尴尬的状态。援助的产业化、市场化给援助这个公共产品带来了巨大的损害。希望通过专业化、制度化推动援助的努力，最后却出现被这样的机制异化的现实，这实在需要我们深思。

发展援助深陷困境是不争的事实。在地缘政治利益的驱动下，各国还在争相增加发展援助的体量，但是好在很多受援国已经认识到了援助的问题。很多非洲国家都在力图减少接受援助，尼日利亚、坦桑尼亚等许多非洲国家都在逐年降低对援助的依赖。实际上，传统的援助－发展路径正在受到挑战，而发展援助会不会在不久的将来消失则取决于能否发育出新的发展资源。

为何援助备受争议？

2015年诺贝尔经济学奖花落美国普林斯顿大学教授安格斯·迪顿，他关于贫困和发展援助的观点引起社会广泛讨论。

实际上，西方主导的国际发展援助的有效性问题从20世纪70年代就已经出现，到20世纪90年代已经演化成为发达国家的政治问题。这个问题之所以不能很好地解决，主要原因在于西方主导的援助体系的结构性缺陷和各种利益集团的角力。无论如何调整，这个体系的框架要素和运行模式都改变不了援助低效的现实。这也是迪顿批判发展援助的主要原因。国际发展援助格局的变化等方面均能很好地体现这个问题。

第二章 西方发展援助出了什么问题?

国际发展合作领域的格局变化

21世纪以来国际发展合作领域出现的变化比以往更加深刻。

第一,近年来西方主导的国际发展援助体系经历了很多的调整和改革。这一改革是在西方国家内部、援助机构、受援国、公民社会以及其他各种力量的重压下发生的。发展援助的目标看起来也越来越去政治化,越来越趋同于全球公共价值体系,如减贫、环境和气候变化等。但是,指导发展援助的理论框架和作用于发展援助的政治社会因素并没有实质性的改变。基于西方中心主义的西方发展实践观固执地认为,要获得有效的发展必须基于能确保增长的优化的制度变迁,因此,只有发育出类似于西方的政治、社会和经济制度,发展中国家才能实现可持续发展。这一观点充分反映在最近风靡西方的著作《国家为什么会失败》一书中,这也是以美国为中心的西方发达国家主导的国际发展援助长期采用"发展干预主义"并强调"软的能力建设"的理论基础,这正是造成发展援助低效率甚至无效的深层次根源。

第二,西方主导的国际发展援助虽然在教育和卫生领域取得了很大的成绩,但是西方主导的通过改变发展中国家政治、经济、社会制度的国际发展援助的理论并没有从根本上推动受援国的经济发展。在过去五十多年里,接受国际发展援助总量最大的地区非洲的经济增长和减贫并未取得明显的进展,大规模的援助从历史上看是失败的。这一事实引起了发达国家内部对国际发展援助的广泛反思。1994年,西方发展援助组织正式提出援助有效性的概念;2003年,西方对外援助决策者在罗马提出和谐援助概念;2005年,在巴黎提出了援助有效性议程。但是,这些概念和一系列措施主要还是局限在改善援助管理上,没有真正反思援助失败的根源。不仅如此,这些改革反而更加强化了所谓"制度变革"的干预作用，导致西方发展援助更加坚持援助附加条件的原则，削弱了发展中国家的自主性发育能力。当然，也应该看到，发展援助中长期存在的问题也迫使西方国家不得不对像中国这样的不同援助模式持更加开放的态度。明显的转变出现在 2011 年韩国釜山召开的援助有效性高级别会议上，会议的议题由最初的"援助有效性"改变为"发展有效性"。这意味着援助的改革不能只限于援助本身，更应该注重援助的目标该如何实现。

第三，西方经济持续不景气极大地限制了西方增加对外援助预算的能力。在过去十年中，西方发达国家的对外援助预算一直未能达到 19 世纪 60 年代末提出的占国民生产总值 0.7% 的目标，西方发展援助体系迫切希望补充性或替代性资源进入由其主导的体系。为了吸引更多资源进入，西方发展援助体系让出一部分"政治空间"，以便其他不同资源具有进入的合法性，2011 年韩国釜山会议提出的"有效发展合作的全球伙伴关系"就是这一框架的典型代表。

第四，新兴国家的快速发展正在改变传统的国际发展格局，这不仅是因为新兴国家的经济能力，更重要的是其采用的发展方式，尤其是中国的发展方式。与西方发展路径不同，中国采取了通过经济发展逐步诱发适应性制度变革的渐进式改革模式，特别是国家主导的发展模式，实现了转型的成功。中国的发展模式对国际发展合作产生了两大影响：一是很多发展中国家，特别是非洲国家对西方长期热衷于按照自由主义原则改变制度，改善治理机制，但又无法获得高速经济增长和实现减贫目标的状况非常失望，它们转而对中国的发展方式产生极大的兴趣。二是西方深感中国的发展方式挑战了其发展意识形态领域的统治地位。因此，西方对于中国参与国际发展事务的策略是：积极引入（actively engage）和以全球公共价值规范加以限制。他们觉得中国受益于全球化，

第二章　西方发展援助出了什么问题？

也跳不出全球化的约束。有学者更是直言中国的对外援助直接破坏了西方国家推动良治、维持债务可持续性和改善治理以及社会福利的努力。

第五，新兴国家采用的以发展为中心的发展援助方式直接挑战了西方以治理为中心的援助体系。新兴国家以优惠贷款为主要方式展开的与发展中国家的经济技术合作，无论在资金、技术还是交易成本方面都深受发展中国家的欢迎。这种"硬援助"比"软援助"更符合发展中国家的需求。更为重要的是，其他国家，如印度、巴西，也都采用同样的模式，都宣称为"南南合作"，这就使得西方国家不得不从技术角度接受这种方式。釜山会议文件正式将"南南合作"列为发展合作的一种形式，通过积极引入战略吸纳新兴国家进入西方主导的发展援助体系。

在内部和外部环境的变化下，国际发展合作呈现合作理念和实践方式多元化的格局，西方为主的发展意识形态和实践框架受到了挑战。国际发展合作治理结构中的单向"发达－不发达之间的援助－受援"二元关系演变成了"发达－新兴－不发达国家之间合作"的多元关系。新的格局有望通过注入新的发展经验而改变西方为主的单一援助模式的弊端。中国国家主席习近平在联大的讲话和中国政府的一系列举措更是标志着国际发展援助多元共治时代的到来。

"2015年后发展议程"背后的政治

21世纪之前，国际发展合作议程很大程度上是西方发达国家内部的讨论。从某种意义上讲，进入21世纪以来，西方强调新兴国家作用的背后一方面出于借助"国际道德高地"绑架国际社会和各种政治力量为其政治和技术议程买单的需要，另一方面则是延续过去一贯的方式以维护西方主导的发展模式。问题恰恰在于，这样会使援助的问题不断放大，援助有效性可能会演变成全球问题。无论从千年发展目标的形成过程，还是从已经通过的"2015年后发展议程"中，都体现了这一点。

一方面，西方发达国家可以借助"全球共识"平息国内对发展预算的质疑，同时可以更合法地规范其他国家的资源投入；另一方面，可以通过对发展中国家执行千年目标的情况进行合法的审查，并作为其获得援助的条件。附加条件下的援助在"全球共识"下更加严重与隐蔽。更为重要的是，只要有这个框架，西方援助有效性差的罪责就有可能被永远地赦免。因为，一旦出现任何进展，那就可以说西方提供的援助是有效的，而忽视了发展中国家自身的努力。同时，如果监测发现没有实现目标，那么就可以将原因归结为发展中国家自身的问题，如有学者认为发展中国家政府开支水平低、家庭开支水平低、市场资本投资低、国家对外贸易不平衡、贫困发生率高以及民主进展缓慢等都是导致千年发展目标进展缓慢的主要原因。

2010年9月，在联合国千年目标峰会上，很多国家倡议启动"2015年后发展议程"的讨论。2012年7月，潘基文宣布成立27人高级别名人小组。2013年5月，名人小组发布了《新型全球合作关系：通过可持续发展消除贫困并推动经济转型》的报告。该报告成为联合国"2015年后发展议程"的基础，这一过程把千年发展目标框架演化成了"2015年后发展议程"框架。

联合国"2015年后发展议程"是一个复杂的过程，充斥着不同的政治动机。

第一，联合国"2015年后发展议程"仍然延续西方"援助"型国际发展路径并依托路径依赖绑架各种发展资源，因此，"2015年后发展议程"无法摆脱西方控制的轨道。名人报告建议的5大改革和12个指标体系和"亚的斯亚贝巴行动议程"与1995年经合组织发展援助委员会提出的千年发展目标体系在本质上是一致的，都要遵循被"全球公

第二章　西方发展援助出了什么问题？

共价值"掩盖了的看不见的逻辑，即全球各国都应该有一个"人人都享有言论自由、结社、和平示威以及访问独立媒体和获取信息的自由，增加公众参与政治进程、确保公众知情权以及减少贪污受贿"等确保良好管理的有效制度，这样的制度是实现发展目标的基本条件。同时，这样的框架基本上沿袭了传统的"普世人权"的发展框架，是典型的新自由主义和新制度主义在新时期的再现。

第二，多边和双边发展机构为了自身生存的利益（由于其资金主要来源于西方国家），会依托其强大的知识研究力量从技术的角度维护这一基本框架，同时尽可能地让未来的共识更符合他们已有的技术和知识框架。这一框架就是未来的议程一定要符合他们在"硬"的和"软"的方面立项的条件。例如，大多数发展中国家尤其是非洲国家面临的首要问题是打破基础设施的瓶颈，进入增长轨道；中国、韩国等很多国家的经验说明国家主导工业化政策至关重要。但是，这种发展制度不是西方定义的"好的制度"模式，西方主导的发展机构也没有这样的经验和知识形成这样的干预项目，他们不可能做一个项目去培训非洲国家的政府像中国20世纪八九十年代那样围绕着吸引外资，不分白天晚上，不分周末假期开会解决问题。名人报告和"亚的斯亚贝巴行动议程"没有提及这个创造了20世纪到21世纪人类最大的奇迹的发展经验：中国的制度如何实现高的经济增长和减贫。他们在承认中国经验的同时，把成功归因于全球化和市场化改革，把发展中出现的问题归咎于中国不包容的制度，从而在理论上否定了中国发展模式在制度上的参考性，因为西方发展理论框架无法表述"为人民服务"等中国发展的制度要素。"亚的斯亚贝巴行动议程"基本没有反映在制定联合国"2015年后发展议程"过程中对西方传统发展方式的意见，也没有充分体现对新发展路径的认可，是西方霸权的再现。

发展援助的未来

第三,大多数发展中国家,尤其是非洲国家,长期处于"援助陷阱"之中。"2015年后发展议程"对他们而言意味着有多少援助资源流入他们的国家,除非中国和其他国家能提供超过发达国家的援助,否则,他们多数会成为这个议程的追随者。

最后,从启动"2015年后发展议程"起,主要的批评是这个议程仍然是所谓的援助者驱动。他们提供主要的活动经费,主导了形成议程的知识产生,发展中国家都是被动参与,而且议程的内容仍然假设发展中国家存在巨大的问题,发达国家帮助发展中国家解决问题,因此不是"全球发展",仍然还是"发展中国家发展"。

2012年6月在巴西里约召开的联合国可持续发展大会暨20国集团峰会上,哥伦比亚、危地马拉、秘鲁和阿联酋呼吁改变目前将可持续发展作为八个指标之一的范式,建议将可持续发展作为覆盖所有指标的前提,这些国家向联合国可持续发展大会提交了有关可持续发展目标的建议。里约峰会的成果文件接受了这个建议,并决定在联合国大会之下设立由30名成员组成的开放工作小组,并由该小组研究可持续发展指标体系。

可持续发展指标提出的背后因素远远要比指标本身重要。如前所述,千年发展目标,甚至反映在名人报告中的"2015年后发展议程",仍然是针对如何解决发展中国家的发展问题。实际上,有关的政治磋商已经多次提出,联合国"2015年后发展议程"不应仅仅针对发展中国家。因此,由发展中国家提出的可持续发展指标的初始动机是联合国"2015年后发展议程"应该包含发展中国家和发达国家两个部分。可持续发展议程同时也受到绿色政治气氛浓厚的欧洲和日本的支持。

可持续发展目标议程的提出,使得针对"2015年后发展议程"的讨论出现了两个平行的进程,一是由潘基文秘书长任命的名人小组的工

第二章 西方发展援助出了什么问题？

作，另一个是联合国大会指定的开放工作小组的工作。从表面上看，这两个过程提出的时间不同，各有侧重，内容差别不是很大，实际上驱动这两个过程的政治经济因素则是不同的。为了避免与可持续发展议程发生大的冲突，名人小组把可持续发展作为2015年后发展框架的一个部分，报告同时包含了涉及可持续发展的其他方面，但是名人小组并没有接受可持续发展的目标体系。

联合国大会开放工作小组从成立至今，已经召开了七次工作会议，就可持续发展的范畴、教育、健康和社会保护、粮食安全、包容性经济增长、人权和发展权、全球治理、知识分享、城市发展、气候变化以及减灾等主题进行了讨论。讨论的很多内容虽然与联合国2015年后发展框架讨论的议程相似，但是涉及范围远远广于"2015年后发展议程"的范围。从开放工作小组启动到目前的工作进展，可持续发展目标面临的问题是，可持续发展目标议程是否要和联合国"2015年后发展议程"框架进行合并，相当多的国家，如法国、德国、瑞士、日本等国家都呼吁这两个议程应该整合。

2015年9月25日至27日，联合国可持续发展峰会在纽约召开，大会通过了联合国首脑会议2015年后发展议程的成果文件草稿《改变我们的世界——2030年可持续发展议程》，确立了17项到2030年要完成的可持续发展目标。

从联合国秘书长潘基文正式任命联合国"2015年后发展议程"高级名人小组和任命联合国可持续发展开放小组至今，国际发展机构为自己设定了2030年的工作目标，并成功地将这个目标转变成全球性的政治承诺。虽然新的可持续发展议程比较全面地反映了全球发展的挑战，也反映了发展中国家的需求，但从某种意义上说，国际发展政治也从以"社会发展"为中心转变为以"绿色发展"为中心，可以说，西方再一次成功地将自己的发展理念经过反复的妥协转变成为普世方案，西方中心主义将以"绿色"的形态继续影响全球发展。

无论全球发展议程如何改变，西方依然是发展援助的资金主要提供方，同时也是发展知识的主要生产者。虽然国际发展格局已经发生了变化，国际发展援助的理论也在发生变化，但是西方力图将自己的发展伦理普世化的意图并未发生变化。

国际发展政治的绿色化虽然仍有西方发展的霸权影响，但是，从制定"2015年后发展议程"开始，发展中国家和反对西方传统援助方式的力量以及中国和其他经济能力较强的新兴国家也能积极参与到这个过程中。

发展中国家特别是新兴国家不仅拥有成功发展的经验，也拥有比较有力的发展资源。西方国家也积极认可新兴国家的经验。中国政府支持南南合作的重大举措以及与美国达成的发展合作协议就是这一变化的体现。正如迪顿说的那样，要把发展援助更多地用在符合非洲利益的地方。

只有从结构上改变国际发展合作的权力格局，发展援助的有效性才有可能改善，而这需要新的发展实践和以此催生的新的国际发展知识和理论框架。

"有效性"的战略为何走向"无效"？[*]

"援助有效性"这个概念虽然在2005年才正式进入主流，但早在20世纪90年代末至2000年初关于提高援助有效性的尝试就开始了。以

---

[*] 本文原载于微信公众号IDT，作者：肖瑾。

第二章　西方发展援助出了什么问题？

坦桑尼亚为例，该国是学界公认的国际发展援助领域各项改革进行得最早的试验地。为提高援助有效性，西方援助者对其援助方式进行了改革，将援助经费的提供方式从项目援助转变为全部门援助，即把受援国政府、援助国以及其他利益相关方整合到某一部门，统筹制订部门发展计划。

援助集团之所以这么做，是因为国际发展援助的传统方法——基于项目援助的方式把原本可以集中在一起的援助资金分散为数量众多的小项目，使各项目普遍收效甚微，甚至起到反作用，也即学界常说的援助碎片化的问题。

所以，在20世纪90年代中后期，正值世行结构调整政策在非洲最贫困国家普遍失败遭到全球批判之时，世界银行、经合组织等援助领导机构不得不做出援助模式上的调整。现在我们所知的非洲国家都采用的"援助篮子"也始于这一背景。所谓援助篮子通常是按照部门（例如医疗、农业等）分类，各个援助国把资金都放入每一部门的援助篮子里，集中使用。

值得注意的是，我通过在坦桑尼亚的调研发现，美国不在援助篮子里，也就是说，美国的援助资金仍然按照项目援助进行。虽然全部门援助在援助国和受援国的反应都比较积极，但在坦桑尼亚，项目援助仍然是主要的援助方式，全部门援助只是增加了援助的可能性。全部门援助没有替代项目援助。2012—2013年的数据显示，坦桑尼亚的部门预算支持只占3%，而项目援助高达67%，这也为援助模式的进一步改革留出了空间。

《巴黎宣言》落实了吗？

2005年《关于援助有效性的巴黎宣言》（简称《巴黎宣言》）标志着"援助有效性"成为国际发展援助的核心关注点，其提出的受援国

发展援助的未来

"国家所有""和谐化""协作""注重成果""共担责任"五大原则也成为此后国际发展领域的主导话语。总预算支持正是《巴黎宣言》的一个具体改革成果。总预算支持是把援助国的援助资金直接放入受援国的国家财政体系，从而形成一个援助国和受援国联合的财政体系。这是一次重大的调整，可以说西方援助一改往日只支持非政府部门机构和项目的传统援助做法，也体现了他们希望借此改变长期无法解决的受援国援助依赖和援助碎片化的困境。

不少研究表明，总预算支持取得了不错的成绩——尤其在社会公共部门预算方面。然而，总预算支持从未替代项目援助，从未成为主导模式。即便是在总预算支持的极盛时期（2006—2010年），总预算支持占援助国（以英国为例）总援助项目费用的比例也没有超过17.8%。坦桑尼亚的总预算支持模式的比重从2005—2006年占其所有受援模式的73%骤减至2012—2013年的20%（见图2.1）。

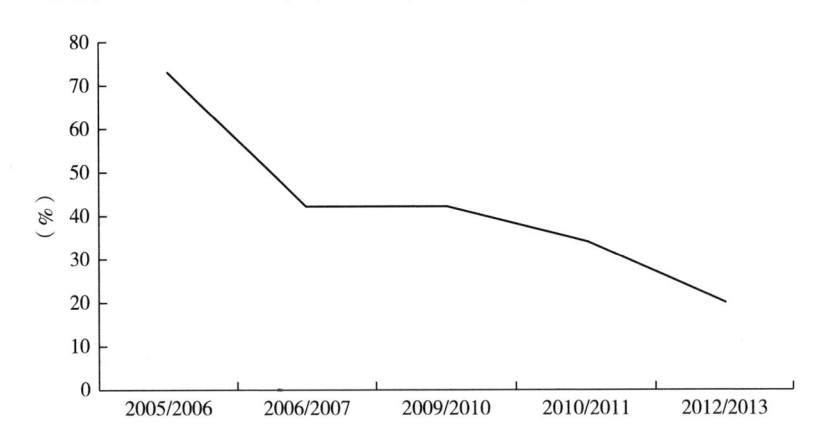

图2.1 坦桑尼亚的总预算支持模式占所有援助的比重
资料来源：Tanzania Aid Management Platform（2016）。

有学者指出，这是因为自2008年起，欧洲国家的关注中心开始转向加强非洲各国援助的政治附加条件，导致总预算支持自2008年以来

第二章 西方发展援助出了什么问题？

大幅度下降，曾经最积极支持总预算支持模式的援助国荷兰更是直接放弃了这一模式。到 2015 年只有少数受援国符合援助国的政治条件获得了总预算支持援助。总预算支持的衰落也意味着《巴黎宣言》中援助有效性在落实中举步维艰。

另一方面，随着坦桑尼亚财政税收体系逐渐完善，其中央财政税收能力增强，自主发展能力提升，对外界援助依赖性降低。数据显示，自 2004 年起，坦桑尼亚中央财政的外部来源（包括所有的赠款、贷款以及援助国提供的所有援助）占中央财政收入的比重持续下降，其比重从 2004—2005 年度的 46.2%，下降至 2015—2016 年度的 13.8%（见图 2.2），尤其以 2015 年新总统马古富力上台执政以来，降幅最为显著。

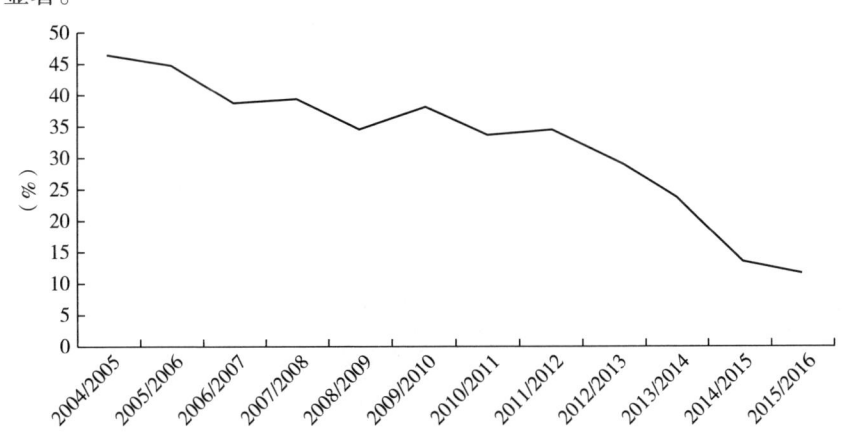

图 2.2 坦桑尼亚外部来源占中央财政收入的比重（2004—2016 年）
资料来源：坦桑尼亚财政部（2017）。

再加上 2008 年全球金融危机以后，欧洲援助国家和美国都出现了民粹主义抬头的逆全球化浪潮，欧盟的分歧加剧，英国脱欧，特朗普总统大力削减美国对外援助政府预算等，这些都使西方模式下"援助有效性"的目标越来越难以实现。

发展援助的未来

由此可见，不论是对援助国还是受援国，"援助有效性"都在走向"无效"的结果。对援助国而言，纵使经历了多年的援助模式改革和对援助有效性的强调，提出的受援国（伙伴国）"国家所有""和谐化"等原则听上去都十分正确，但仍面临援助碎片化和援助依赖的问题，这是西方发展援助结构性问题的体现。

对受援国而言，增强本国政府税收能力，强化本国政府在经济发展领域的主权，相比为了获得西方援助而接受政治附加条件，是更优的选择。

撕破的西服[*]

有个朋友说，西方发展援助原本是一件很好看的西服，但很多人都想要就给拉破了。这是个笑话，但是很形象地刻画了援助的碎片化问题。援助的碎片化通常和援助效果紧密联系在一起，并被视为影响援助效果的一个重要原因。《巴黎宣言》和安卡拉行动议程，直至釜山会议都致力于降低援助的碎片化，增强不同援助主体之间的协调性和分工，致力于建立以受援国战略和需求为导向的发展伙伴关系。但是，援助碎片化的状况并没有得到缓解，反而有愈演愈烈之势。援助碎片化主要表现在四个方面。

援助主体的碎片化

现代国际发展援助体系起源于美国对欧洲国家的"马歇尔计划"，到20世纪60年代，一些接受"马歇尔计划"的欧洲国家经济恢复以

---

[*] 本文原载于微信公众号 IDT，作者：唐丽霞。

第二章　西方发展援助出了什么问题？

后,也逐步开始向发展中国家提供援助。其后相当长的时间里,国际发展援助的提供者主要是数量有限的西方发达国家和以联合国和世界银行为代表的多边机构,后来随着石油输出国、国际非政府组织的逐渐兴起,国际发展援助主体日益增多。如今,以中国、印度、巴西等为代表的新兴经济体在国际发展援助体系中的作用越来越明显,成为国际发展援助主体的新兴参与者。

此外,私人部门,尤其是一些私人捐赠的基金会,包括比尔·盖茨基金会、陈·扎克伯格慈善倡议等兴起。这些私人基金以其在资金规模、资金使用的灵活性上以及聚焦专门领域的特点,成为国际发展援助的后起之秀。

援助主体碎片化虽然有利于发展资源的筹集,但也会使进入一个国家的援助主体数量增多,从而增加了受援国和不同援助主体的交易成本,增加了受援国管理对外援助的成本。按照经合组织的统计,在20世纪60年代,每个受援国平均获得2个援助主体的援助,2006年,每个受援国平均获得了28个以上援助主体的援助,这无疑极大地增加了受援国的管理成本。在马拉维调研时,其财政部的一个官员表示,只是准备不同援助机构所需要的文本都已经非常困难了。

援助对象的碎片化

在国际发展援助发展的初期,援助主体的援助都是有专门指向的,如主要援助曾经的海外殖民地或者是地缘邻近的国家。被视为国际援助成功典范的"马歇尔计划"当时援助战后的欧洲,其范围也仅仅包括欧洲17个国家,援助总额135亿美元,其中英国、法国和德国获得的援助总额都超过了十亿美元,而现在全球受援国的范围在不断扩大,全球大约有150个国家接受国际发展援助。

发展援助的未来

一项研究发现：2011年，日本111亿美元援助了142个国家，美国156亿美元援助了133个国家，加拿大17.5亿美元援助了128个国家，德国65亿美元援助了136个国家，法国61.5亿美元援助了129个国家，英国49.5亿美元援助了129个国家。不仅双边援助如此，多边援助机构也存在这样的问题。欧盟130亿美元援助了146个国家，联合国系统20亿美元援助了140个国家，世界银行100亿美元援助了80个国家，国际货币基金组织15亿美元援助了29个国家。

总体上来说，在20世纪60年代平均每个双边援助机构的援助国家数量为20个，到了2011年，这一数字上升到87个。援助对象的碎片化，最直接的后果是导致援助主体协商和管理成本上升，同时也导致流向受援国的援助资源零星化，难以产生能够摆脱发展困境的效益。

援助机构的碎片化

援助机构的碎片化，主要指的是一个国家内部参与国际援助的机构数量和项目类型日益庞大，从而导致援助主体内部协调成本增加，降低了援助行动的效率。虽然，诸如美国、英国和德国等主要双边援助机构都有专门管理国际援助事务的发展部或发展署，但这并不意味着只有这些部门才能管理国际援助行动。

以德国为例，仅在农业领域，有独立国际援助投入的部门就有外交部、经济合作部、农业部、教科部和环保部，此外，还有大量为这些部门提供援助执行服务的各种咨询公司以及非政府组织等，它们构成了体量庞杂的援助体系。在20世纪60年代，美国国际开发署是最主要的对外援助机构，但现在美国至少有50个不同机构执行着上百个不同领域、不同目标的发展援助项目。

不同援助机构的援助行动在项目目标和内容上存在大量的交叉性和

第二章　西方发展援助出了什么问题？

重复性，造成了援助管理成本上的大量浪费，也导致内部协调的困难。不同援助机构之间也存在争取更多预算的利益冲突和彼此之间的竞争，他们甚至互相轻视，合作基本上不太可能实现。

援助领域的碎片化

二战以来，国际发展援助的领域在不断扩展。在 20 世纪五六十年代，援助主要关注经济增长，促进就业；而到了 70 年代，则开始更多关注社会发展领域，尤其是教育、卫生和扶贫等；80 年代则更多关注结构调整，促进经济自由化；90 年代，民主、治理和良政也开始成为国际发展援助的领域；千年发展目标提出后，饥饿、卫生、营养、健康、教育、性别、环境等问题再次成为援助的重点领域；可持续发展框架提出来以后，国际发展援助的重点领域得到了进一步的扩展，就业、清洁能源、产业发展、基础设施、城市和社区、和平以及国际合作等也进入国际发展援助的领域。

援助领域几乎揽括了一国发展的方方面面，所有领域都重要，所有领域都需要被关注被投入。但是国际发展援助筹资总体规模并没有显著增加。而领域的扩展，就稀释了资源的投入强度，从而造成常见的"撒胡椒面"的问题，难以形成能够跨越某一问题陷阱的发展动力，使援助难以看到明显效果。

目前人们对国际发展援助碎片化会对援助产生负面影响这一观点都已经有了共识。援助碎片化使援助者的交易成本上升，如管理成本、谈判和协商成本以及执行成本等。援助碎片化一方面会分散援助资金的使用国别和范围，弱化援助效果的发挥；另一方面，由于不同援助主体的倾向性和选择性，也会导致援助资源分布的不公平。一些国家和部门处于被忽视的状态，成为"援助孤儿"。

国际社会虽然也在采取多种机制促进援助的协调和合作,但收效甚微,大量的援助协调机制仅仅停留在理论和倡导层面,实践层面基本难以有任何实质性进展。但是从另一个角度来说,碎片化也代表了多样化和多元化,多样化和多元化则是发展援助创新的源泉。因此,如何平衡碎片化和多样化之间的关系才是国际发展援助管理面临的重要挑战。

世行的闲话

在我粗浅的经验和印象中,西方学术观点的不同一般是不会延伸到个人层面的。但是,好像在很多情况下也并不完全如此。曾经发生在世行对于"华盛顿共识"的争论就涉及几位知名经济学家离开世行的故事。我无意传播任何有损于世行和有关学者声誉的闲话,只是引用这个小故事来说明,自由主义的意识形态和学术思想是如何顽固地影响着国际发展,同时也从这些小叙事中看到学者是如何坚持学术理念,追求真理的。

20世纪70年代之前,以发展计划和凯恩斯主义的国家干预为主线的现代化理论主导了国际发展的政策和实践。70年代以后,减贫成为国际发展领域的主要议程,然而这个议程只持续了不到10年。面对发展中国家持续低迷的经济增长和广泛采用国家计划进行干预以及庞大而低效的公共部门和国有企业,要求改革的呼声日趋强烈。在此情况下,新自由主义的主张开始取代凯恩斯主义进入国际发展的政策和实践。新自由主义主张消除一切阻碍建立完全市场经济的因素,这包括消除政府补贴、利率自由化、贸易自由化、私有化和去管制化。时任世界银行官员的经济学家约翰·威廉姆森(John Williamson)在1989年发表的《华盛顿心目中的"政策改革"》(What Washington Means by Policy

第二章　西方发展援助出了什么问题？

Reform）一文中将这一主张定名为"华盛顿共识"。这一主张就成为世界银行推动新自由主义主张的主要工具，世行的"结构调整计划"是这一主张政策和实践的具体形态，一直延续到20世纪90年代末期。

1998年著名经济学家约瑟夫·斯蒂格利茨就任世行高级副行长兼首席经济学家，那个时候他还没有获得诺贝尔经济学奖。在同年召开的世界国际发展经济学家年会上他做了题为"更多的手段和更广泛的目标：迈向'后华盛顿共识'"的主旨发言。他在文中呼吁急需对指导了世行80—90年代的"华盛顿共识"进行发展范式上的调整，因为这个范式非常狭隘且带有严重的偏见。他认为，"华盛顿共识"说得好一点是不完整，说得坏一点就是误导。当年秋天，他再次呼吁世行需要发育一个更加综合完善和具有广泛基础的新的发展范式。他的这些主张在世行决策层遭到了强烈的抵制和反对，一年后，他被迫辞去首席经济学家的职位。他辞去了这个职位，"华盛顿共识"也开始受到挑战。但是正如凯特·贝利斯（Kate Bayliss）和本·菲恩（Ben Fine）等认为的，从根本上说，"后华盛顿共识"也只不过是新自由主义的另一个阶段。因为新自由主义自20世纪70年代出现在学术、意识形态和实践上以来就一直是个混合物，而且新自由主义本身也没有完全排除国家的作用，"后华盛顿共识"的核心更是明确了发展方式中国家的作用，并强调发展过程中减贫的友好性，以及通过渐进式干预确保市场充分发挥作用。这也意味着，在学术和意识形态方面对新自由主义的清算并不彻底。

与此同时，世行领导层指示世行的另一位高级经济学家拉维·坎布尔（Ravi Kanbur）负责起草世行2000—2001年世界发展报告。这个报告的主题是消除贫困，这个主题被作为世行未来十年的政策和实践的中心内容。拉维·坎布尔是知名的发展经济学家，他是剑桥的经济学学士和牛津的经济学博士，曾任世行驻加纳代表、世行非洲部首席经济学家

发展援助的未来

和世行首席经济学家的首席顾问。有意思的是，他在 2000 年中期将世行发展报告提交审议之后，也选择离开了世行。作为斯蒂格利茨的首席顾问，他是坚决站在斯蒂格利茨一边的。他后来到了康奈尔大学当教授。我在 2013 年与他和他的夫人一起吃饭聊天时，问他这个问题，他笑了笑，没说什么。我觉得他很释然，也让我觉得西方的大学者好像没有我们的学者那种愤愤不平的情绪。很显然，他的离职很可能也是受新自由主义的"迫害"。

也是在同一阶段，世行同意另一位高级经济学家威廉·伊斯特利，即世行发展经济学研究组宏观经济学与增长处的高级顾问撰写了一部关于减贫和经济增长的书。他的书主要是基于他们在增长的动因方面的一些观点和发现。他同意《金融时报》（*Financial Times*）刊登一些他的书的观点，紧接着他被作为不当行为者受到了调查，并于 2001 年底离开世行，到纽约大学当教授。他最新的书是《威权政治》（*The Tyranny of Experts*）。导致他离开世行的著名的书是 *The Elusive Quest for Growth*，中译本为《经济增长的迷雾》。2005 年世行聘请著名经济学家，也就是 2015 年获得诺贝尔经济学奖的安格斯·迪顿对世行 1998—2006 年的研究进行了独立的评估，形成了著名的《迪顿报告》。大概和我们中国人一样，迪顿不可能直接涉及世行的人事问题，所以该报告虽然没有触及伊斯特利离开世行的原因，却认为伊斯特利的书是世行所有的研究产出中引用率最高和最富有影响的著作，报告同时没有指名道姓地指出了包括前首席经济学家在内的研究引领了发展研究的前沿。报告也没有说坎布尔离开的原因，但迪顿在 2009 年写的《世界发展报告 30 年：生日献礼还是葬礼》（The World Development Report at Thirty: A Birthday Tribute or a Funeral Elegy）一文中指出，围绕着坎布尔主持的 2000—2001 年世界发展报告的那些诡异之事反映了世行内部在减贫和经济增长认识上的

第二章 西方发展援助出了什么问题？

混乱。伊斯特利在离开世行以后曾经就杜大卫（David Dollar）的"援助、政策和增长"的报告和论文在美国经济学刊物上进行了系统的反驳和批判，杜大卫的研究直接导致了以业绩为基础的援助分配实践，也就是援助的条件性。伊斯特利对此进行了系统的反驳，这也就是著名的伊斯特利和杜大卫关于援助有效性的学术争论。杜大卫也是著名的发展经济学家，曾经是世行中蒙局局长、美国财政部驻华特派员，现在是布鲁金斯学会的研究员。

2008年，著名经济学家林毅夫教授受邀担任世行高级副行长和首席经济学家。林毅夫教授受邀担任世行首席经济学家被认为是世行开始接受一个新的发展经验和范式的起点。林毅夫教授在担任这个职务期间，基于对中国发展经验的梳理和对其他发展中国家发展约束和分析以及对传统结构主义和新自由主义的分析，提出了新结构主义经济学。新结构主义经济学与"后华盛顿共识"具有共同的方向，即对政府作用的强调，但是新结构主义经济学通过对国家发展的比较优势的分析将发展经济学的理论落实到了转型和增长这个轨道上，将产业政策这种国家干预的手段与转型和增长联系到了一起。应该说这种理论具有明显的中国和东亚国家发展经验的烙印，是第一次在发展经济学的框架中阐述新发展经验的理论，无论在理论还是实践上都有重大的意义。有意思的是，林毅夫先生在完成了他的满届任期后，开始在非洲实践他的理论。我不知道林毅夫教授的理论在世行是否也有很多人反对，但是我相信是有的。我记得有一次在北大讨论新结构主义经济学，牛津大学的保罗·科利尔（Paul Collier）教授的评议还是有很大不同意见的。科利尔是著名的发展经济学家，学术上更加倾向于新自由主义一些，也曾经是我上面说的那几个故事时期世行研究部的主任，算是对那个时期世行政策有着重大理论影响的人。

我在这里说的主要意思是，自西方启蒙运动以来，从自由主义到新自由主义，西方中心主义一直在主导世界的重要意识形态。无论西方的繁荣还是危机都和这种意识形态有关，这也是我们无法完全摆脱这个框架的主要原因。西方将非西方世界的经济成功理论化为"多元现代性"，中国则希望将自己的发展经验看作一个相对独立的发展路径，特别是最近几年，中国甚至希望将自己的发展经验转变为国际发展的参考。我在不同场合都讲发展知识的生产等问题，从上面的小故事中可以看到，影响国际发展范式的道路还很漫长。

不断变化的议程

2015年9月25日至27日，联合国可持续发展峰会在纽约召开。大会通过了联合国首脑会议"2015年后发展议程"的成果文件《改变我们的世界——2030年可持续发展议程》，确定了到2030年全球应该完成的17个可持续发展目标。联合国以社会发展为中心和以可持续发展为中心的两个并行议程最终并轨。虽然从内容上看联合国"2015年后发展议程"名人小组的建议和联合国可持续发展开放小组的建议都是经由全球各个方面广泛讨论的结果，同时两个小组的报告在涉及贫困、社会发展、环境保护、资源有序利用等方面都是相互包含的，但实际上两个系统的并轨并最终以可持续发展议程作为全球"2015年后发展议程"，才标志着国际发展政治已经从以社会发展为中心转变为以绿色发展为中心。虽然新的可持续发展议程比较全面地反映了全球发展的挑战，也反映了发展中国家的需求，但是全球发展议程形成的过程也是西方再一次成功地将自己的发展理念经过反复协商、妥协转变成普适的方案的过程。西方中心主义将以绿色的形态继续影响全球发展议程。这里

第二章　西方发展援助出了什么问题？

绝不是说我们不应该追求可持续发展，也不否定绿色政治的进步意义，只是想揭示为什么在一个我们都认为的所谓的多元化的全球时代，西方依然可以凭借其开拓的工业化和现代化的路径继续影响全球发展议程，这其中最为重要的是西方不断反思的知识生产能力和通过形式化的民主机制吸纳各方并最终主导议程的战略路径。

我曾在开会的时候遇到一位英国专家，我随意问她为什么美国总能够通过所谓的协商，把自己的议程强加给他人。这位专家说，那不是美国人的特点，那是我们英国人的特点。因为英国历史上的殖民地太多，英国人长期面对多元文化，所以发展出了倾听 - 磋商 - 讨论这样一种针对多元文化的治理手段，但是我们肯定还是希望通过这个过程让你们接受我们的主张。我的理解是民主可以强化霸权。实际上，全球发展议程的形成的确也像这位专家说的那样，一次次地在这样的民主过程中不断通过协商构建成为所谓全球的共识。自二战以来，全球发展议程主要经历了三个阶段，虽然每个阶段都有不同的中心内容，但都没有摆脱西方中心主义的影响。

以增长为中心的经济发展议程

20世纪50年代开始，美国将全球经济发展纳入《共同安全法案》中。二战以后新独立的发展中国家的精英，迫切希望国家经济发展。"马歇尔计划"的成功在客观上推动了凯恩斯主义的政策化。这些内外因素推动了西方发展中国家经济发展理论的形成。1951年，联合国聘请一批发展经济学家形成了《欠发达国家经济发展措施》的报告，这个报告直接影响了世界银行对其他发展中国家的政策，也直接影响了1957年联合国建立资助发展中国家基础设施和工业化的特别基金。1961年联合国颁布第一个十年发展计划，即《联合国第一个发展十年：

发展援助的未来

一个旨在经济合作的计划》，这个报告将发展中国家人均 GDP 增长 5% 设定为全球发展目标。总体上说，由于战后美国成为全球发展的主导力量之一，以联合国为平台的全球发展议程也基本上是在美国的垄断下形成的。这是因为二战使美国迅速成长为全球政治、经济中心，战后欧洲国家处于经济复苏状态，并无实力挑战美国的中心地位，而且欧美基本上处于同一个意识形态的价值体系之中；其次，战后新独立的发展中国家无实力挑战美国的霸权，除了冷战形成的两大阵营以外，美国的霸权是明显的。50 年代形成的发展理论基本上继承了殖民主义的发展知识并经过一系列的构建从而形成了我们熟悉的后殖民化的发展框架。这个框架的核心是基于一个良好的计划，并通过投资促进基础设施和工业化的发展从而促进经济增长；同时，经济发展需要伴随相应的政治、社会和文化制度的变革。按照西方设定的民族国家的治理模式支持发展中国家的发展，既是美国实现全球霸权的需要，也是资本主义在后殖民时代扩张的延续。

以减贫为中心的社会发展议程

20 世纪 60 年代以后，战后恢复和重建的欧洲国家开始在全球发展议程中发挥作用。欧洲多元政治生态开始复苏，其中福利主义、社会民主主义、慈善等意识形态开始影响全球发展议程。为了确保全球发展议程的美国主导性，防止在国际援助中出现混乱，1969 年美国提议在经合组织下建立发展援助委员会。美国通过其强大的经济实力和针对发展中国家发展理论和发展实践的研究，并依托经合组织发展援助委员会整合欧洲资源，依托世界银行整合多边资源，最终强化了以《布雷顿森林公约》为基础、以美国为中心的全球发展治理体系。70 年代以后，石油危机和越南战争的失败极大地动摇了美国的霸权，经济增长理论受

第二章 西方发展援助出了什么问题？

到动摇，美国和西方国内的民粹主义、民权主义思潮高涨，要求美国对外援助增加民生的呼声越来越高，国际发展议程政治分化凸显。1973年，美国在其对外援助战略中引入人类发展和人权等思想。1976年，国际劳工组织正式提出基本需求方案。由此开始，美国通过影响世界银行和联合国其他发展组织的制度化路径，将人权为基础的社会发展目标引入全球发展议程中。1990年联合国开发计划署发布的《人类发展报告》和联合国千年发展目标在很大程度上都是在美国对外援助战略的影响下形成的。

美国发展主张的全球影响力一方面通过其直接影响的联合国的磋商机制发挥作用，另一方面也主要借助经合组织发展援助委员会的平台。20世纪80年代以来，西方发展援助的效果开始受到广泛质疑，并演化成西方国内的政治议题。迫于各方的压力，援助组织提出援助有效性问题。1994年，经合组织发展援助委员会在美国对外援助政策的影响下提出了将减贫作为衡量援助是否有效的指标。1995年，经合组织负责提供发展援助的各国部长以及世界银行、国际货币基金组织等机构采纳了这个方案。1996年，经合组织发展援助委员会形成了"重塑21世纪"的报告，这个报告包含了一系列以减贫为中心的全球发展目标。这一报告经过进一步修改，最终成为联合国千年发展目标的全部内容。西方通过将减贫作为全球发展目标这一点占据了道德高地，同时将减贫的任务落实到各个国家，分散了失败的潜在压力，强化了其主导国际发展的合法性。

以绿色主义为中心的可持续发展议程

20世纪60年代到70年代，全球石油危机、越南战争引发西方质疑资本主义模式的左翼社会政治运动。与此同时，欧洲工业化产生的环

发展援助的未来

境污染问题开始引起公众的广泛关注。西方的中产阶级和知识分子开始推动环境主义运动。1968年保罗·埃里奇发表《人口爆炸》，1970年埃里奇发表了《人口、资源和环境》，1972年罗马俱乐部发表《增长的极限》，这三部著作启动了西方的绿色主义思潮。今天，我们似乎很少有人质疑环境和资源的问题。但实际上，环境与资源问题的全球化也是一个政治化的过程。当西方出现了大量类似过度施用化肥对土壤造成污染这样的事件时，大多数发展中国家的工业化程度非常低，可以说发展中国家还没有出现类似发达国家那样的环境问题。即便是今天的非洲和很多亚洲国家，也并没有出现工业化的大范围污染等环境问题。西方的环境主义思潮除了客观存在的工业化对环境的污染问题的推动外，欧洲民族意识形态中崇尚自然的文化主义倾向也是欧洲能够形成大众性绿色主义的社会文化根源。这种基于文化价值和对现实的反思共同构成了欧洲的绿色政治。从70年代开始，欧洲一直成为远比美国更为积极的绿色主义的推动者。1972年欧洲主要国家推动联合国召开人类环境大会，会议通过著名的《人类环境宣言》，至此，环境问题被正式列入全球发展议程。1983年，在北欧国家的积极推动下，联合国成立了世界环境与发展委员会。该委员会于1987向联合国提交了《我们共同的未来》的报告，首次阐述了可持续发展的概念。1992年联合国召开环境与发展大会，大会通过《里约环境与发展宣言》，并将此宣言作为各国政府、联合国组织、发展机构、非政府组织有关人类活动对环境产生影响的综合行动蓝图。所有联合国成员国都承诺制定相应的国别战略，中国政府也做出了履行该宣言的承诺，并据此制定了《中国21世纪人口、环境与发展白皮书》。应该说，欧洲在推动可持续发展问题纳入全球发展议程的过程中发挥了非常重要的作用。美国虽然与欧洲国家在可持续发展问题上有着相似的理念，但是受大资本工业结构和高能源消费社会

第二章 西方发展援助出了什么问题？

现实的左右，美国的绿色政治力量相对较弱。因此，即便在西方有关环境和资源可持续发展的科学研究和大众的认知度到 20 世纪末为止都已经达到了相当高的共识，千年发展目标仍然以社会发展为主题。进入 21 世纪以后，可持续发展议题在西方绿色政治的推动下继续升温，与此同时，绿色经济在包括美国在内的西方国家所占的比重越来越高，绿色经济不断强化西方的绿色政治。同时，由于美国在为全球发展合作提供资源方面能力有所削弱，而欧洲绿色党无论在欧盟还是在欧洲国家的影响力日益扩大，欧洲其他政党的绿色成分也日渐浓厚。这些都是欧洲国家积极推动联合国"2015 年后发展议程"绿色化的政治经济背景。在联合国秘书长任命的两个平行小组展开工作的同时，德、法、日等国家极力主张两个工作机制合并，并积极推动使可持续发展目标成为全球发展目标。

西方国家主导国际发展议程主要沿循自然科学和社会科学相互结合的研究，以便提供强有力的科学支撑。同时，也资助各种层次和各种范围的大量民主式讨论，从而加强过程的合法性。其次，将讨论的方案通过全球范围的讨论和磋商变成共同议程的草案。由于西方作为出资人的政治条件的约束和受援国对知识积累与技术路径的依赖，很难有人对可持续发展目标总体思想提出质疑，就如同 20 世纪 50 年代没有人质疑经济增长，70 年代很少有人质疑社会发展一样。毫无疑问，可持续发展目标仍然是一个在西方影响下构建出来的国际发展议程，该议程是否能解决人类发展存在的问题仍有疑问。

西方发展援助有哪些经验和教训？

西方对外援助大致经历了从大英帝国维多利亚时代开启的非政府性

发展援助的未来

对外援助到美国杜鲁门时代成型的国际发展援助等不同阶段。维多利亚时代的宗教传播将早期西方基督教传播中的慈善救助扩展到有组织和非政府性质的教育和卫生援助中。教会组织在非西方国家新建学校和医院,实际上是通过建立现代社会基础设施极大地配合了西方现代性在非西方世界的广泛传播,这是西方对外援助的初级阶段。进入殖民主义后,西方对于非西方世界的援助进入系统化和官方化阶段。殖民者通过官方的殖民行政当局对殖民地展开全方位改造,援助成为改造殖民地的有效工具,也为西方现代对外援助提供了基本框架。去殖民化之后,以杜鲁门"四点方案"为标志的西方发展援助体系正式形成,西方对外援助至此演化成了全球发展援助体系,对殖民地的改造转变成了对发展中国家发展的援助。

在过去六十多年中,西方发展援助在发展中国家的发展中发挥了积极的促进作用,尤其是教育和卫生等领域。应该说西方发展援助在过去六十多年积累了丰富的经验,这些经验主要包括不同国家的对外援助如何能够共同合作来面对全球发展挑战,援助者如何在管理上监管其使用,援助的专业化和系统化,援助的知识生产,尤其是基于西方发展援助逐渐发育出的国际发展援助形成的全球治理机制等很多方面。

但同时,针对西方发展援助在发展中国家累计投入数千亿美元对发展中国家整体发展特别是经济发展影响的质疑,也引发了对西方发展援助体系的广泛批判。这些批判为国际发展援助更有效地发挥作用提供了很多教训。

第一,西方发展援助逐渐演化成高度敏感的国内政治工具。西方不同党派代表其国内不同的政治主张,在其权力斗争中逐渐将发展援助预算安排作为重要的争论内容。这种争论在客观上也有监督执政党对公共财政使用效益的作用,但发展援助不同于资金在国内的使用,涉及受援

第二章　西方发展援助出了什么问题？

国不同的政治社会状况。其援助很难按照西方国家不同社会群体的价值取向展开，而一旦按照这些群体意见制定相应的对外援助计划就会造成所谓的"援助的条件性"，在很多情况下偏离发展中国家的需要。近几十年来，西方发展援助备受诟病的主要原因就是其越来越被西方各种政治力量绑架，越来越偏离发展中国家的需要。

第二，西方发展援助存在严重的"次生性知识的路径依赖"，导致大量发展援助资源投入脱离发展中国家的实际。世界银行在20世纪80年代发起的"结构调整计划"和西方支持的针对俄罗斯早期的"休克疗法"以及"良政援助"等引起的问题就是典型例子。西方发展援助一直基于发展中国家如要赶上发达国家需要政治、经济和社会文化等方面的系统性变革，才能实现增长这样的假设，也就是所谓的"有条件的发展"。由于西方和发展中国家存在巨大差异，无法提供"发展的平行经验"，因此，只能通过生产所谓的"次生性发展知识产品"来合法化其投资。这些知识产品有着发达国家的经验，但更多是基于已有理论框架通过对发展中国家的研究提出的"次生性知识"。这类知识本身是有价值的，但远离发展中国家的实际，无法直接发挥作用。知识脱离实际，造成了援助投入的浪费。

第三，发展援助落实的利益链条过长，在援助专业化的同时，也形成了援助产业化，产业不断细化，就业人员增加，援助不断被各种利益集团绑架，严重消耗援助资源，影响到达"最后一公里"的援助总量，造成了援助预算不少，有效援助资源不足的局面。西方发展援助在"公平、透明、开放"等制度性原则的约束下，一定量的援助预算用于确保援助效果的管理是必要的，但是大量用于各种会议、研讨、长时间反复的各种科研评估等，严重消耗了援助资源，造成了管理成本过高、援助实际效果不佳的困境。

发展援助的未来

第四，西方发展援助严重碎片化，很多援助计划在执行中脱离发展中国家优先推进经济发展的需要。西方发展援助的落实按照分权原则，大量发展咨询公司、个人和非政府组织以及国际组织等都参与援助实施。分权化的执行一方面保证了执行援助的组织资源的充分供给并能提高效率，但过度分权化也造成了援助的碎片化，因为多元化的援助行动者在具体实施过程中都会在不同程度上变更援助目标，甚至有的组织，如很多非政府组织都会通过坚持其独立性原则改变援助用途，这就造成了援助的异化。不仅过多的参与主体导致援助异化，援助议题的多元化也是导致援助碎片化的主要因素。西方发展援助在发达的发展产业体系中被严重细化为不同的援助内容，致使援助资源不能聚焦于经济增长问题。

第五，西方发展援助导致援助依赖和发展制度的外部性。西方发展援助强调其无偿性，不与直接经济利益挂钩，对于优惠贷款也有赠款的份额要求，久而久之就使受援国形成了不同程度的援助依赖。同时，对于很多接受援助的国家而言，通过向援助国让步获得资金比在国内努力发展经济或得罪利益集团征税获得资金的代价远远要小，因此，援助在客观上反而阻碍了很多受援国的发展和改革。

第三章　西方发展援助走向何处？

2017年6月，曾经担任美国国际开发署署长和经合组织发展援助委员会主席的艾特伍德（John Brian Atwood）和长期担任过发展援助委员会秘书长的凯里先生（Richard Carey）邀请我参加他们在德国召开的一个讨论会，讨论会的议题是对"长期主导西方发展援助体系的发展援助委员会的演化和发展"进行回顾和讨论。我也曾经写过一篇文章，文章中对发展援助委员会的历史做了批判性的回顾。参会者基本上都是长期在发展援助委员会工作的西方高级官员和专家，他们一方面仍然相信西方发展援助的存在价值，另一方面也对西方发展援助的未来走向深表忧虑。发展援助委员会的前任主席索尔海姆（Erik Solheim）先生在任时启动了发展援助委员会的改革，他现在是联合国环境发展署的执行干事长。艾特伍德先生在任时，提出了发展援助委员会应该更多地考虑和包容新兴国家的发展援助理念。在他的推动下原来主导发展援助委员会的"援助有效性小组"转化成了"全球有效发展合作伙伴"。他希望通过这样一个计划来包容新兴国家特别是中国的积极参与。索尔海姆先生在这样工作的基础之上进一步推动了发展援助委员会的改革，发展援助委员会甚至提出抛弃以无偿援助为主的援助概念和衡量援助有效性的现有标准，并提出以总体发展资源为核心的新的发展援助概念。很显然，西方发展援助在新兴国家不断成长和西方援助自身问题不断积累的双重压力下开始出现了一系列新的变化，但是，西方发展援助体系彻底改革的困难是很大的。首先，这个体系所依赖的发展知识体系是基于西方几百年的发展经验，具有很强的排斥"他者的知识"机制，西方对于以"一带一路"这样的倡议作为全球公共品的疑虑就是一个典型的例子；其次，这个体系形成了坚固的制度路径依赖，想摆脱也很难；最后，西方发展援助已经是一个存在利益捆绑的产业链条，很多人都依赖其生存，著名的发展人类学家莫斯把这称为"生计维护"。

"全球有效发展合作伙伴"的诞生*

"全球有效发展合作伙伴"第一次高级别会议于2014年4月15日至16日在墨西哥城举行，全球130多个国家共1 500多人参加了该会议。联合国秘书长潘基文代表联合国在大会开幕式中围绕2015年后全球发展的筹资框架、宏观经济稳定、发展援助、贸易联系、债务状况等问题进行了主题发言。他指出，对于处于冲突之中或者难以受到国际融资流动惠及的世界上最不发达的国家而言，官方提供的发展援助尤为重要，传统的捐赠者与受助者之间的关系正在发生变化，发展势头迅猛的南南合作为世界发展提供了全新视角。同时，墨西哥总统涅托（Enrique Peña Nieto）在开幕式上的致辞中强调，"我们有机会携手共进，旨在实现我们期望的具有包容性以及可持续性的、有效的发展合作，进而在此基础上建立一个国际援助新架构，并在2015年后发展议程的关键问题上达成一致"。会议还着重就2011年11月在韩国釜山召开的"第四次

---

* 本节及下一节选自《论"全球有效发展合作伙伴"议程的演化与前景》一文，原载于2017年第6期《学习与探索》杂志，作者：李小云、马洁文、王伊欢。

第三章 西方发展援助走向何处？

援助有效性高级别会议"上形成的"有关新的全球合作关系的釜山宣言"的推进情况、如何在发展中更多地依靠发展中国家内部发展资源、提升南南合作的有效性以及如何继续支持中等收入国家的全面发展、私营领域的发展路径选择等议题展开广泛讨论。会议最终通过了"迈向包容性的2015年后发展议程",同时还正式形成并发布了由不同国家、国际组织、非政府组织和智库提出的38项后续行动计划。

围绕着"全球有效发展合作伙伴"议程本身以及召开这个会议的意义等问题展开的讨论一直持续不断。一方面,对该议程持保留态度的观点认为,虽然涉及全球发展的各利益相关者积极参与了会议,但是该议程仍然摆脱不了发达国家对全球发展政策的实际控制,发达国家企图继续通过拉入更多的国家支持其已被证明失败的发展主张;中国和印度这两大新兴大国的实质性缺席和其他新兴国家如巴西、南非的消极反应使该议程的合法性备受质疑,这意味着旨在开启一个传统援助者和新兴援助者在发展合作领域平等对话的新时代的愿望暂时落空,既有的国际发展合作结构的转型仍未实现;另有观点将此次会议视为从"援助有效性"向"有效的发展合作"的范式转型,更多的参与方有可能将合作计划变得更碎片化,或是增加内部一致性断裂的风险;此外,还有研究者担忧在联合国发展合作论坛之外发起这样的磋商将会对联合国的权威性产生一定影响。另一方面,对"全球有效发展合作伙伴"议程持积极态度的观点认为,国际发展格局已经发生了深刻变化,发达国家在全球发展中的话语权正在下降,该议程顺应了这一变化,其囊括了非政府组织、学术智库以及私营部门的组织结构与由经合组织发展援助委员会下设24个成员主导国际发展援助的格局相比更具合法性、代表性和包容性;还有观点指出,"全球有效发展合作伙伴"对于培育一个更具包容性的、可持续发展的、多元利益者参与的框架而言是一个绝佳的机会。另外，该议程讨论的内容从过去狭隘的"援助有效性"转向了"发展有效性"，这种转变不仅仅为中国，也为其他发展行动者适应其自主选择的发展路径提供了空间，充分反映出发展中国家对发展的强烈诉求。"全球有效发展合作伙伴"议程的出现是21世纪以来多中心全球化格局在国际发展合作领域中的一个缩影。一方面，长期主导国际发展事务的西方国家由于受其经济实力下降及其倡导的发展方式在发展中国家遭遇的重重挑战等影响，其对国际发展事务的影响力正在逐渐减弱；另一方面，新兴国家的崛起和不同发展方式的成功实践，特别是中国经济持续增长和大规模减贫创造的发展中国家实现经济发展和社会转型的奇迹，深刻地影响着国际发展合作的格局，这无疑成为促使西方主导的传统国际发展合作体系发生变化的关键催化剂。

西方发展援助体系的自我拯救？

虽然"全球有效发展合作伙伴"议程在形式上比以往由发展援助委员会发起的任何全球发展援助论坛都更具有代表性，但是，墨西哥城高级别论坛一直推迟到釜山高级别论坛的两年半以后才举行，而且新的伙伴计划秘书处的经费也迟迟未得到落实，这在某种程度上传递出"即便是发达国家的政界高层也缺乏对该议程达成一致承诺"的消极信号。有研究者认为，几乎与釜山会议一样，组织者为了争取更多国家的签名而有意识地淡化新的伙伴议程可能存在的分歧，而将分歧模糊化的做法最终只能导致签字各方对这样一个新的议程不了了之，并且还特别指出"伙伴关系"一词在这里的使用仍有待斟酌，因为主要的援助者并未从中感受到任何实质性压力。综合目前各方的反应来看，该议程的发展前景主要受到以下几方面的影响。

第三章 西方发展援助走向何处？

中国和印度等新兴国家的态度对该议程的发展前景会产生直接影响。新兴国家，特别是中国和印度在全球经济中的重要作用早已清晰地呈现在世界面前。西方发展体系一方面认识到了新兴国家在国际发展体系中的潜在作用；另一方面则担心新兴国家，特别是中国的发展经验对西方自由主义和新自由主义发展框架构成挑战。许多西方学者直接宣称中国的发展援助抵消了西方国际发展援助组织实施的良政治理的效果，尤其是中国提供"不附加政治条款"的援助给西方传统援助国施加了不小的压力，这可能使受援国政治和经济制度的必要改革被延迟甚至取消。因此，尽可能地拉拢新兴国家加入西方阵营成为过去十多年西方发展援助体系的主要策略，这一策略始于2003年罗马援助有效性高级别论坛上围绕"包容新兴国家参与援助有效性"展开的讨论。虽然中、印等新兴大国都不同程度地参与了其后的巴黎、阿克拉和釜山等一系列有关援助有效性的高级别论坛，但这种参与并不意味着这些国家认同以西方为主导的国际发展路径。而中国直接缺席2014年4月在墨西哥城召开的援助有效性高级别论坛，印度只派驻墨西哥使馆官员参加以及其他新兴国家的消极反应均体现出新兴国家对这一新议程的保留态度。

首先，新兴国家清楚地认识到西方国家事实上正在通过其以往惯用的手段，即设法将中国和其他新兴国家拉入一个看起来合理合法的框架，迫使新兴国家在西方主导的框架下承担更多的义务。对此，新兴国家特别是中国和印度的基本态度是他们在取得举世瞩目的发展成就的同时，仍然面临国内发展的巨大压力，南南合作只能作为南北合作的补充，新兴国家无力为西方发展援助的问题买单。其次，以新自由主义为基础的西方发展援助存在很强的路径依赖，而为发展中国家提供支持的新兴国家几乎都认为自己参与的国际发展合作属于南南合作范畴，坚持有别于西方有条件的和干预性的发展援助。更为重要的是，新兴国家已

发展援助的未来

联合建立了针对发展中国家的发展金融机构，如亚投行、金砖银行等，新兴国家没有必要依赖西方主导的全球发展机制发挥自身作用。而且，按照新兴国家发展经验独立开展国际发展合作反倒会在某种程度上弥补传统发展机制的不足。此外，全球发展问题的讨论既有"联合国发展合作论坛"这样更为规范的平台，又有APEC（亚太经济合作组织）、G20（二十国集团）等非正式的多边机制，新兴国家有理由认为新的发展合作伙伴议程的实际意义并不突出，而无论从合法性还是有效性角度看，全球发展问题的讨论和磋商都更应该在联合国的框架下展开。综合来看，至少中国和印度不大可能实质性地参与这一新的伙伴议程，而离开中、印的积极参与，新的伙伴议程的合法性与有效性无疑会大打折扣。

长期以来，发展援助在促进发展中国家发展方面效果平平，这导致国际社会对传统发展援助的信心持续下降。在釜山高级别论坛上，援助有效性议程转变成了发展有效性议程，这一转变的进步性是显而易见的。新的发展合作伙伴议程假定只要涉及发展援助的各个国家、各种发展组织甚至企业是具有一致目标的，再加上协调整合各个方面的资源，发展援助即能够有效地促进发展。然而，援助与发展之间的关系错综复杂，"援助究竟能否促进增长"是国际发展领域中长期聚焦的问题之一。

首先，受国内政治和西方发展理论路径依赖的影响，西方发展援助首要强调的是在发展中国家创造适合接受援助的条件，如良政治理、性别平等、腐败防治等，从这个意义上说，西方的发展援助议程与发展中国家的发展实际之间存在明显的断层，如果这一框架不发生变化，援助就难以有效地促进发展。虽然新的"全球有效发展合作伙伴"议程在议题上关注了发展问题，西方发展援助在过去十多年里也一直将减贫作为其核心工作目标，但在具体的操作上，西方援助工作的重点仍然是援

第三章 西方发展援助走向何处？

助管理，而援助管理的核心是满足援助国国内政治的需要，也就是西方发展援助强调的问责。

其次，西方发展援助在六十多年的运行中已经建立起了一套相对完善的知识和技术的双重官僚体系。这个体系形成了其独特的价值取向，发育出了相应的利益链条，也创造出了极其复杂的知识和技术框架，且长期维持着高成本的运行水准。虽然这一体系是在和发展中国家的长期互动中逐渐形成的，但该体系更多地受到发达国家的发展经纪人和代理人的操控，并且他们为发展援助提供的知识和技术大多源于西方的发展经验，因此在发展中国家的实践过程中势必会遭遇不断涌现的各种问题。以对发展援助有效性问题的讨论为例，从20世纪90年代开始关注援助有效性到2011年釜山高级别论坛，西方发展援助体系无论从援助方还是受援方的角度均提出了相应的问题解决办法，这些包括和谐援助、援助协调等内容的方案自《巴黎宣言》发布，特别是阿克拉高级别论坛以来取得了一些进展，初步建立了从计划层面到执行层面的协调机制。例如发展援助委员会通过成员间的共识，依托同行评议手段在计划层面相对统一了援助的目标和手段；在受援国建立了协调小组，发育了与受援国相匹配的集体协调机制，大幅减少了受援国与每一个援助国的协调成本等。但是，援助如何能通过受援国的内生性制度进行有效落实的问题则一直悬而未决。许多发展中国家埋怨发达国家忽视发展中国家已有的制度条件，对其内生性制度总以不透明、腐败、低效等借口不予信任。正如"全球有效发展合作伙伴"议程合作主席之一的尼日利亚财政部长指出的那样，"问题的关键是援助国是否愿意以及如何利用我们已有的国家系统来展开工作"。

再次，"全球有效发展合作伙伴"议程的内容本身也具有一定的争议性。"2015年后发展议程"和"全球气候变化"是目前联合国主导的多边发展机制主要关注的问题，而墨西哥城高级别论坛并未对这两个问题进行正式讨论，只是在一些非正式的焦点小组会议中进行了交流。论坛组织者显然是注意到：这两个议题争议太大，在这个论坛上展开讨论不利于新的发展议程获得更广泛的支持，也会对论坛的参与性产生一定影响。但如果这是一个全球性讨论发展问题的论坛，那么就不可避免地要讨论发展援助应如何应对这两个全球热点问题。而此次论坛对上述议题的忽视也使外界产生了"这个论坛是否与全球发展真正相关联"的疑虑。

特朗普当选会改变西方发展援助吗？

自特朗普先生宣布竞选美国总统到他正式就任美国总统，全世界都被他一系列"革命性"的言论和主张震惊，并感到不安。这种不安的核心是特朗普提出了很多与现有国际秩序和话语相背离的言论和主张。特朗普式"美国优先"的民粹主义和民族主义主张虽然在美国多元政治社会的民主格局下不大可能从根本上改变美国的价值体系和国家运行逻辑，但是，这一主张的逐步实施势必会对美国在战后形成的"面向全球"的战略产生重大影响。

国际发展援助是美国战后全球霸权的主要战略工具之一，也是美国践行其全球道义的主要手段。更为重要的是，美国同时也建立起了以自己为中心的西方国际发展援助体系，该体系实际上也控制了以联合国为主体的多边全球发展网络。美国对于这个体系的控制主要通过三个方面实现：一是其庞大的对外援助预算和分布在世界各地数量庞大的美国国际开发署专业人员；二是基于民主和自由价值的援助理论和框架；三是强大的发展知识生产能力。美国对外援助巨大的影响力来自战后美国的

第三章 西方发展援助走向何处？

国际主义战略框架。特朗普就任美国总统后的一系列举措虽然还未太涉及对外援助的主张，但是他签署的禁止使用联邦预算支持其他国家民主的行动，以及在全球气候变化方面的主张体现了他奉行的"美国优先"主张，这也预示了美国有可能改变其自杜鲁门政府以来的国际发展援助政策和战略。这将对国际发展援助体系产生深刻的影响，也可能演化为除了新兴国家援助力量不断壮大因素以外又一个从根本上改变全球发展援助体系的新变量。

罗斯福、杜鲁门的政治遗产：国际发展援助

二战以后美国在全球的霸权来自其领导同盟国战胜纳粹及其轴心国所树立起来的道德权威，来自其工业和技术的超越式发展带来的经济和军事实力，同时也来自将这些力量转变成其全球霸权的另一个重要手段——国际发展援助。罗斯福在二战期间就明确指出"我们要建立持久的和平，就需要开发落后的地区，开发落后的人民"。他认为，开发最好的办法就是把工业推广到殖民地。罗斯福的这一主张受到了传统殖民主义者为维护殖民统治而启动的在殖民地进行开发思想的影响。英国殖民主义者威廉·马尔克·哈利（William Malcolm Hailey）对早期殖民主义的开发思想产生过重大的影响。作为大英帝国曾经在旁遮普和印度的总督，他与其他一些更倾向于积极殖民政策的殖民官员一道希望能通过援助殖民地而维护殖民统治。在1933年初他即将退休之际，他的朋友请他牵头做一项非洲调查报告。1938年10月，哈利完成了著名的《非洲概览》，并于1941年12月29日在皇家帝国学会的午餐讲演会上做了题为"一个殖民统治的新哲学"的演讲。他在讲演中系统阐述了其《非洲概览》的观点。他指出："国家的职责是把精力集中在殖民地生活水平的改善和社会服务的提供方面，我们应该为殖民地提供力所能及

发展援助的未来

的援助以提高他们的生活水平。"《非洲概览》甚至提出了在殖民地改善经济作物的种植技术避免水土流失问题的技术方案。哈利的《非洲概览》对现代发展援助产生了深刻的影响，他第一次提出由国家提供援助的思想。罗斯福的援助理念受到了《非洲概览》的影响，他将美国的工业化技术看作改变殖民地落后局面的手段。

罗斯福由于过世而未能亲自落实他提出的思想，这一思想由他的继任者杜鲁门继承。1947年3月12日，杜鲁门在向国会提交的援助希腊和土耳其的报告中提出了以遏制共产主义为目的的希腊和土耳其援助方案。他指出，在希腊和土耳其出现的变化会导致这两个国家共产主义化，从而危及世界和平；他要求国会立即批准援助希腊和土耳其的法案。1947年5月22日，杜鲁门正式签署《援助希腊、土耳其法案》。1947年到1950年，美国在该法案的支持下为希腊和土耳其两国共提供了6.59亿美元的援助，这一援助最终导致了希腊革命的失败。杜鲁门开启了意识形态援助的先河，也奠定了美国对外援助政策的基础。这一政策在不同程度上一直都是美国对外政策和对外援助的基本框架。特朗普禁止美国联邦预算用于支持其他国家民主行动的决定虽不能说会彻底改变美国的对外援助政策和对外输出民主的行动，但的确会对美国未来的对外援助政策产生深远影响。

1949年1月20日，杜鲁门在他的第二次就职演说中提出美国对外政策的"四点方案"，其中第四点涉及了对外援助。他指出，"为更好地利用我们的科学和技术改变落后地区的面貌，我们需要制定一项大胆的计划"，这就是著名的"第四点方案"，它也是现代西方发展援助制度化的标志。杜鲁门不仅在美国的国家政策层面将对外援助放在致力于维护自身霸权的位置，同时也将支持欧洲战后恢复的"马歇尔计划"通过世界银行扩展到发展中国家。1948年4月9日，二战期间的美国

第三章 西方发展援助走向何处？

助理国务卿、世界银行时任总裁约翰·麦克洛伊（John J. McCloy）出访哥伦比亚。麦克洛伊向其总统建议由世行向哥伦比亚派出一个专家组，协助哥伦比亚制定国家发展规划。一年后，世行向哥伦比亚派出了一个由14名专家组成的专家团队。这标志着由美国主导的援助欧洲战后恢复的"马歇尔计划"正式拓展到发展中国家，也标志着美国在国内和国际两个维度上通过对外援助维护其全球霸权的两个机制正式形成。特朗普对于美国对外援助的主张及其支持者主张美国退出联合国的动议显示了美国在特朗普主义的影响下有可能开始偏离美国长期以来的对外援助政策和战略的重要动向。虽然这一改变在很大程度上还会受到已有知识、制度路径依赖和美国政治生态的影响，但特朗普"美国优先"主张的实施会从某种程度上对全球发展机制产生重大影响。

中国的机会和责任

实际上，国际发展援助体系自21世纪以来已经由于新兴国家，特别是中国、印度等国家的成长开始发生根本性的变化。产生这一变化的主要原因一方面是新兴国家所能提供的资源迅速增长，它们在发展援助领域的影响力不断上升。这一影响力主要表现为新兴国家在国际发展援助体系中系统性作用的提升，具体为：首先，新兴国家用于全球发展援助的财政资源逐年增加；其次，新兴国家开始为国际发展援助提供新鲜的发展经验；最后，新兴国家开始利用制度化的手段，如建立新开发银行和亚投行等来推动全球发展。

另一方面，国际发展援助体系的变化也来自以西方为主体的发展援助长期面临的困境。首先，虽然巴黎俱乐部成员依然是国际发展援助的主要提供者，但是继续增加援助的财政压力日益增大；其次，自二战以来形成的按照现代化理论为指导的援助发展中国家的实践一直未能取得

发展援助的未来

预期的效果,发达国家内部对于继续这样的发展援助争议很大;再次,以西方为主体的国际发展援助理论创新和体制改革都陷入"内卷化"的困境。

因此,在内外两种困境的影响下,以西方为主导的国际发展援助进入到战后变动最大的阶段。这一变动的重要标志是巴黎俱乐部的组织形态——发展援助委员会在近几年展开的改革。但是,这样一种改革本身又陷入某种自相矛盾的困境中:一方面,发展援助委员会希望继续坚持其五十多年形成的发展伦理、发展规范以及全球发展的规则;另一方面,又希望提高包容性,吸纳非发展援助委员会成员的加入。以新兴国家为代表的新兴援助力量,长期以来作为受援国的角色,被排除在发展援助委员会的决策体系之外,这些国家倡导的援助理念、运行管理与治理方案,均与巴黎俱乐部成员的立场相差甚远。巴黎俱乐部希望这些新兴援助力量能够在提供新援助经验和新援助资源的同时,遵循巴黎俱乐部的规则,但这在政治和技术层面上都非常困难。由于美国在巴黎俱乐部中具有主导作用,目前尚不明确特朗普的"美国优先"政策会对提供国际发展援助的巴黎俱乐部会产生何种影响,但是,从特朗普及其团队针对多边主义的一系列负面主张看,巴黎俱乐部的改革进程势必受到很大的影响。

与此同时,中国领导人在达沃斯的论述展示了中国维护全球化和多边机制的决心,这样的主张如何与国际发展援助体系的改革相适应,尚未看到来自中国的明确表述。但是鉴于国际发展援助是国际多边体制重要的组成部分,美国政策的改变实际上也为中国积极介入国际发展援助体系,特别是为重塑国际发展援助体系提供了重要机会。能否利用好这样的机会,使中国在全球发展的竞争中发挥积极作用,则取决于中国能否形成具有引导全球新发展伦理的新对外援助政策体系。我们观察到,

第三章　西方发展援助走向何处？

中国已经在不同方面展示了积极参与国际发展治理的意向，但这需要将原有的南北合作与南南合作的分野逐渐融合为一个新的全球发展框架。现阶段中国本身面临着繁重的国内发展任务，无论从经济实力还是作为一个全球新领导者的经验方面，尚不具备取代美国的条件。但是，出于自身发展和全球发展的需要，中国无法回避自己作为一个新兴大国应承担的责任。事实上，中国在某种程度上已经进入发挥领导者作用的阶段。如何利用当下的机会，有效地发挥中国作为一个新兴大国在全球发展中的作用，也正在成为中国对外战略和政策需要考量的重要内容之一。

德国版 "非洲马歇尔计划"

德国版"非洲马歇尔计划"来了，这是德国经济合作部部长穆勒2017年1月中旬在柏林透露的，也是其担任部长以来一直在酝酿的德国与非洲合作的新战略框架，德国朝野将之称为德国版的"非洲马歇尔计划"。那么这份计划将对中国在非洲的发展产生何种影响？我们又应以何种眼光看待？

在南非约翰内斯堡T20（二十国集团智库）会议上，德国经济合作部国务秘书再次就这份"非洲马歇尔计划"的意图做了进一步的说明。笔者在会议上也就这一计划的一些内容向这位国务秘书发出了提问。

在这份长达34页的草案中，德国人详细阐述了新的全球条件下非洲与欧洲的关系，介绍了推动非洲和平与发展的"德国方案"。德国人希望将此计划作为德国政府回应移民问题的新方案，极力促使它成为德国作为轮值主席国的G20会议的主要议程之一。同时，德国经济合作部也力图使之成为影响欧盟对非政策的主要框架。

发展援助的未来

据笔者向德方了解，虽仍属于一个部门的方案，尚需得到德国其他部门的支持，方案很多内容的实施还需要欧盟其他成员国的同意，但考虑到德国党派政治的特点和德国在欧盟的领导地位，而且这个文件被称为"非洲马歇尔计划"的抛砖之作，可以预计该计划很快会进入实施阶段。

德国为什么要启动这个"非洲马歇尔计划"？首先，德国作为"发展援助巴黎俱乐部"的主要成员之一，其长期对外援助政策备受国内民众的质疑，将对外援助与德国民众在非洲难民问题上的关注直接联系起来，有助于保证对外援助预算的增加。

其次，德国也希望借助这样的条件，对长期实施的单向意愿"捐赠性"援助进行改革。正如穆勒所说，我们的援助一方面是我们的道德义务，另一方面也应该是我们自己的利益所在。

在笔者看来，德国人的这个计划论述了非洲自然资源的财富，巨大的人口增长带来的潜力和机会，以及非洲实施马歇尔计划的制度性条件。该计划主要包含三个相互联系的支柱，每一个部分都提出了在非洲、德国和国际三个层面的具体措施：首先是立足贸易和就业的经济发展，草案提出了促进公平贸易和重点支持非洲青年人的就业等一系列具体措施，包括更多进入德国和欧洲的出口、职业教育、社会保障等；其次是和平与安全，主要致力于非洲的稳定与秩序的恢复等；最后是民主与法治，主要支持反腐、人权和法治与民主建设等。

在上述三个支柱下，主要支持食品和农业发展，自然资源的保护，能源和基础设施，卫生、教育和社会保障四大领域。

草案的公布获得了非洲的积极响应。应该说，德国版"非洲马歇尔计划"在经济发展的内容上，与中国的"一带一路"倡议和"中非论坛"机制下的中非合作非常相似，德国也希望能为德国企业"走出

第三章　西方发展援助走向何处？

去"和"待得下去"提供支持。

中国该如何看待德国的这份"非洲马歇尔计划"？德国政府也准备为德国企业在非洲提供出口信贷担保。草案明确提出，德国政府的发展援助应该与私人投资相互配合，发展援助应该成为撬动私人投资的重要手段。值得注意的是，包括德国在内的很多西方国家，过去一直对中国采用相似的措施展开对非合作颇有非议，现在德国也开始借鉴中国经验。穆勒就任部长以来在多个场合都提出，学习中国以经济合作为主要特点的互惠互利对外援助。

同时，我们也可以看到，计划中关于民主和法治建设的内容仍然延续了欧洲中心主义和干预主义的色彩。

事实上，德国人的这个计划希望通过德国官方发展援助预算，带动私人投资，但私人企业能否响应这个计划尚不确定。

因此，德国这次在很大程度上扮演着中国"学生"的角色，这很可能会为中德合作带来机会。中国可以在继续推进在非发展的同时，以平常心看待由此带来的竞争与合作。

第二编
新发展知识

发展援助是西方主导全球发展议程的主要工具，这个工具的主要内容是财政发展资源，特别是无偿的发展资源在发展中国家的转移，而研究这一发展资源投入的理论基础和框架则是在发展研究学科下形成的发展知识。我们不能说这些知识都是糟粕，相反它们都是基于长期对发展中国家进行研究的产物。很多知识产品都具有很强的科学性和系统性，如对于经济发展的衡量标准、贫困的标准、贫困的概念、性别平等的概念、参与发展、社区发展等。但同时我们也应该看到西方针对发展中国家所形成的发展知识仍然是一个悬置性的、建构性的知识体系，其中存在的最大问题是它们远离发展中国家的实际，并非来自发展中国家的社会文化传统和实践。在过去几十年中，西方发展路径在发展中国家实践中出现的问题恰恰在于，这个知识体系无法涵盖千差万别的发展中国家的实际，所以在西方发展研究和实践领域就出现了所谓替代性发展知识的讨论和探索，也就是我们熟悉的批判发展研究和替代发展实践。问题是，在西方发展知识的体系中，很难找到这些替代性的发展要素。从20世纪90年代末期开始出现的新兴国家的成功发展经验，在很大程度上提供了这样一种替代性发展知识的要素。虽然说，能够完全替代西方发展知识的新的发展知识体系还远远没能发育成熟，但是对"条件决定论"发展经验的挑战已经出现，新的发展知识也开始兴起。中国和其他发展中国家的发展经验正在为这样一个新的发展知识体系提供有力的支撑。

第四章　新发展知识的兴起

如果说20世纪末期开始受到关注的以中国为代表的新兴国家的发展是顺应了面向市场化改革的潮流的话,那么随着以中国为代表的新兴国家的经济实力的持续增强,这样一种经验越来越显示出其发展路径的独特性。克鲁格曼在早期研究亚洲增长奇迹时曾经讲过,东西方经济发展的差异最终将会成为一个政治问题,事实上最近几年各方对于中国发展经验的讨论已经显示出基于意识形态和政治立场不同呈现出的观点的分野。从某种程度上说,这样的争论可能涉及两种发展知识体系的争论。中国的发展经验,无论官方如何宣传,都还不能说是一个系统化和理论化的发展知识体系的最终状态,但毫无疑问这些发展经验展示的很多发展要素有别于西方的发展知识,正在促进新的发展知识的兴起。

历史的故事

说到新发展知识,还得说点历史,因为新的发展知识实际上一直交织着中国和西方的关系。1793年(乾隆五十八年),乔治·马戛尔尼(George Macartney)带着大英帝国的礼物来觐见清朝乾隆皇帝。马戛尔尼说大英帝国非常欣赏中国的传统文化,想和中国通商。当时,清朝官员与马戛尔尼在与乾隆见面的礼节问题上争执不下:按照中国的规定,

发展援助的未来

藩属国见皇帝都要下跪的,马戛尔尼说我们英国是不能向外国皇帝下跪的。他们为这个礼仪争了很久,马戛尔尼坚持说不能下跪,最多像见英国国王那样行单膝礼,还可以轻吻乾隆的手。中国负责礼仪的大臣吓一大跳,皇帝的手怎么能让你亲呢?这绝对不行!最后,马戛尔尼还是以行单膝礼的礼节见了乾隆,乾隆皇帝也把中国的礼物转送给了当时的英国国王。

乾隆皇帝最后断然拒绝了英国开放通商的邀请。我们当时不知道这个世界发生了多大的变化,他们为什么要提出这个要求。西方列强自此以后,用各种办法打开中国的大门。可是我们对他们还是一直没有系统的研究,直到魏源的《海国图志》,直到林则徐"睁开眼睛看世界",这件事才有点眉目。我们被动地卷入了资本主义全球化的过程。直到今天,我们才有能力主动"把握"世界。经过两百多年的历程,我们开始逐步学着思考"你是谁"这样的问题。

大英帝国的故事

说到西方,就不能不说英国。中国第一位驻大英帝国的大使叫郭嵩焘,他算是清朝认识"改革开放"的重要人物。当时在决定派谁做大使时,左宗棠坚决支持郭嵩焘,因为郭嵩焘是洋务派中比较务实的一个。他到了英国首先研究英国议会:议会上议员戴上假发开始辩论,像打架吵架一样,一塌糊涂;结束后假发一去,他们像朋友一样到酒吧喝酒,在酒吧里什么都谈。郭嵩焘认为,英国学习了我们的"先秦儒学",指的是最早在孔子时代传统的儒学精神,不是董仲舒之后的儒学,即竞争性的政治体系,如何把贤人选出来。郭嵩焘认为英国人学的是中国人的东西。

那么大英帝国从哪来呢?我看了尼尔·弗格森的《帝国》一书。

第四章　新发展知识的兴起

他是西方著名的历史学家,哈佛大学的教授。他是英国人。他在书里讲了很多大英帝国和美国的故事。我这部分很多都是复述他书里的故事。他说大英帝国的历史就是强盗历史。1663年的12月,一个叫亨利·摩根的威尔士人,穿越加勒比海,奇袭了西班牙沿海的前哨,这场战争大概经历了十多个小时。这次旅行的目的很简单,就是为了寻找和偷窃西班牙的黄金。我认为亨利·摩根这个人在历史上也是一个了不起的人,他是个海盗,他这次的行为完全是自发的,与英国皇室并没有关系。他去干吗了?抢黄金。当时葡萄牙和西班牙已经在南美了。西班牙掠夺了很多黄金,那时候的英国还在小岛上缩着,他们还打不过西班牙人。葡萄牙人、西班牙人、荷兰人他们倒腾黄金的事不断在英伦三岛传播,激发了很多人寻找黄金的冒险精神。从某种意义上说,17世纪的"打、砸、抢",让大英帝国以这样一种方式崛起。像摩根这些人在英国历史上都是"吃熏肉的小偷",是社会底层的人,英国崛起的进程是由他们推动的。

第二个我们要注意到的人物是丹尼尔·笛福,他是畅销书《鲁滨孙漂流记》的作者,他在他的另一本著作《英国商业方略》中写道:"英国是世界上第一大商品消费国,它从多个产地进口货物……这些进口货物除了棉花、靛蓝、大米、姜以外,还有糖和烟草。"大英帝国的崛起,与其说是与新教道德伦理或英国个人主义思想的传播有关,还不如说是与英国人嗜甜的口味相关。伊丽莎白女王摒弃了之前的罗马天主教教义,采用了比较温和的新教伦理精神。宗教改革后,新教把基督教大众化,英国的加尔文主义强调商业主义,同时强调节俭和奉献。什么是新教伦理精神?第一是特别刻苦。第二是不挥霍一分钱,不浪费钱,特别"抠门",特别会算计。"抠门"是说特别有奉献精神,强调捐助精神,特别是助人为乐。第三是英国的"个人主义",英国的个人主义

发展援助的未来

是全世界最极端的个人主义。美国人写的《自私的美德》(The Virtue of Selfishness）说的就是这个问题。对中国人来说，自私抠门是我们中国文化里摒弃的。比方说一起吃饭，咱们中国人说某个人不付钱，第一次不付，第二次不付，第三次还不付钱，我们中国人就说：不吭声也不付钱，下次吃饭不叫他了。

荷兰这个国家是新教国家，我的荷兰导师是位激进的、左翼的马克思主义者。"文化大革命"时他拿着红宝书来天安门，后来拉丁美洲农民起义的时候又跑到拉丁美洲。他从来都穿一样的衣服——卡斯特罗的服装，一双马丁靴。我论文答辩的时候想找导师，联系半年也没联系上他。后来荷兰瓦赫宁根大学的诺曼·龙教授来中国开会时我就问他，我说我找不着我的导师了，都半年了。他告诉我说他去世了！我当时特别震惊！诺曼教授还给我讲了一个故事，说我的这位导师去世以后，他们通过他的亲戚找到了他住的地方，非常小，非常破。整理遗物的时候我们才知道他是荷兰某个天主教大学第三世界中心的主任。我原来还说，这么高工资的人为什么不请我们吃顿饭，后来才知道除了他自己的基本需求外，所有的工资都定期捐给了拉丁美洲农民的斗争了。

为什么直到今天西方依然强大，为什么西方依然能够主导世界，你以为他们全是靠枪炮？不是的，没有人能够靠枪炮统治这么长时间。如果中华民族想要强大起来，没有一些主导性的、胜过西方人的其他一些东西，我们是主导不了世界的。我们不能够计算我们的感情，要慷慨一点。这个世界是怎么构建的？很简单，两个人的关系是怎么构建的，这个世界就是怎么构建的，不要计算感情的投入。所以现在讲构建人类命运共同体，这就是新的世界主义。

回过头来说，英国人吃糖，吃在美洲热带的奴隶种植园种出来的糖。从18世纪50年代开始，糖就超过国外亚麻制成品，成为英国最大

第四章　新发展知识的兴起

的进口物资。到了 18 世纪末，英国的人均糖消费量是法国的 10 倍。英国人对进口物品的贪得无厌是欧洲其他国家无法企及的。

茶是大英帝国崛起的第三件大事。1658 年，英格兰出现了第一则茶广告，茶后来也逐渐成为英国的国饮。这则广告刊登在一本官方资助的周刊《政治信使》9 月 30 日这期中，内容为："所有医生都推崇的绝好的中国饮料，中文叫茶……"其实茶最能治什么呢？便秘。马可·波罗就发现了，中国人不便秘，他们认为中国人不便秘是因为喝茶的原因。其实，他们说错了，中国人不便秘的原因是吃肉少、吃菜多、吃淀粉多。后来，茶就变成了英国上流社会很重要的饮料。他们那时候为什么要和中国人做生意？因为中国有茶。有了茶就有了中国的茶杯，中国的瓷器。大英帝国发展起来是由黄金、糖、茶叶这些事情推动的。

烟草是由沃特·罗利爵士引入的，最初人们认为抽烟有助于身体健康。对于烟草的消费直接支撑了英国在北美弗吉尼亚的殖民地，那里生产的烟草直接销售到英国，所以英国是全世界烟草的消费中心。最初，烟草是英国贵族的标志。后来，随着弗吉尼亚和马里兰州烟草种植的迅速推广，烟草的价格也急剧下跌，烟草逐渐成为一种大众消费品。重商主义导致的彻底的商业化都和英国的消费主义有关，我们今天的消费主义都与盎格鲁－撒克逊人对世界范围内的物质需求紧密相关。英国人抢黄金干什么？所有他需要的东西都是他们不能直接生产的，他们用黄金去买茶、丝绸等。在这个过程中，英国始终是想要和我们做生意的，但不知道为什么我们就是不和他们做生意。直到鸦片战争，我们被卷入了世界资本主义之中。今天我们"一带一路"，铁路都修到他们家门口了。他们震惊了，世界就是这样来来回回的反复。

英国人在巨大的物质利益驱动下，利用海军向世界扩张。大英帝国

发展援助的未来

在扩张过程中有另外一个使命——宗教传播。

从18世纪末开始,基督教福音会在牛津成立并开始向外传播。他们要让落后的地方信仰上帝,让上帝的关怀普照全世界。所以促使英国崛起的另外一个力量是上帝,他们作为上帝的使者,要到全世界去传教。戴维·利文斯通是一位医生兼传教士,他将自己的一生都奉献给了非洲的探险事业,他最伟大的发现就是在赞比西河流域的考察。实际上西方很多传教士都是地理学家。

英国的文化、英国的语言就这样首先传到了西南非洲,也就是今天的赞比亚、马拉维和津巴布韦等地。他在赞比西河发现了由他命名的维多利亚瀑布。他沿路布教,说服部落的头领不能娶很多妻子。因此基督教的传播改变了当地的文化。

基督教传播不仅仅是宗教的传播,还通过整顿人的日常实现宗教的传播,这就属于文化传播了。从原材料的扩张到贸易的需求,到文化的输出,这使得资本主义在全球的扩张非常具有系统性。大英帝国为什么这么厉害,为什么工业革命有巨大的影响力、穿透力?原因也在此。

英国在18世纪的时候开始反感黑奴贸易了。从15世纪到18世纪,英国一共贩卖了300万黑奴到北美。为什么后来英国主动停止了?不是因为不挣钱了,而是因为英国国内开始反思黑奴贸易,这个贸易太不人道了。这个背后的动力是什么?也是宗教,基督教。英国人从18世纪就开始动用海军封锁了所有的海域,捉拿偷运奴隶的船,就像今天的维和一样。英国从那个时候开始建立起帝国的概念:我要开始管你的事了。1860年,大英帝国的领土面积达到2 470平方公里;到1909年,总面积增加到3 320万平方公里,占世界陆地面积的25%——统治着4.44亿的人口,差不多人口也占世界人口的1/4。

第四章　新发展知识的兴起

美国的崛起

弗格森在他的书里写了美国是如何崛起的。2007年是美国建国400周年的纪念，美国把1607年作为美国建国的开始。1607年弗吉尼亚公司的苏珊·康斯坦特号、幸运号和发现号三艘船装载120名英格兰人来到詹姆斯敦，开始了以英格兰人为主体的移民浪潮。但是，到了年底这120人只剩下38人，最后在一个叫约翰·史密斯的人的领导下存活了下来。史密斯是一个囚犯，这里是弗吉尼亚公司的领地，每人可以领2 000英亩*土地，这些移民原来都是社会上罪犯之类的人。他们存活下来，开始在此修路、修房子、开荒地。他们发现了这块土地以后，为了给这块土地一个很好的名字，将其命名为拉丁语的"处女地"（美国弗吉尼亚州的来源）。他们发现这个地方是种植烟草的好地方，所以他们就在这里种植烟草，因此弗吉尼亚就变成了最大的烟草种植州，这个州就与英国进行烟草贸易。这就是英国的殖民地，是自己人到那儿去种。《国家为什么会失败》中提到这个故事，它讲述了为什么有的殖民地成功，非洲殖民地不成功，他说是制度原因。实际上，虽然伊丽莎白采用新教的路线，詹姆斯一世也继承这个路线，但詹姆斯一世采取的是温和的新教路线偏中间的路线，他还让英国圣公会具有政教统一的地位，这是清教徒不满意的。1620年11月11日，在诺丁汉的一帮人，他们是标准的加尔文主义清教徒，离开了诺丁汉的村庄，迁往荷兰。在荷兰待了一段时间后，他们发现荷兰也不好，于是他们决定到北美区。他们在今天英国的城市普利茅斯，乘坐"五月花"（May Flower）号——这个May Flower就像长城之于中国人，在美国大家都知道。在经过海上

---

* 英制单位。1英亩约等于0.405公顷。

发展援助的未来

66天的漂泊之后,"五月花"号已经可以看到美洲的陆地了。船上幸存的102名乘客,其目的地原本是哈得孙河口地区,但由于海上风浪导致帆船偏航,他们没到弗吉尼亚,而是到了马萨诸塞州。

这批人不同于原来去弗吉尼亚那批人,他们中许多是精英贵族,他们要追求一种艰苦奋斗、自我控制的生活,他们相信捐赠,相信财富是属于上帝的,他们是上帝财富的守护人。船上的全体乘客,为了建立一个大家都能接受的"新社会"制度这样的共同理想和目标,在上岸之前,由船上的41名成年男性乘客代表在船舱里签了一份简短的公约。在这份被后人称为《五月花号公约》的文件里,签署人立誓要创立一个不同于欧洲的自治社会,这个社会最核心的理念是:基于被管理者的同意而创立,且将依法而行自治。这就是美国在建国之前,第一份极为重要的政治文献。美国的宪法就来源于《五月花号公约》,美国从开始崛起就始终坚持:一个国家永远由一代代人民选出来的有理想、尊重个人奋斗的人来主持。所有这些理想变成了美国崛起最基本的精神,也成为这些人奋斗的基本动力。

在美国历史上,南部是共和党,北部是民主党。我写过一篇文章《您的慈善不是公益》,其中讲到了这些历史。五月花号存活下来的100多人,到现在世代繁衍,这中间,历代的政治、社会和各个方面的精英,很多都来自这条船,祖先是从这条船上下来的。美国的人人公益,美国康奈尔捐赠建设康奈尔大学,比尔·盖茨全身心做公益,中国人觉得这些人疯了!美国人却认为,财富在家族间传递是一种耻辱!是的,清教徒认为财富在家族之间的传递和遗赠是一种耻辱,财富应该依靠个人的奋斗获取,主张个人勤俭。当然美国的崛起也是血腥的,美国杀了不知道多少印第安人,美国是一个先有社会后有国家的国家。美国的社会是自己管自己,连警察都是自己管自己,允许个人持有武器。美国每

第四章　新发展知识的兴起

条大街、每个大学都是这样建起来的。

后来经过了南北战争废除了奴隶制,又通过现代工业的发展实现了美国崛起。二战以后,杜鲁门实施杜鲁门主义。美国在二战中为支持反对纳粹,做了大量的牺牲,二战帮助美国赢得了统治世界的巨大政治资本。美国长期以来都是英国的殖民地,在与殖民者长期的斗争中深有感触,所以在二战后,美国倡导去殖民化。二战后美国与苏联冷战,支持土耳其和希腊。

杜鲁门时代建立了一个新的国际秩序,这就是我们说的布雷顿森林公约,它建立了联合国、世界银行,特别是"马歇尔计划",成功地帮助美国赢得了巨大的话语权。美国在二战期间大力发展通信、钢铁产业。二战后,美国有了巨大的经济实力,借助布雷顿森林公约确立了以美元为主体的金融体系,从此奠定了美国在全球的决定性主导地位。杜鲁门主义是美国对外政策的重大转折点。它与美国当时实行的"马歇尔计划"共同构成美国对外政策的基础,标志着美苏在二战中同盟关系的结束及冷战的开始,也标志着美国作为战后第一大国的世界霸主地位的确立。在此后长达30年的时间内,杜鲁门主义一直作为美国对外政策的基本原则,并起着支配性作用。"马歇尔计划"实施期间,西欧国家的国民生产总值增长25%。马歇尔计划是战后美国对外经济技术援助最成功的计划。

美国霸权的建立是在第一次世界大战结束后开始的。第一次世界大战结束后,德国马克贬值到一美元可以在德国买一个农场。美国崛起的主要原因是新兴的工业化:在第一次工业革命的基础上,通信、电话、汽车制造迅速发展;工会出现并转型(从资本主义初期的对抗转为同资本家谈判);资本主义工业化规模不断扩大,资本有机构成提高,资本家掌握技能,愿意出钱培训工人,大量的工人中产阶级化……一直到

发展援助的未来

50年代,经过了南北战争,经过了工业化——美国通过矿山的开发,尤其是整个工业管理制度的建立,再到二次世界大战,美国完全崛起!

其实目前,从严格意义上讲,中国整个农业产业在GDP中所占比重还不到9%,农业对经济的贡献已经不是最重要的了,但这不是说农业不重要了。我们的服务业由过去的20%多增加到现在的50%多,2017年达到51.6%。中国已经开始去工业化,以服务业为主。我们的外汇储备,从1978年开始,到1995年才735.97亿美元,目前三万多亿美元。我们是世界上外汇储备最多的国家之一。中国发展到今天,我们要回答一个问题:中国如何影响世界?

中国已经变成了对世界有重大影响力的国家。看看中国的高速公路,中国人住的房子,我们从1840年被动卷入全球化到今天我们开始尝试"把握"世界。我在《中国能为世界提供什么?》(详见后文)中探讨了这些问题。

中国能为世界提供完全不同的东西:中国文化中的和为贵、礼尚往来等所有文化内涵;中国提供不附加条件的资本、技术;中国提供中国的政治智慧,比如不干涉内政、中国的国家文化等。中国人承载着上面说过的那些符号,带着国家的历史、文化、技术开始走向世界。中国在从一个边缘的国家移向中心的过程中必然会产生话语的主导,但是不同点在于,我们现在有一个非常明确的警觉性:我们已经知道帝国主义会带来什么,我们知道侵略,知道火烧圆明园的那种痛苦,我们也知道改革开放后我们是怎么对待外宾的,我们清楚接受外国援助"拿人家手短"的那种心理,我们与大英帝国、美国的成长历史完全不一样。我觉得我们应该有信心发育一种与之前完全不同的文化。中国在向世界提供这样一种经验、资本、技术、政治的过程里,有义务再发育一种新的全球伦理。

第四章　新发展知识的兴起

新发展知识的兴起

全球政治经济格局正在发生深刻变化，传统单向的发达和不发达的结构关系已经被多元相互依存的复合性关系取代。一方面，西方国家在经历了商业资本主义、工业资本主义、世界资本主义以及全球资本主义的世界性霸权后开始出现系统性的调整；另一方面，发展中国家也开始不断分化，严格意义上的第三世界已经不复存在。发展中国家阵营中发育出了新兴国家和其他正在成长的发展中国家。这些国家不仅拥有自己成功的发展经验，也开始拥有自己的发展资源。更为重要的是，它们在发达和不发达国家之间建立了桥梁。发展合作不再是直接的发展道路转移或者是发展道路的分野，而可能是有机的聚合。习近平主席在联大的一系列讲话、中国政府的一系列重要战略举措以及中美达成的一系列合作协议，均代表了传统和新兴发展势力在全球发展议题上的聚合。这一聚合趋势至少是目前世界发展合作的主流趋势。这一趋势将会极大地催生新发展知识和实践的兴起。

西方发展知识受到挑战，开始寻找替代性发展知识

二战以后，美国之所以能主导世界，一方面是因为美国有着四轮驱动的强大战略工具，即以美元为基础的经济全球化、结盟性的政治外交、覆盖全球的战略军事力量和对外援助；另一方面，以美国为主导的西方发展知识也是这个霸权体系的重要支柱。这个知识体系的实质是自启蒙主义以来，经过殖民主义和后殖民主义过程逐渐形成的发展知识。现代西方发展知识以新自由主义和新制度主义为基础，强调选举式民主政治制度和竞争性自由市场经济制度，它们对经济发展具有不可替代的作用。无论是古典自由主义、新自由主义还是重视政府作用的凯恩斯主义，都没离开这个轴线。西方国家从20世纪60年代开始先后成立了集体性的和各国自己的发展知识研究中心，如经合组织发展研究中心、英国发展研究院、德国发展研究院等。西方国家利用这些机构生产发展知识，利用这些知识主导全球发展框架，影响主流经济社会科学的研究和经济社会政策的制定。

然而，西方发展知识从20世纪70年代石油危机开始受到了挑战，自此出现了寻求替代性发展知识的潮流。替代性发展知识的主要基点是对自由主义发展模式的批判。但是，长期以来，替代性发展知识停留在反思和批判的层面，缺乏系统性的实践支撑。自21世纪以来，这个局面开始有了根本的改变。新兴国家的成长，特别是中国经济社会发展的成绩，激发了国际发展领域探索新发展方式的巨大热情。"新发展叙事""发展是硬道理""白猫黑猫""摸着石头过河""要想富，先修路""政策实验""经济特区""发展型政府""治理污染""消除腐败"等已经成为国际发展的新话语。不仅发展中国家，连发达国家如英国和德国也在悄悄学习中国的一些做法。学习中国发展经验成了21世纪以来全球发展体系改革的重要内容。研究中国发展经验也已成为国际发展科学的前沿课题。基于反思和批判的替代性发展探索开始转向发育基于发展中国家成功实践的新发展知识体系。

基于发展中国家成功实践的新发展知识体系兴起

毫无疑问，围绕着工业化形成的西方发展知识是人类知识体系中的重要组成部分。中国自清末以来的发展变迁在不同程度上借鉴了西方的发展知识，中国改革开放以来取得的一系列举世公认的发展业绩也在很大程度上借鉴了西方的发展知识和经验。同时，中国的发展又是在参考

第四章　新发展知识的兴起

西方和其他发展经验的基础上取得的自主性实践发展。虽然很多学者将我国今天取得的伟大成绩按照"历史终结"的逻辑归结为采用新自由主义的结果，但是，国际和国内有一大批学者、政治家和公共知识分子则将中国的发展更多地看成中国文明的延续。数据显示，从20世纪50年代到70年代末期，与世界其他国家相比，中国的发展速度和质量都是很高的。同时，世界上很多国家都在20世纪80年代实施了与中国类似的经济改革，但只有中国和几乎完全学习了中国的越南取得了成功。印度至今仍然没有实现完全的市场开放，但是却成为中国之后经济增长最快的国家。显然，对于包括中国在内的成功经验的解释需要新的理论支持，也离不开新知识的生产，这也是新发展知识兴起的客观历史背景。

全球西方发展知识是在经验—想象—建构—运用—反思—再建构这个过程中生产和再生产的，这个过程导致了一系列的异化结果。一是将自身优越化，并将研究的内容对象化、目标化，也就是我们常说的西方中心主义，从而异化了知识产生的平等性，产生了知识霸权。二是自身经验的异化。西方发展知识最初也是基于自身发展经验的，然而经过知识的生产以后，这种经验就被异化了。比如性别平等是西方发展过程中的一个重要发展经验，但是，经过发展知识体系的生产就变成了性别与发展等概念和方式，从这些概念和方式中虽然能看见西方的影子，但看不到西方具体实践的经验和教训。正如张夏准讲的，西方告诉发展中国家的往往是它们并没有做过的。发展知识不同于数学，无法通过抽象的知识去指导普世的实践。三是通过想象建构了一个异化的对象。西方发展知识中的想象的建构具有很长的历史渊源。三百多年的全球化使得西方逐步形成了对非西方世界的看法。基于西方发展知识诊断出的发展问题基本属于对发展中国家政治系统的无视和对其文化的误读，由此形成的西方发展知识很难吸纳来自当地的发展知识的要素。四是为了发育适合发展中国家的发展知识，西方专业化的知识机器对发展中国家状况展开了所谓的科学研究，然而这个研究又产生了想象的再生产，使得发展知识再次远离发展中国家的实际。最后，西方社会科学严谨的方法和反思能力使得误读不断变成真理，发展知识的霸权不断得到加强，全球发展由此形成巨大的知识依赖。

新发展知识对传统发展知识体系和发展实践的影响

新发展知识的兴起正在改变传统发展知识的霸权格局。新发展知识是基于传统发展知识并对其进行反思发育，强调特定国家的历史经验，承认不同社会结构和行动者的复杂性以及社会政治制度的多样性。它与那些基于想象加工和再生产的理论构建有着根本的不同。首先，新发展知识不是基于中心-外围这样的理论框架，它是一个去他者化和主客体统一化的知识体系。这个体系通过吸纳而不是接受来学习外来要素，实现了发展知识产生主体的转变，由此改变了发展知识领域的权力结构。巴西通过最低工资制度和转移支付缓解不平等问题的成功经验，中国经济高速增长的经验，印度信息产业孤岛式的发展等都是主导性发展学习的例证。其次，新发展知识是基于直接的实践构建的，而不是通过想象和理论构建的，不是对于他者的理论认识，也没有经过知识机器的再生产。最后，传统发展知识来源于殖民知识和后殖民知识体系，而新发展知识则属于去殖民知识。这个知识体系是吸纳式学习和实用主义实践的产物，是由发展中国家的精英和大众共同创造的。这个过程摒弃了传统的专家主义的知识垄断和高成本的发展知识机器的官僚化，也摆脱了对自身利益驱动下的诱导性依赖。

全球新发展知识的兴起正在催生新的国际发展实践。长期以来南南合作一直是发展中国家企图摆脱西方殖民和后殖民知识霸权的主要手

第四章 新发展知识的兴起

段,然而,由于缺乏独立成功的发展经验和独立的发展资源,南南合作一直举步维艰。新兴国家和发展中国家的成长使得南南合作有了巨大的发展前景。在承认各国都有不同的政治社会和文化制度的共识下,在南方国家自己的资源的支持下,发展经验将会通过平行分享而不是建构式转移的方式在发展中国家间流动。平行经验的分享意味着政治和文化意义上的发展赋权,意味着不努力追求规范和普世的发展框架。

新兴国家与全球、区域公共品供给

新兴国家的作用日益提升,国际发展合作因而产生了新的全球语境。不同于过去的国际关系,也不同于国际关系学者对国际关系一贯的设想,新兴国家不只是最近才出现的"中间力量"或"二等国家"。新兴国家起到的作用远远超过了对传统权力的应对层面。换句话说,新兴国家极大地塑造了日益多极化的国际体系(尽管产生的变化不仅局限于新兴国家的角色)[*]。

这一问题正是国际发展(发展研究)作为一门学科所研究的议题。该议题的焦点主要集中在新兴国家对发展中国家(区域)产生的影响。目前大量有关新兴国家发展能力的研究都只关注那些与 OECD 国家具有相似性的援助方案方面。事实上,南南合作在发展议题中扮演着十分重要的角色,这些讨论也关注了一些实质性的问题,如什么是南南合作叙

---

[*] 与此同时,改变全局的因素只是部分或间接地与新兴国家相关。例如,全球挑战的本质变得越来越复杂,我们可以观察到全球合作的行动者越来越显著的变化(地方层面在国际合作、私人行动者中日益显著的角色以及他们在解决全球问题合作过程中起到的作用)。

发展援助的未来

事,是否存在不同于官方发展援助的南南合作,是否在将来会看到南南合作与官方发展援助的融合,规范(援助贫困国家是否是一种义务等)和标准(OECD援助的标准)是否适用于南南合作,南南合作应该采用一套什么样的具体标准等。

首先,建立一种全新的与新兴国家的发展伙伴关系。我们必须注意到这样一个事实——尽管新兴国家之间有着不同的政治和社会经济背景,但南南合作还是得到了所有新兴国家的拥护,且已经超越了传统的南南合作视角。与以往南南合作不同的是,新兴国家已经积累了大量的金融资本,开始建立新的发展金融机构,例如新开发银行和亚投行。它们也生产了替代性的发展合作模式,以及更为重要的国内发展经验。

国际发展的争论主要围绕两个维度展开。第一是围绕有关援助的研究正在过时。这又有多方面的原因:援助的重要性不仅在中等收入国家消失,甚至在贫困和脆弱的国家,援助也显得越来越不重要。援助逐渐沦落到仅包含国际合作议程的某些部分(即不发达地区的部分),同时只关注一部分国家的国际合作正在失去其重要性。例如联合国"2030年可持续发展议程"是国际合作上一个强有力的主张,但它已经远远超越了现有的援助框架。因此,国际合作需要能超越国家界限,能支持公共品供给的策略和工具。尽管可持续发展的17个目标(可持续发展的全球合作)为新的合作方法做出了贡献,但国际合作的主要创新方法仍然空缺。第二,新兴国家已经为区域和全球领域提供了大规模的公共品。*

---

* 这个框架使用了 Kaul 以及其他学者(Nordaus 等)发展的全球公共品概念。在我们看来,这种方法的优势在于能够处理全球挑战和如何克服集体行动的问题。与此同时,我们也提出一个基本争论,即我们的框架也适用于没有全球公共品的方法。其他的或者相似的学术方法(Olson 的集体行动,Ostrom 的治理的共识等都有其贡献)都可以提供一个很好的研究基础或者对全球公共品各自产生重大的影响。

第四章　新发展知识的兴起

这也同样体现在全球共同资源（例如水资源）和共同物品（例如和平与稳定、健康和疾病、国际法等）以及不同类型的供给挑战（未充分利用或者有条款约束）上。新兴国家的这些贡献部分来源于南南合作，但实际上比南南合作更为重要，例如新兴国家执行联合国和区域机构的维和任务（例如非盟），甚至是直接介入联合国与地区维和（提供军队等）。例如，巴西（在海地的联合国海地维稳特派团任务）、中国（在马里的联合国马里维稳特派团）和南非（在刚果民主共和国的联合国刚果民主共和国维稳特派团）都显示了新兴国家在维和任务中的重要作用，这已经超越了传统南南合作的范畴。

总的来说，新兴国家的政策分析和研究需要更清楚地反映出国家在提供全球和地区公共品时更为广泛的角色，这不仅体现在新兴国家所起的作用方面，也应体现在所有其他范畴。然而，南南合作的具体作用可能会导致研究和政策分析出现部分盲点。

简而言之，在全球和区域公共品供给上，尤其是在一些优先领域公共品（和平与安全或许是最重要的领域）供给上，新兴国家已经发挥了关键的作用。新兴国家若要成为全球公共品和全球共识重要的提供者，则需要开发新的系统化方法。

"新南南合作" 的兴起

全球化问题涉及对资本主义演变的基本认识，对此大概有两方面的观点：一方面认为，周期性出现的经济危机严重削弱了资本主义的生命力，有人觉得新一轮经济危机预示着以新自由主义为核心的全球资本主义面临困境，因此，希望中国能够取代经典资本主义的发展路径。还有一种观点认为，虽然资本主义已经成为无孔不入的全球化的主要文化形

发展援助的未来

态,但是中国道路似乎有别于资本主义的发展变迁模式。我对这两种观点没有很深入的研究,很难说是支持或是反对,但是我认为以资本为核心的社会经济政治演变似乎并不是一个简单的过程,资本主义的生命力似乎也有它自身很强大的自我纠正能力。我提出"新发展主义"的思想,主要是希望能够将上面讲的两个相对不同的认识框架做一个探索式的说明。"新发展主义"包含了经典发展的一些要素,如乡村转型、城乡互动、城市化、劳动力流动等很多方面,但是"新发展主义"的确在驱动发展的路径上、在发展内部深化和外部扩张方面与传统发展主义有很大的差别。虽然我们对这种差异性的认识有一个多元现代性的理论框架,但这仍然不能阻止我们就这个差异的全球化意义做更深入的探讨。

在印度召开的南南合作大会上,我作为国际南南智库网络的主席在开幕式上提出了"新南南合作"概念,最近在北京论坛上我又明确地提出了"新南南合作"的三个主要依据。"新南南合作"是我提出的"新发展主义"的一个具体内容,也是我在提出"新发展主义思潮"这个问题中讲到新发展和经典发展差异的一个实证案例。经典发展主义一直是在南北关系框架下展开的,这个框架的主要内涵是南方国家的发展依赖于北方国家的经验和理论、资金和制度性支持,因此从某种意义上讲,经典发展理论的权力关系是不平等的。从 20 世纪末期开始,南南合作开始呈现一些新的特点。其实最先注意到这些新特点的主要还是那些西方从事发展研究的学者,同时,西方发展援助的政策制定者也意识到了这些问题。所以 20 世纪 90 年代末期在发展援助的罗马会议上就有人明确提出,要将南南合作作为国际发展合作的重要内容。到今天为止,南南合作的这些新特点确确实实已经明显地呈现出来,这的确需要引起我们在学术上的足够重视。那么,"新南南合作"究竟有哪些特点呢?

第四章　新发展知识的兴起

新的发展经验与知识

我在不久前参加了《印度的发展合作》一书在美加两国的一系列推介活动，该书由印度外交部下属智库的总裁萨钦（Sachin）先生和亚洲基金会安西娅（Anthea）女士共同主编。在研讨会上，印度负责发展合作的官员在回答听众问题时使用的话语体系居然和中国官员使用的话语体系非常一致。他们讲道，印度的发展合作是不干预内政的，坚持互惠互利，而且是基于受援国的需求的。中国国内的发展尽管大家批评国有企业的弊端，但市场开放程度算是很自由的，只是政治制度的发展路径并没有遵循新自由主义的主张。相比之下，印度的政治制度是西方很少挑剔的民主制度，但是市场的开放程度却远远不够。有意思的是，中国和印度成为20世纪和21世纪成功发展的主要趋势。作为两个最大的南方国家，从贫困走向繁荣的探索创造了新的发展经验，这样的发展经验不同于传统南南合作中发展中国家取得政治独立的经验，南方国家开始拥有了属于自己的成功发展经验——发展优先、基础设施先导、农业发展和工业化、人口的流动与减贫等，孕育了新的发展知识要素，这些发展知识要素与20世纪50年代以后取得独立的民族国家继承的发展思想遗产有着很大的不同。这些知识要素具有很强的自主性，虽然属于地方性经验，但却具有很强的全球意义，这都为南南合作注入了新的要素，也从某种程度上标志着南南合作进入了一个新阶段，就是我说的"新南南合作"阶段。

新的发展资源

进入新世纪以后，南方国家的经济实力迅速提升，这主要表现在南方国家的进出口额在全球进出口额中的比例急剧上升，以及南方国家之间直接投资的巨大增长。2014年中非贸易额达到2 200亿美元，比2000年增长了22倍。中国对非投资存量超过300亿美元，比2000年增加了60倍。自2009年起，中国已连续多年成为非洲第一大贸易伙伴国，同时也是非洲重要的新兴投资来源地。2015年，全球发展中国家的外商直接投资，56%来源于亚洲经济体。南方国家之间的贸易和直接投资不仅表现在数量急剧增加方面，更为重要的是，以中国为主要代表的南方国家的资本形态——主权资本，发挥着主导性作用。主权资本与国家发展主义相结合，成为南南合作发展资源的重要特点。这与传统南南合作中资本缺乏的状况形成鲜明的对比。南南合作中的资本流动，既不完全遵循国际资本市场流动的规则，也不同于OECD国家的主权资源投资规则。南方国家的发展资源在不干预内政、互惠互利的原则下，按照新的发展比较优势规则，在南方国家之间流动，构成了新型南南合作的重要资源动力。从这个意义上讲，正在兴起的南南合作呈现出了典型的不同于传统南南合作的特点。

新型发展制度

自从万隆会议召开以来，南南合作一直依托于联合国的机制；在发展资助制度方面，一直依赖布雷顿森林体系。虽然在布雷顿森林体系之下，全球和区域性发展机构对南方国家的发展发挥了很大作用，但是，在南北发展资源严重失衡的不平等关系状态下，南方国家受困于高度政治化的国际和区域间发展融资体系。随着南方国家自有发展资源的不断丰富，南方国家认识到具有自我主导性的发展融资机构的重要性，亚投行和新开发银行相继成立，标志着南方国家自主掌握发展融资能力的提升。新开发银行和亚投行运行的基本经验在很大程度上来自南方国家已经积累的发展经验，就如同这两个发展银行不断重申要提高融资项目的

第四章　新发展知识的兴起

审批效率那样，基于南方国家发展经验的新型融资体系，标志着南南合作在经济上步入了制度化轨道。发达经济体纷纷加入亚投行，展示出南方国家发展经验的生命力。南方国家发展融资机构的出现以及发达经济体表现出的支持行动，标志着南南合作进入一个新阶段。我把基于南方国家发展经验、南方国家发展资源的增长，以及南方国家自主性发展融资体系的建立作为"新南南合作"的三个主要特点。这三个主要方面标志着南南合作进入一个新的发展阶段，新型的南南合作也就在实践层面上支持了"新发展主义"框架的形成。当然，新的南南合作是在过去三十多年新型全球化驱动下形成的，当前的全球经济低迷势必影响南方国家经济发展，从而也会影响"新南南合作"的进一步发育。其中，由于中国在全球经济体系中的重要性，中国正在展开的结构性调整也势必影响"新南南合作"的健康发展。这些虽然不能说是巨大的挑战，但也存在众多的不利因素。

"想象"的建构与经验的平行分享

当代发展方式之所以不能有效地运用于发展中国家，很大程度上在于其发展知识构建的路径问题。主流发展知识是西方知识体系中的重要组成部分，这些知识的形成是西方与非西方之间长期政治、经济、社会历史性建构的结果，这种建构存在的主要问题是：它是一种"想象"的生产，还包含着一种将"想象"转变成"现实"的路径。西方对于非西方的系统性认识始于17世纪，早期的航海者、传教士、海盗以及探险者通过他们的眼睛记录了大量关于非西方的信息，这些人通过他们的日记和游记等形式将非西方世界介绍到西方。那个时期西方关于非西方的认知基本上是按照西方自身的文化解读的。由于这个阶段西方还没

发展援助的未来

有发生工业革命，物质生产方式与非西方的差异并不是很大，所以他们往往把非西方人看作"尊贵的异乡人"。西方视角的"尊贵"意味着西方与非西方在物质文明方面的相对平行性，甚至很多非西方世界，如中国和印度等无论在物质还是文化等方面都有着西方当时无法比拟的文明。西方对于非西方这种相对平等的认知在西方工业革命以后就发生了很大的变化。殖民时期，西方眼里的非西方人变成了"未开化的野蛮人"，这主要是从物质文明和宗教角度认知的产物。向非西方世界输入西方的教育、宗教和生产方式以及相应的政治制度就成了殖民时期西方改造非西方的主要手段，殖民也成了西方拯救非西方的"神圣使命"。

西方殖民当局为了治理殖民地雇用了大量的知识分子，部分知识分子深切感受到了西方殖民对非西方的破坏性，开始反思殖民主义。这种反思的核心思想是他们认识到了西方在殖民地实施强制性干预的危害。反思思潮导致了其后的去殖民化运动，因此这个反思具有时代的进步意义。然而，反思西方强制干预直接导致了对非西方的新的认知和构建。这个过程第一次以科学的形式重构了西方对非西方的认识，从而形成了一个新的"非西方"知识建构：发展中国家。这个所谓的"发展中国家"实际上是一个建构的想象，只是这个建构的想象不是直接的印象，而是经过科学加工的结果。基于科学研究本身的伦理具有很大的合理性，这个过程的本意在于矫正直接的政治、社会制度移植的缺陷。通过系统的方法认知非西方世界的复杂性，从而提出相应的解决办法，这本身比基于直接印象的认知显得更为科学。去殖民化运动基本上否定了西方在其殖民地实施的一系列政治社会工程的合法性，取而代之的是，它通过西方社会科学比如比较政治学、发展经济学、发展人类学和发展社会学等对非西方社会进行系统研究，并由此得出一系列改造发展中国家的技术方案，这些技术方案在二战后主要以国际发展援助的形态呈现。

第四章 新发展知识的兴起

现代发展知识及政策方案的形成具有很大的欺骗性。首先，现代发展知识和发展方案的形成都是基于所谓的多学科认知系统生产出来的。这一生产过程基于严格的数据搜集、数据分析，具有高度的科学性。其次，现代发展知识和发展方案的生产过程严格要求对发展中国家情况进行系统分析，强调充分了解发展中国家的实际，特别强调通过自下而上的方式获得发展中国家的基本需求。因此，这样的发展知识和发展方案完全不同于殖民时代直接的强制性干预。再次，现代发展知识、发展方案的生产在战后逐步系统化、制度化和专业化，这使得现代发展知识和发展方案很难受到根本性的挑战。

现代发展知识和方案的生产过程根本性缺陷在于：首先，西方发展知识和发展方案的生产系统将发展中国家作为认知的对象，而不是作为具有生命活力的政治、社会、经济有机体，其"科学"的方法都是建立在将发展中国家看作如同植物、动物一样的物体的基础上的，很多在发展中国家进行的社会对比性试验就是一个典型的例证。发展知识生产系统强调其数据的代表性，强调干预措施有对照等一系列来源于"生物统计学"原理的社会试验是又一个典型的例证。这种基于"主客体"关系构建出来的知识，无论其方法是否科学，都会偏离发展中国家的真实状况，其结果往往是对发展中国家的"想象"，并不是真实的存在。其次，无论从政治权力、社会价值，还是经济、知识基础等方面来看，现代发展知识和方案都是在一个不平等的结构中生产出来的，发展中国家在这样一个过程中无法提供足够的能平衡西方知识认知的投入，只能变成西方发展知识系统形成发展知识的所谓"助手"和数据搜集器而已。最后，现代发展知识生产系统发育出了一整套同化非西方知识系统的制度性框架和工具，这个系统通常有能力用建设、购买服务等强有力的手段吸收、同化和收买发展中国家的本土知识，使其成为服务于现代

发展援助的未来

知识生产的工具。总之，现代发展知识和发展方案的形成过程表面上看，有很强的科学性，本质上却存在着很大的不合理性。西方通过这样一个过程构建出所谓的"发展中国家"，这个所谓的发展中国家由于其生产过程存在诸多问题，已经成为帮助发展中国家解决问题的障碍。

西方发展援助的核心问题就在于用这个知识生产系统得出的结论来帮助发展中国家，这实际上也是西方发展援助长期不能够很好发挥作用的主要原因之一。近年来，国际社会对南南合作的兴趣日益增长，不同的人对南南合作有不同的认识，这里不做太多的讨论。南南合作中的一个重要因素是，这个过程不太多涉及不平等的知识生产过程，也不涉及过多的主客体之间的关系构建，比较多涉及礼物的流动和经济利益的互换，以及在这个过程中的直接经验分享。在前殖民时代和殖民时代，西方国家曾向非西方国家进行大量的、直接的经济社会制度和技术转移，但是，这个转移是自我的延伸，存在一致性，没有涉及和当地系统的互动和融合，而西方国家和非西方国家在后殖民时代大量的互动是在现代知识构建出的"想象"中发生的。因此，西方和非西方国家之间一直没有出现过有效的发展经验的直接分享。当西方世界进入后现代化以后，这样的分享差距就更大了，这就如同把西方的福利制度、劳工标准、劳工权利、环境标准等许多后现代制度直接转移到发展中国家遇到的问题一样。南南合作的核心是在差距相对较小情况下的经验分享，这种经验分享的有效前提是分享的一方能够产生样板作用，同时其社会经济方面遇到问题与分享另一方具有很多的相似之处；其次，分享的人和另一方都具有主导自身发展的政治经济社会权力和相对独立的知识生产系统。

在过去十多年中，国际发展社会已经认识到了平行经验分享的重要性，很多国际组织都把与中国发展经验的分享作为其工作的重要内容。

第四章 新发展知识的兴起

但是，这一分享过程不自觉地产生了新的发展想象构建过程，大量的发展中国家官员、技术人员抱着发展学习的目的来中国考察，学习中国的发展经验。然而，中国今天呈现的发展状态已经与很多发展中国家产生了差距，在"差距性学习"的条件下，一定会产生通过所谓的科学研究构建出来的新知识，而这恰恰是我们应该从西方发展实践中吸取的经验和教训。实际上，对于非洲国家来讲，真正有参考价值的要素并非今天他们所看到的发展成绩，而是那些与非洲现在所处阶段相似的发展实践。实际上中国和非洲各国在政治、经济等各方面都存在诸多差异，因此，直接的经验分享并不是系统的、科学化的做法，而应提倡启发性的学习。对非洲来讲，在工业化程度比较低、以农业为主导的阶段，如何使农业成为经济增长和减贫的驱动力，是非洲国家面临的共同问题。而中国在 20 世纪 80 年代通过发展农业以及与农业相关的乡镇企业发展产生的发展和减贫等方面的经验，对于今天的非洲具有很高的参考价值。而今天中国在农村实行的低保、养老以及知识创新产业等方面的做法可能对非洲的参考意义不如前者那么大。因此，所谓的"平行经验的分享"意味着分享双方在政治权力上具有对等性、发展问题上具有相似性，以及解决方案的条件上具有相似性。平行发展经验的分享为构建新的发展知识提供了有效的路径，同时，也促成了它与传统发展知识的分野。

林毅夫挑战了什么？

毫无疑问，林毅夫和塞勒斯汀·孟加（Celestin Monga）合著的《战胜命运：跨越贫困陷阱，创造经济奇迹》（简称战胜命运）是一部具有扎实历史感和现实感的著作。这部著作与林毅夫的其他著作一起代

发展援助的未来

表了一位中国本土经济学者（虽然林毅夫本人受过美国的经济学教育，但他30年来一直研究中国的经济发展）对发展中国家发展的系统性观点，这也在某种程度上改变了中国经济学只关注自己和被他者关注的单一学术状况。这种针对域外的学术关怀是中国社会科学的新发展，这一过程是伴随全球格局的变化而发生的。当然，林毅夫不是唯一的，牛津大学的韩裔学者张夏准，他的研究也涉及这个问题。

虽然林毅夫及其合作者力图使其著作基于的经验实例更具全球化，但是他们基于的核心经验则更多是"发展中的"，甚至难以避免地有着"中国中心主义"的色彩，但这毫不影响他们观点的超越性。特别是在一个长期被认为不可能实现现代化转型的大国——中国逐渐步入全球发展中心位置的背景下，林毅夫等人的一系列研究具有格外重要的意义。因为，林毅夫和他的合作者是按照平行的感受和经验（我近年来倡导的比较远离西方现代性伦理的、处于相近发展状态的、同为西方现代化的改造对象的不同文化体的感受和经验）来看待被西方视为同类的他者的发展问题的，无论其观点存在多少缺陷，这样思考的积极意义是不言而喻的。

经济学的西方中心论

西方经济学在很大程度上是西方中心主义的产物，而其中的发展经济学的核心更是以文明由西方向非西方传播为主线，它以西方文明的条件论为基础，是一种不对等的他者视角下的非西方发展观。虽然一直都有针对西方中心主义的批判，但是基督教文明传播到非西方世界并被接受必须具备相应的条件这一意识形态，在西方社会甚至全球都根深蒂固。因此，挑战这个体系并非易事，尤其是在经济学界。

我没有足够的学术功底在这个层面贸然评价《战胜命运》一书对

第四章　新发展知识的兴起

于这样十分复杂的哲学问题的贡献，但是，该书从全球发展的历史和现实的角度有力地反驳了发展研究长期坚守的"只有通过改革创造一系列条件，经济才可能取得繁荣"的理念。他们在书中宣称，"经济繁荣只能发生在一个商业环境良好的地方，而且其增长是艰苦的政治改革的结果"的论断是一种观念的误导，这一系列被定义为"新结构主义经济学"的观点动摇了经典发展经济学的基础假设，从实证的角度丰富了替代性经济发展的思想和方案。我想这可能也是三位诺贝尔经济学奖获得者对该书给予很高评价的原因。

为了更好地理解《战胜命运》一书中被我称为"非条件下的经济发展思想"这一观点的理论意义，我们有必要简要回顾一下为什么常规的经济发展理论固守着"有条件性的发展"的观点。

所谓经济发展的问题主要来源于一个简单的比较，那就是为什么有的国家经济步入了繁荣，有的国家没有，应该说这是一个"现代的问题"。我估计哥伦布1492年携带西班牙国王给中国皇帝的信要来中国时不会认为中国是发展中国家，他计划远洋到中国来估计也不是为了帮助中国发展。也就是说至少在那个时候，估计还没有所谓的发达国家和发展中国家的划分。1492年在西方世界上算是一个标志性的时间，这个时间点被西方人看作欧洲大步进入"现代和文明"的时间——尽管非西方人可能远远早于西方人到达了美洲，但是西方人还是认为是他们发现的美洲。这个时间是文明的分界点，也可以看作现代经济发展的起源时间。

欧洲对于这个文明的解释是：欧洲的奇迹不仅仅是由于工业资本主义的发生，更重要的是欧洲人自古以来就有的智力和精神力量（欧洲的理性），外加上一系列地理环境因素，共同促成了欧洲的文明和现代化。按照韦伯的说法，这个理性在工业化时代达到了高峰，所以说欧洲的文明是欧洲人特有的，是在特定的条件下发生的，其他地区没有欧洲的这些条件，因此没有发生工业化和资本主义。如果非欧洲地区希望达到欧洲的文明和发展程度，需要具备产生这种文明的一系列条件。这就是所谓的欧洲中心主义，它也是自启蒙主义以来影响欧洲和非欧洲关系的核心意识形态。

欧洲文明论的"条件"

欧洲中心主义来自一系列基于各种条件的欧洲文明论。

第一是生物学的条件。欧洲历史上的社会意识形态，存在着强烈的生物人种优越论的观点。

这一观点认为欧洲的发展是由欧洲人在遗传上的优秀带来的。在前科学时代，欧洲人认为自己比其他的人聪明、勇敢、有进取心。到了科学时代，他们更是借助孟德尔遗传学强化人种的差异。现代科学当然不会宣传种族主义，但是，现代分子遗传学还是会从基因角度说明一些差异。尽管我们不能说韦伯是个种族主义者，他也远不是这个理论的代表，他甚至更强调非生物学因素，但韦伯的确认为欧洲的优越性来自某种微妙的遗传，这一因素使欧洲人在所有时候都更加理性。他认为非洲人不适合做工厂里的工作，中国人对刺激的反应缓慢等。我们大概认为这些种族主义的观点已经不再有什么市场。但是，正如《战胜命运》所言：亨廷顿创造了"文明冲突"这一流行却充满误导的概念，他认为文化差异是韩国和加纳经济表现不同的重要解释。2007年，法国总统萨科齐在塞内加尔的一场讲演中认为，非洲的悲剧是因为非洲还没有完全进入历史。在生物学条件中，人口是另一个重要的问题。马尔萨斯主义者认为，欧洲的文明也来自欧洲没有遭受"马尔萨斯灾难"。欧洲没有经历人口危机的主要原因是欧洲人受过教育，能控制性欲，从而控

第四章　新发展知识的兴起

制了人口的数量。埃里克·琼斯（Eric Jones）在其1981年出版的《欧洲奇迹》一书中讲道：欧洲人没有把他们的环境资源迅速用于麻木的普通生命的繁衍。我们估计想不到，在80年代这样的观点居然会产生很大的影响力。

第二是环境条件。这个理论主要是说欧洲的自然条件使欧洲人具有智力和创新的优势，文明随着纬度上升而不断加强。在论述热带文明落后的理论中有三个观点：一是炎热和潮湿对于人的心灵和身体会产生负面影响；二是热带气候对农业生产不利；三是热带地区容易发生疾病。经典的环境条件论者认为，炎热和潮湿使得土壤有机质很快分解，同时雨季到来会导致水土流失，这些在温和的北部温带地区都不会发生。

第三个条件就是所谓的理性特质。这个理论的核心是，欧洲人之所以比非欧洲人有更多的财富和更高水平的文明，主要原因是理性。韦伯是这个理论的主要代表人物。韦伯认为，欧洲资本主义的发展从根本上来说是智力的演进，是人类理性的升华，是从古代到现代社会智力和道德观念的升华。欧洲人的理性促生出欧洲人的经济道德观念和新教运动，这些最终使资本主义得以出现。当然，韦伯主要是在说明现代资本主义的产生问题，他的确也没说其他地区以后不会产生资本主义。但是韦伯是傲慢和悲观的，他认为欧洲的理性达到了极点，我们很难想象他能预测中国会变成今天这个样子。其实韦伯的理性理论比环境和人种理论更加形而上学，几乎是彻头彻尾的唯心论。韦伯对于世界很悲观，可能他觉得欧洲已经升华到了顶点，这个升华过程靠的是理性，非欧洲人没有这个理性，所以很难达到欧洲人的文明和现代化的水平。

第四是政治社会条件。这个理论认为，一个中等规模的、很好组合的、比较民主的国家，是欧洲政治文化内在的东西。这种国家形态自然并且合理地由热爱自由的、个人主义的、反对独裁的欧洲人创造。欧洲的这些国家相互竞争合作，提供公共服务，鼓励经济自由发展，就像一个大家庭一样共同走向现代化。这一理论在道德化的后殖民主义发展阶段逐渐演化为新的"有条件的发展理论"，诸如良政与治理是发展的基础，教育和基础设施以及开放的市场是发展的重要条件等。

除了政治制度外，还有教会和阶级的条件。社会学家贝希勒认为，产生欧洲奇迹的原动力是欧洲的贵族阶级，因为贵族阶级发明了民主和私有财产，这些都是资本主义的核心要素。欧洲的奇迹不仅仅来自政治，也来自其他社会原因，如家庭的规模等。欧洲的晚婚和很多人不结婚以及核心家庭和新居家庭模式都有利于资本主义发展，因为这样的制度为每个人都设定了结婚和生育的条件，这就需要年轻人有进取心去储蓄。《战胜命运》一书对这些条件均做了基于实证的反驳。他们引用哈佛大学经济学家的《腐败在美国》一书的观点和发展中国家治理腐败的案例，提出了过度迷恋良治会导致公共政策偏离到错误的发展目标上、混乱和空想常常置公共政策于困境的观点。

中非实践能否挑战欧美

辩论欧洲文明的内因和外因不是我的意图，从经济学角度评价这部书也不是我能够胜任的。作为一个在非洲和国内从事发展实践的工作者，我更多地关注当一个国家不具备那些发展条件时，经济会不会发展。林毅夫和孟加展示了"有为政府"通过政策发育发展机会的理论框架和其他成功的实践案例。

对于文明为什么出现在欧洲的问题，读者有兴趣可以参考琼斯的著作《欧洲奇迹》和布劳特（J. M. Blaut）1993年出版的《殖民者的世界模式》。前者系统论述了欧洲奇迹发生的各种条件，后者则对这些所谓的条件做了针锋相对的批判。实际上，作为发展条件理论核心的欧洲人的理

第四章　新发展知识的兴起

性优势的观点早已破产。英国人曾经认为德国人不接受新的思想，很难唤起他们的工作激情；美国人也曾经认为日本人懒惰；中国和印度也曾经被缪尔达尔认为不会出现经济增长，但是这些国家今天是什么样不言而喻。即便那些承认发展的多元性结果的社会学家，也还是按照传播主义的路径给了这些非西方的发展案例所谓的多元现代性的解释，因为这些国家在文化上接受了现代性的要素。不能因为《战胜命运》的两个作者均为受过西方教育的杰出经济学者，就认为他们的很多观点一定是新颖的，但的确站在平行感受和经验角度提出针对曾是同类的他者如何发展这样的问题，这样的经济学者估计不会很多。这也是我们这些从事发展研究工作的非经济学家可以从这本书中学习到很多东西的原因。

第五章　新发展机构的出现

无论是世界银行还是各大区域性发展银行，都是布雷顿森林体系下发展出来的发展机构。这些发展机构与发达国家的双边机构相互配合通过一系列的资助工具支持发展中国家的发展。然而对于世界银行的批评由来已久，世界银行在20世纪80年代发起的结构调整计划给很多发展中国家，特别是非洲国家带来的负影响被认为是灾难性的，世界银行对此也是承认的。在过去七十多年中，以世界银行为代表的国际发展机构出现的低效率、泛政治化等问题广受社会的批评，由此催生了新的发展资助机制。亚投行和金砖银行是自布雷顿森林公约以来，由发展中国家首次发起的发展资助资源体系。

从斌椿到亚投行

1866年3月，差不多一个半世纪前，清王朝接受了中国海关总税务司赫德的建议，派出退休的山西襄陵知县斌椿为首席代表，率团赴欧，一行游访英、法等11个欧洲国家，开创了中国官方出国考察的先河。维多利亚女王没有在意斌椿已经退休、只是在赫德手下做秘书工作的身份地位，而是把他视为大清王朝的官方代表，并为中国的使者举办了由400多位公爵，侯爵大臣加上夫人小姐共800多人参加的盛大宫廷

第五章　新发展机构的出现

舞会。维多利亚女王亲自接见了斌椿一行。这位平生第一次见到照片，第一次见到"人烟稠密，楼宇整齐，街道整洁"的城市的他对女王说："得见伦敦屋宇器具，制造精巧，甚于中国。"

一个半世纪后的 2015 年 3 月，英国政府居然背着他的"大老板"率先宣布加入由中国发起的亚投行。纵观这 150 年之巨大变化，我们完全可以理解国人对于西方除了美国、日本，纷纷加入亚投行而产生的由衷喜悦。中国倡议成立亚投行，以及西方发达国家的纷纷跟进，被热议为全球中心权力转移的象征。

实际上，亚投行这样一个看似纯属经济金融性的机构蕴含着太多历史的和未来的含义，至少从文化上讲，全球中心的转移仍然是西方中心主义的视角。

中国人是先有天下，后有自己

中国自古以来的哲学视角就是整个世界。这种哲学是以"天下为己任"的天下观，"国"是在"天"之下的。20 世纪 60 年代，周恩来总理曾经就我国的对外援助指出，"我国的对外援助更多的是中国传统的思想"，指的就是这个意思。习近平主席提出的"建设和谐世界"的理念也反映了当今中国世界观的全球视角。中国古代"周行天下"的心境与"建设和谐世界"的情怀都表达了中国与中国之外的世界关系的文化逻辑。正如王铭铭先生讲的那样，这种"天下"的世界观与西方关注人自身的世界观是不同的。中国人是先有天下，后有自己，这里有以我为主的思想，更重要的却是非结构性的天下观。所以，中国人在逻辑上对"权力"转移的概念不感兴趣，更关注"我"和"他"的关系。

发展援助的未来

中国重新进入了把握西方的历史时期

随着中国的迅速崛起，特别是金砖银行、亚投行的倡议引发了国际社会对中国的"新殖民主义"和"新帝国经济主义"的指责。这种指责一是着眼于全球化时代的经济行为，二是仍然基于西方的"我"与"他"的历史经验。西方和非西方的这种关系从一开始就是单向性的。从非西方获取和改造非西方是西方与非西方关系的核心。中国古代与异域世界的联系更多的是去获得不能获得的精神和物化产品，并通过赠予中国存有的产品从而形成礼尚往来的文化范式，这个范式是互惠互利的。中国人即使在全球化的经济行为中，也总是强调互惠互利，其背后的逻辑依然是平等道义的文化伦理。

中国在盛唐时期，国力发展到鼎盛，自然产生了对外文化传播的条件，形成了强烈的文化自信。今天我们强调的制度自信，其很大程度上也源自中国的文化自信。这种文化自信是支撑中国文明延续的基本动力。同时，中国文化有着强烈的谦卑要素。唐鼎盛的时期，中国派出玄奘出使印度，获取来自异域的精神营养丰富中国社会的秩序。无论从清末开始的洋务运动，还是共和革命以及改革开放都贯穿了"洋为中用""他山之石"的思想。这是中国和世界联系的文化基础。

近代中国有很大的文化虚无主义和自我否定主义倾向

清朝开始，中国走向文化自闭，这与统治中国的满人的中原文化植根性不足有关。清朝统治集团排斥汉人的政治封闭也导致了清朝对异域的排斥，从而使清朝政府从国家层面无法面对世界文化。乾隆否定大英帝国经商并歧视异域的策略导致近代中国不能很好地吸收西方文明。

第五章　新发展机构的出现

清末洋务运动的启动也正是对植根于中国文化中的谦卑要素的文化反思。乾隆盛世时代，没有充分继承中国文化的自我反思和学习精神，导致盲目自大和国力衰退。而在国力衰退的情况下，对自身的反思在没有物质文明支撑的情况下很容易导致自信的消亡，以至于出现对自我文化的否定，导致最终被西方他者化。中国近代的文化批判具有很大的文化虚无主义和自我否定主义倾向。

改革开放以来，中国的快速发展使中国在全球事务中的影响力不断提升，这为中国文化自信的恢复提供了物质条件。中国改革开放以来的政治领袖，熟谙中国文化和文明中的文化自信，同时又深切体验到封闭自我的恶果，不断告诫我们要韬光养晦。今日之国家强盛的物质文明再次将中国文化的自信呈现在世界面前。所以，从某种意义上说，与其说中心转移，倒不如说是中国文化自信的时代呈现。

西方与非西方的关系，从商业资本主义开始到现在，基本上都是建立在自我中心主义的框架之上的。西方的海外使者，均以优越的视角出现，以改变和征服为手段，形成了西方和非西方在认知和实践上的逻辑范式。所以用西方中心主义的视角看待中国的崛起，把这种呈现单纯解释为"新殖民主义"和"新帝国资本主义"是有失偏颇的。

清末以来，中国文化自信的消失以及"被对象化"，导致了社会科学的被殖民化。社会科学一直扮演着协助西方认知中国的角色，这在客观上极大地削弱了中国与西方可能构建的良性关系，中国与西方变成了一种不平衡的主客体结构。王铭铭先生在他的《西方作为他者》一书中清楚地阐释了中国与西方不同的世界图式和保持文化自信和谦卑的重要性。今天中国在国际上的一系列表现与其按照经济学家解释为资本输出、产能输出，被国际政治学家解释为中国的全球话语权增加，倒不如说是中国重新进入了把握西方的历史时期。亚投行等一系列具体的历史事件，则可被认为是对如何把握西方的历史尝试。这背后是中国人的以"天下为己任"的世界图式的现代呈现。

多数社会科学家按照西方框架关注中国自身

最后，我曾经在2015年中国发展高层论坛上提出，亚投行体现的不仅仅是一个经济问题。其实我想说的是，中国对世界的贡献，不应该只限于经济，在经济上为世界做出贡献的国家是很多的。日本作为东亚文化的组成部分，在全球经济中有着十分重要的意义。但是它全盘西化，尤其是它的政治意识形态。政治意识形态是文化的重要组成部分，日本存在着某种程度的政治与文化的隔离，所以日本的全球意义就与它的积极贡献不一致，导致日本不断和中国竞争。我不是政治学家，在此不讨论政治制度的优劣，但是很多人都接受中国的崛起源于它自身独特的制度形态。我之所以把中国今天的许多举措看作把握西方的历史尝试，原因在于我们长期以来文化知识生产的社会科学在认知体系上的扭曲。

清末以来中国的落后导致中国逐渐进入被西方作为他者的历史。现代意义上的社会科学家，有意识或无意识地成为西方认识中国的工具。大多数社会科学家都是按照西方的框架来关注中国自身发展的，形成了虚无的中国主义认识论。我们几乎没有真正意义上的异域研究。当中国在封闭状态遭遇西方的时候，由于缺乏对西方的研究，很快被"他者化"了。今天，当中国具有把握西方的历史机遇的时候，但如果没有王铭铭先生所说的把西方作为他者的知识体系的话，中国与西方乃至与整个世界的关系构建将仍会十分困难。

第五章　新发展机构的出现

亚投行是替代性的"发展知识银行"吗？[*]

亚投行将不得不考虑发展知识在促进发展基础设施方面的作用。如果亚投行要在实现自己的目标的同时为其他国家在发展过程中提供宝贵的经验，就不能简单地采用现有的知识框架。迄今为止，亚投行已经认真地学习了现有发展机构的许多实践经验教训，但并未充分重视知识在其运作中的作用。亚投行面临的挑战将是如何从现有机构中吸取经验和教训并形成替代形式的发展知识，以有意义的方式指导其运作。实际上，亚投行无法回避在基础设施领域一些重要的争论，例如市场和国家角色的争论。亚投行在这方面面临的挑战是如何将成功的发展经验以及来自中国和其他新兴国家的经验教训理论化为系统的知识基础。

虽然亚投行的目标应该是建立自己在这些核心发展问题上的发展知识库，但是我们建议亚投行应该从集中关注与基础设施有关的方面开始。这可能包括技术和实践方面，比如项目设计和实施，包括从工程角度、从不同类型的国家角度看。将这些因素与发展影响联系起来，可以为贫穷国家提供技术援助，帮助制定和实施能最大限度发挥影响力的有效措施。在这方面，亚投行可以为包括多边开发银行、国家开发银行和私人投资者在内的各方提供可供模仿的最成功的项目案例。知识创造不仅应该涵盖在不同情况下为基础设施融资提供适当的金融工具等内容，

---

[*] 本文原载于2016年3月IDS出版的Evidence Report No. 179：Rising Powers in International Development；The Asian Infrastructure Investment Bank：What Can It Learn From, and Perhaps Teach To, the Multilateral Development Banks? 第六章第三节；作者：Stephany Griffth-Jones, Li Xiaoyun, Stephen Spratt。

同时也应涵盖更广方面的问题，例如鼓励投资于可再生能源的政策框架。如上所述，关键是要确定有关环境标准之间可能的权衡和满足不同类别借款人发展需求这两者的最佳处理方式。

借鉴世界银行的经验，亚投行不仅可以专注于知识的创造，而且还可以通过专门的培训机构（如世界银行或亚行研究所）进行传播。它还可以利用自身日益增长的知识积极参与技术援助。

虽然亚投行的重点将放在替代性和新思维上，但这种知识建立还应以世界银行和其他多边开发银行和国家开发银行、联合国机构和私营部门等机构，以及不管是发展中国家还是发达国家的一系列学者和从业者的现有知识中的许多积极因素为基础。同时，合作研究也可能是实现这一目标的最好方法。

亚投行应成为新型发展知识银行

继英国宣布加入由中国主导的亚投行之后，多个欧洲国家宣布跟进。澳大利亚、加拿大也在积极考虑加入亚投行，最后连最坚定反对亚投行的日本和美国的态度也开始松动。事实上，西方国家纷纷加入亚投行，虽然在很大程度上是出于经济功利主义的考量，但不可否认的是，它预示着长期主导国际发展格局的布雷顿森林公约的解体。严格意义上来说，过去几年中围绕着亚投行的争议实际上不仅仅是资金监管透明的技术问题，更是两种发展范式的较量。虽然中国在这场战役中显然赢得了初步的胜利，但是亚投行能否有效运转将在很大程度上取决于以下几个方面：

第一，亚投行需要吸取已有的多边金融发展机构的经验，继承这些机构实行的行之有效的理论和方法，但是必须清醒地认识到，主导现行

第五章　新发展机构的出现

发展体系的理论是新自由主义和新制度主义的结合。西方发展理论是自启蒙主义以来，尤其是工业化以来在西方特定的社会文化和经济政治体系下形成的理论和实践框架，它有效地推动了西方国家的发展，从而使大多数西方国家成为发达的福利主义国家。但是，应用西方发展的理论框架指导发展中国家的转型却遇到了重大的挑战。国际发展领域长期以来质疑西方主导的发展理论，倡导替代性的新型发展框架。中国过去30年的成功经验一直被作为这一新型发展方式的可能代表。因此，亚投行未来的真正价值在于其代表的发展方式的替代性。从这个意义上讲，亚投行首先应该是一个新型发展知识银行。

第二，现有的国际多边金融发展机构，例如世界银行、亚洲开发银行等，其管理系统是在西方技术官僚框架下逐渐形成的，是按照所谓去政治化的行政技术程序建立的。这一系统在很大程度上确保了透明和廉洁，但是其管理成本高昂，程序复杂，其运行的程序与发展中国家的行政技术能力不相适应，事实上存在相当程度的资金浪费。因此，这些国际多边金融发展机构备受国际社会的诟病。亚投行建立过程中，西方国家一方面不愿意失去中国经济发展的机会，同时又不希望中国的发展方式和中国高效的行政管理模式主导亚投行，一再使用所谓的透明、责任等话语迫使中国让步。因此，亚投行必须清醒地认识到西方主导下的多边金融发展机构在管理上存在的问题，不能够全盘照搬现有国际多边金融发展机构的管理模式，应按照公平、透明、高效的原则发育基于新型发展知识框架的管理系统和执行工具。

第三，应该认识到，现有国际金融发展机构的战略和政策都是基于系统的发展知识生产运行的。中国以及其他的新兴发展中国家虽然在本国的发展实践中取得了引人注目的成就，其发展战略和政策都具有很大的替代发展的特点，但是长期以来缺乏系统的发展知识创新与生产，其发展成就无法在理论上与西方发展理论对话。因此，亚投行应学习西方发展知识的创新和生产机制，支持自主性发展知识的创新和生产。

与亚投行争，日本的钱不一定管用

日本准备在今后5年投资1 100亿美元支持亚洲地区基础设施建设的消息，近来颇受关注。很多媒体将此解读为日本与亚投行展开主导权之争，遏制中国影响力的快速增长。

中国倡议建立金砖银行和亚投行，获得发展中国家和国际社会的广泛认可与支持。其中，亚投行还吸引了诸多发达国家踊跃参与。但很多人在谈到中国这些做法时，将其简单归结为中国有钱。日本投放千亿美元的初衷，很可能也是基于这一假定，即亚投行虽然注册资本是1 000多亿美元，但那是57个创始成员国的集体出资，而非中国单方面出钱；而现在日本一国就拿出千亿美元，这样显得日本比中国更大手笔。

我们无意评论日本此举意图何在，但若其中确有遏制中国影响力快速增长的目的，那其做法的实际效果可能有待商榷。

将中国全球影响力迅速增长的原因简单归结为经济实力是不全面的。在全球化时代，一国影响力当然不能没有强大的经济实力作为基础，但这绝不仅仅是经济和金融实力的问题。工业革命以来，世界上先后出现许多经济上强大的国家，它们都对全球事务产生过重要影响。但在这几百年中，真正起主导作用的国家只有两个：英国和美国。英美在不同时期产生如此巨大影响力的背后，不仅仅是其经济强大，还有英国肇始的资本主义工业、美国引领的全球资本主义在全球的扩展和蔓延。如果考虑到其他经济强国均未达到英美这般高度，我们甚至可以说后一因素对一国的影响力比经济实力更为重要。

第五章　新发展机构的出现

经济实力的全球化确实在提升中国国际影响力方面起到一定作用。但我们不能忽略的事实是，虽然中国经济在过去几十年取得空前发展，但现在仍然落后于美国。若按人均计算，中国更是无法与发达国家相比。那么，究竟为什么中国的影响力如此之大呢？

很多发展中国家长期接受发达国家援助，结果还是处于落后状态。随着中国的发展和取得的成就，它们从中看到不同于西方发展方式的要素。中国在发展中国家的影响力不仅仅是钱的问题，更是一个可能影响发展中国家摆脱贫困可选路径的问题。其实，在中国经济还未达到现在这般高度时，中国在发展中国家就已经拥有极高声誉，其中道理是一样的。

日本在明治维新以后迅速成为亚洲强国，其在战后经济发展中走出了颇具特色的经济发展之路。在此基础上，日本同样为发展中国家提供了巨额援助。改革开放以来，中国从资金、技术等方面也向日本学习了很多，但日本的脱亚入欧和完全西化，使日本的发展经验在发展中国家呈现与西方如出一辙的框架。发展中国家当然希望日本继续提供资金技术，中国也欢迎日本投入巨资支持亚洲基础设施建设，但如果日本所作所为确实存在与中国展开影响力竞争的意图，那其意图必定落空。显然，更接近于发展中国家现实需求的独特发展经验，才是中国国际影响力日益增强的根本所在。

第六章　中国与新发展知识

21世纪初,世界对于中国的关注骤然升温。在世界银行与中国政府于2004年在上海召开的全球扶贫大会上,"中国发展经验""中国发展模式"开始成为国际发展领域高频使用的概念。国际社会关注的焦点在两个方面：一是中国没有完全遵循西方发展理论的框架,却实现了大规模的减贫和高速的经济增长,这两个目标是国际发展体系在过去几十年中努力追求的目标,但却没有能够如愿,所以他们非常希望了解所谓"中国发展的秘密"；二是国际社会非常希望了解中国的这一经验是否可以在其他发展中国家推广应用。在过去的十多年中,中国与其他发展中国家的发展交流与学习日益频繁,但是对究竟什么是中国经验,其他发展中国家能否借鉴中国的经验等问题,并没有给出很好的答案。中国无论从政治、经济、社会条件还是历史方面来看都与其他发展中国家不同。很显然,中国的发展经验无法直接复制到其他发展中国家。我们既反对在国际上盲目地推销"中国经验",也反对在中国与其他发展中国家的发展学习中设置新的"条件论"。本章以农业发展为例,从发展知识和发展经验等角度讨论中国发展经验的可参考性。

第六章　中国与新发展知识

中国能为世界提供什么？

中国对外援助的发展阶段

在国际发展援助和国内外形势等因素的影响下，中国的对外援助大概经历了以下几个阶段：

第一阶段，新中国成立以后，中国人民从此站起来了。一个大国成功地实践了西方的理论——马克思主义理论，并进行了社会变革。这个社会变革的意义是非常大的，土地改革、妇女解放……中国发生了非常巨大的变化。那些处于被剥削状态的国家，看着中国的成功，也想学习中国革命的经验。所以，那个时候中国的对外援助要支持进行革命的国家，即所谓的"革命输出"。此时的支持，是不附带任何条件的，也是不计代价。比如修建坦赞铁路，耗资巨大，如果放在今天，坦赞铁路是很难完成的。当时的我们不计代价，只因为那是那个时代的一种特殊需要。

第二个阶段，到20世纪80年代，我们的经济发展比较落后，国际形势和国内形势的发展，使得"支持革命"不再成为可能，中国开始实行改革开放。在这种情况下，中国进入对外援助的第二个阶段：互惠互利。这意味着，中国将不再像过去那样无偿地为其他国家提供援助了。然而，虽然我们的经济也很困难，但中国还是坚持拿出一部分财政收入支持其他国家。为什么在那么困难的时候我们还要支持其他国家呢？因为我们过去支持非洲，非洲也支持我们，把我们"抬进了联合国"。他们都是中国的老朋友，还需要保持必要的联系和相互支援。2015年12月，习近平主席访问津巴布韦，都还在讲"中国人不会忘记

发展援助的未来

老朋友"，可见"老朋友"对中国的重要性。

第三个阶段，到 21 世纪，中国进入一个新的历史时期，进入一个开始尝试性地把握世界的时期，中国现在越来越自信了。在这种情况下，我们的对外援助相应进入一个新的时期，对外援助正在成为中国在世界上谋求应有的位置的重要支撑。通过对外援助和一系列外交活动，中国正积极谋求在世界经济贸易中的应有位置，并逐步确立自己在国际社会的话语权。正因为如此，习近平主席在联合国可持续发展峰会和南非约翰内斯堡中非合作论坛上做出了一系列承诺。由此可以看出，我们的对外援助正在成为支持中国发展的一个重要战略，中国的对外援助正成为中国对外关系的一张名片，成为构建中国对外形象的重要途径。

中国开展对外援助的缘由

中国为什么要进行对外援助？这既有政治方面的原因，也有经济方面的原因。这里主要就以下三个方面做重点说明。

第一，对外援助越来越多地和我们每个人的生计直接相连。国内的人们通常不太理解，对外合作对我们的生计到底有什么意义？其实，出口非常重要，我们在长江三角洲、珠江三角洲经济带制造出来的产品，大部分是出口到国外的，对外贸易与合作养活了很多企业，在这些地区形成了很多产业，进而提供了很多就业岗位。然而，一旦我们的产品无法出口，很多人也就失业了。通过开展对外援助，推动中国与其他国家的贸易合作，增进双方之间的关系，是有益于国内经济和民生的，也和百姓生计息息相关。

第二，作为发展中国家，中国从世界经济的发展中获得了巨大的收益。在加入 WTO（世界贸易组织）以后，中国发生了巨大的变化，中国的人口红利、劳动密集红利等，都是在全球化条件下实现的。在过去

第六章　中国与新发展知识

30年里，中国从一个贫困的国家变成世界工厂，国际社会到处都是中国制造的产品，我们每个人工资福利的增长就有世界上很多其他国家的贡献。所以，中国和世界是一个整体，不再是分开的。

第三，对外援助和国内的扶贫并不冲突。其实，中国政府对扶贫的投入并没有减少，一直在增加。而中国每年用于对外援助的钱是很少的，只占国家财政预算的很小一部分，和教育投资等国内很多方面的投入相比，差得很远。

现在的国际社会处于经济全球化过程中，我们的经济发展，依赖于国际市场和其他国家提供的能源资源，需要同国际社会进行各种贸易合作，同时，我们的企业也要走出去，等等。开展这些经济活动，我们就需要和其他国家打交道，到这些国家投资，做生意。目前，中国的产能已经过剩，亟待开拓国际市场，将我们的产品转移出去，这可缓解当前国内产能过剩的现状。所以，为了更有效地推动中国与其他国家的关系，我们有必要拿出适当的钱去援助这些国家，如果等到中国的问题（比如扶贫问题）解决以后，再去援助他国，无论从逻辑上还是从情理上讲，都是不可行的。

总而言之，我们到一个国家投资，不能只取不予，在使用他国的资源和赚取当地人们的钱的同时，应该多做一些公益活动，让当地政府和人们都能从投资中获益。因此，我们还有很多方面需要改进。首先，开展对外援助也应注重提高效率。目前来看，我们在受援国建设的基础设施比较多，如公路、桥梁、学校等，让很多人觉得这些都是形象工程，客观上会引起很多人的误解，未能达到援助的口碑效果。其次，在对外援助的评价方面，中国做得不够。我们的对外援助体系和西方的援助体系不一样，尤其是对外援助的评价体系方面，另外还涉及援助数据的公开和评估等各个方面，在这些方面，中国是需要改进的。第三，对外援助应该考虑受援国的具体情况，把工作做细做好，才能使对外援助取得更大的效果。比如，我曾到过一个中国的施工工地，当时使用的插销板都是中式的，而当地使用的是英式的插销，所以，这样的插销板就没法使用。类似这方面的具体问题还有很多，这虽然是一个很小的问题，但也反映了我们对外援助的一些不足，工作做得不够细致，这会影响中国对外援助的效果。

另外，在当前中国的发展阶段，中国的援助应保持中国特色，有些做法还应该坚持。第一，中国应该建更多的形象工程。一方面，修建公路、铁路等基础设施比较实用，很容易达到宣传的效果；另一方面，修建类似会议中心等设施，虽然与人们的生活相关度差一些，但也可以减少受援国政府的预算，当地政府可以用这笔预算去做其他的事情。第二，坚持推行援建项目。进行基础设施建设，对我们的好处很多。中国人自己去修，主要使用自己的原材料，这与国内的经济构成了互惠互利的关系。相反，直接将钱给受援国的做法，并不能达到经济上互惠互利的目的。

中国发展知识能成为世界性知识吗？——以农业发展知识为例[*]

中国的发展实践在西方发展理论框架中一直被作为一种"地方性"的发展实践，这样一种地方性发展实践所形成的认识也被归为所谓的地方性知识。这样一种划分，主要是在以西方为主体的工业化的知识体系主导全球化过程中形成的。我们一般认为，工业化的知识体系属于全球

---

[*] 本文原刊载于微信公众号 IDT，作者：李小云、唐丽霞。

第六章　中国与新发展知识

性的知识体系。

中国发展的地方性实践正在逐步由中国本土范围拓展至世界各地，这也是国内外学者开始关注中国在域外活动的主要背景。一方面，随着中国在域外活动的不断扩大和深入，中国地方性的知识也自然会出现所谓的知识漫游，因此也就出现了所谓中国地方性知识世界化的讨论。另一方面，中国政府也在通过各种方式积极推动中国走向世界的中心，加上国际发展体系对中国发展经验的支持，都在很大程度上推动中国发展知识逐步进入主流性和支配性的国际发展知识体系。

中国的发展是全方位的，但从其与全球的相关性和对其争议性角度讲，尤其是与发展中国家发展的相关性来讲，农业的发展和减贫构成了中国发展知识中争议较少的内容之一。这一领域实际上也是近年来与国际主流和支配性发展知识体系交流最多的领域。因此，理解中国农业发展与减贫是否具有更广泛的国际意义对于我们认识中国发展知识的全球意义非常关键。

在过去十多年中，无论是中国政府推动的，还是国际发展机构发起的或者是由很多发展中国家提出的大多数的中国发展经验的交流与分享活动都涉及农业和减贫，各方面达成的一致是中国以占世界7%的耕地养活了占世界22%的人口，同时贫困人口减少了7亿多。既然中国可以在短期内取得这样的成绩，那么其他发展中国家也应该可以。当然，从比较发展研究的角度讲，这样的学习逻辑过于简单。我们这里不对此做基于条件决定论的讨论，而希望在资源禀赋和人口与经济社会转型的框架下讨论一下中国农业与减贫发展经验更为广泛的意义。

我们在坦桑尼亚进行了三年的农业与减贫的实地示范工作，这一工作是简单的"技术输出"，我们称之为"平行经验"的分享。这一工作的基本假设是：坦桑尼亚是一个土地相对丰富、人地比例较高的国家，

发展援助的未来

在这样一种条件下,坦桑尼亚很多地方的小农都形成了相对粗放的农业生产模式,也就是说,由于劳动力比土地稀缺,导致农业生产的粗放化和低集约化,产量很低。以普通小农户玉米种植为例,很多农户户均土地都在10英亩(1英亩约合6.07市亩)以上。

所以一直以来,坦桑尼亚政府都希望通过发展灌溉和机械化提高农业生产效率。主要的问题是通过灌溉以及农业机械的投入,虽然可以大幅度提高土地生产率和劳动生产率,但是,这需要资金。坦桑尼亚商业银行贷款利率高达25%,资本的严重匮乏限制了发展资本密集型的劳动替代性农业技术体系。据此,我们提出在资本严重缺乏的国家中,土地资源的丰富对农业的发展不具有实际意义,除非通过投资发展大型商品化农业,但这又无法解决小农的发展问题。

在这种条件下,我们把自然禀赋下的人地比例调整到社会经济条件下的新的人地比例,即我们假设示范村的农户土地相对稀缺,从而展开了在坦桑尼亚实地示范劳动密集型农业技术的工作。这一工作的主要内容是每户种植一英亩玉米密植田,从整地、选种精播、密度由通常的6 000多株/英亩提高到15 000株/英亩,增加了间苗除草等环节,经过3年的示范,参与示范的农户玉米产量普遍由每英亩150~250公斤提高到500~1 000公斤。按照通常农户每户每年种植2~3英亩的玉米,每英亩产量在150~250公斤计算,改良后种植1英亩集约化玉米的收益明显提高。

劳动密集型农业技术是中国农业发展知识体系中最为成熟的内容之一,这一体系是在人多地少的环境中发育出来的。实际上,这样的技术体系并不是中国独有的,在亚洲很多国家都很普遍。我们在非洲的马拉维也发现了与很多人想象的"非洲人比较懒、不适合发展劳动密集型农业技术"不同的情况。

第六章　中国与新发展知识

马拉维与坦桑尼亚在人地关系上呈现出不同的特点,玉米也是马拉维的主要粮食作物,其长期以来形成的传统的小农玉米种植技术从整地到垄作以及除草等环节与中国山区旱作玉米种植技术极为相似。由于现代投入品的缺乏以及土地的相对稀缺,迫使马拉维农户玉米生产呈现出劳动力比中国更为密集的特点。

据我们的估算,玉米种植由于需要整地、起垄、除草等,用工量高达20多个。马拉维小农玉米旱作技术基本上是完全依靠农户自己的资源运行的。无论劳动生产率还是土地生产率也几乎达到了这种传统技术体系所能达到的最高水平。按照这样的水平,在人口不增加的条件下基本上可以维持家庭成员的主粮消费,所以说,这个小农体系应该是高效率的。

这与中国在改革开放之前很长一段时间农村维持低水平食物安全的情况是相似的,但是坦桑尼亚的情况则不太相同,我们从事研究的地区的农户玉米的产量在同样是旱作的条件下要远低于马拉维很多地区农户的玉米产量。在我们研究区域的坦桑尼亚农户玉米种植的密度基本上在6 000~7 000株,而马拉维的农户的玉米种植密度可以达到12 000株。这样就说明了在人口规模不断增长的情况下,通过劳动密集型的农业技术即便没有大规模的化肥和灌溉投入,依然可以解决较低水平的食物供给,也就是说食物性贫困问题。

通过对中国的特点、坦桑尼亚的特点和我们在坦桑尼亚的示范以及马拉维的案例的简单比较,暗示了不同的地方性知识的世界性意义以及中国发展的"特殊论"的质疑问题。各地方的地方性实践的相似性同时暗示了相关"技术输出"伦理的合理性。

当然,我们需要认识到若将中国成熟的农业劳动密集型技术与马拉维这样的国家实践的劳动密集型技术分享到其他类似国家,也会由于基

发展援助的未来

本劳动分工的变化从而引发相应的社会秩序的变化，如我们在坦桑尼亚的示范中，由于妇女是农业的主体，用工增加导致了原有的劳动分工模式的变化，妇女负担加重，等等。

但是这个分享过程显然不是在基于建构性知识的权力和技能完全不对等的条件下发生的"发展干预"，而是我们反复说的"平行经验"的分享。这一个比较也说明并不仅仅是西方和中国才可以向发展中国家传播知识，相反，发展知识的分享实际上也应该是多方向的。

当代发展研究中最大的问题就是"悖论纠结"，一方面我们希望通过各种援助和支持改善贫困群体的生活水平，但同时，我们又接受了很多后殖民主义的批判发展思想，造成了对发展实践的扭曲。

中国发展知识体系中有关小农和减贫另一方面的经验是突破收入约束的路径，或者我们称之为农村改革。坦桑尼亚的案例说明，在人少地多的情况下，小农对资源的利用效率不高，甚至无法实现低水平的食物安全，而在马拉维，小农相对来说是高效的，但小农也是贫困的，这就是所谓的"高效而贫困"的困境。

非洲国家和国际组织对中国如何突破这个困境非常关注。中国的小农在人多地少的条件下，实现了土地高度的集约利用，土地生产率很高，但是，中国过去的人均农业劳动生产率一直是比较低的，这与人口的增长和土地有限有关。中国长期以来被视作一个农业发达的穷国（不是指现代意义上的农业发达）。

后期中国农业劳动力生产率的提高是在两个条件下发生的，一个是在工业化的条件下，国家通过灌溉、农业科研、农用工业的投入大幅度提高了土地生产率和劳动生产率。二是非农产业，尤其是农业发展之后乡镇企业以及劳动力的流动和城市化等，大幅度提高了农民的收入。所以，突破收入约束的路径主要是工业化。而推动这个过程的主要机制则

第六章　中国与新发展知识

是国家发展主义的逻辑。这是目前有关中国发展知识国际化讨论中最有争议的。

林毅夫一方面倡导"有为政府",另一方面将其新结构经济学的理论付诸非洲的实践。值得注意的是埃塞俄比亚工业化的进展也显示了发展劳动密集工业化的可行性以及非洲发展型国家的实践,这也是平行经验在工业化领域的实践。

无论是农业还是工业化方面的知识在域外的漫游都意味着基于中国在场性的发展知识正在具有一定的世界意义,实际上中国的知识从来也没有脱离过世界。与这些正式的"输出"不同的是,中国真正的"发展使者们",如漫游域外的商人、投资者、外交官、援外专家和学者等都在其日常生活中"输出"中国的发展知识。这就是英国知名的发展学家伊恩·斯科恩斯(Ian Scoones)说的"正在出现的令人振奋的新的发展叙事"。

这一过程不可能重复殖民和帝国的繁荣趋势,但是我们也需要有足够的政治警觉性避免新的文化霸权。新国际发展研究的使命可能也在于在推动替代性发展实践的过程中,把握这种新的互动中的伦理与行动。

中国学者眼中的国际发展合作[*]

自 2018 年 3 月国家国际发展合作署宣布组建,到 4 月该署挂牌,"国际发展合作"开始进入大众视野,相关讨论也开始频繁起来。可以说,新机构的设立将为提高我国在全球经济治理方面的制度性话语权做出贡献,也能为探索构建人类命运共同体开辟新路径,但从长远来看,

---

[*] 本文原载于微信公众号 IDT,作者:徐秀丽。

发展援助的未来

要从根本上缓解援助碎片化问题，提高援助效能，实现宏伟目标，尚需更多努力，尤其在学科建设、专业队伍打造、专业知识生产等基础性工作方面，需放眼长远，早做准备。

具体而言，三个问题可供探讨，以此来抛砖引玉。第一，国际发展合作到底是什么？它和我们一直倡导的南南合作以及不断兴起的三方合作是什么关系？要回答此问题，需回答"我们是谁"这样的哲学问题。第二，根据改革方案，国际发展合作要更好地服务国家外交总体布局和共建"一带一路"的倡议，但具体服务的方式是以支持我国在海外的经济利益为主，还是以更为单纯的公益性对外援助为主？要回答此问题，需要厘清的是国际发展合作政治性、商业性和公益性三重目标之间的关系。第三，新机构设立，但在人员储备、理论根基上是否能跟上迅猛发展的国际发展合作政策与实践？要回答此问题，需要了解国内国际发展知识生产和人才培养等学科设置方面的问题。

先说第一个问题，国际发展合作是什么？这里不做概念的阐释，但笔者最近十多年工作中遇到的一个现象可以为此做出注释，即驻华双边和多边国际发展机构的转型问题，比如2004年笔者第一份工作就是组织一次中德发展合作未来规划的研讨会，德方正在探讨其对华援助"退出"后的相关议题，因为根据经合组织发展援助委员会接受官方发展援助的标准指数，中国很快面临"毕业"的问题。事实上，不止德国，那时的国际发展圈内盛行的是"中国毕业之后"驻华发展机构如何调整的问题。果然，2009年德国官方发展援助中国"毕业"了；在英国，这一年是2011年；日本对华无偿援助从2001年规模开始缩减，有偿援助项目签署自2007年停止。驻华多边机构同样面临类似的转型，比如1999年世界银行集团国际开发协会停止对中国提供无息和低息贷款。

第六章 中国与新发展知识

大概在2002—2003年,甚至更早,许多地方省市的国际发展项目办官员都已或多或少地感知到了这种变化,即中国与许多双边或多边的国际发展机构尽管保持着合作关系,但这种关系的形态正在渐渐地转型。如何重新定义合作双方各自的角色和作用?如何从单纯的项目资金转移途径变成中外发展管理交流的平台?如何从单向的输入变成发展经验的双向借鉴和学习?可以说,在这一期间,转型中的中外预算、采购、评审等方面的摩擦和调适几乎成为地方项目办官员日常工作中的痛点和重点。

与此同时,中国在长期开展双边南南合作、对外提供援助的基础上,也开始选择性地与多边发展机构合作开展各种形式的对外援助,从而形成各种形式的三边合作,或"新多边合作"。比如2006年以来,中国日益成为世界粮食计划署的重要捐赠国;自2007年开始,中国开始向国际开发协会捐款;2008年和2014年,向联合国粮农组织捐赠两期信托基金,进行南南合作的创新;目前正与国际农业发展基金设立南南合作基金等。最近,国家也在大力支持中国人更多地参与到联合国体系的建设当中。另一方面,不管是在高层,还是在基层,许多曾有国际发展项目管理经验的官员和实践者,越来越多地参与到中国对外援助的规划和实施中,从而使中国对外援助的过程在保持自身特色的同时,也能积极融合已有国际发展的知识和技能。

这些转型及融合的现象并不是孤立的。中国改革开放40周年,也是中国对外援助不断调整和学习的40年。在南南合作的框架下,从早期冷战背景下的第三世界政治团结到后来的经济技术合作,再到最近的政策协调和战略伙伴关系的构建等,一种既区别于南北国家之间基于殖民和海外开发历史之上的国际发展,又区别于早期的传统南南合作的新型国际发展合作方式凸显而出。在此背景下,我们就要追问,我们是

发展援助的未来

谁？在新型全球发展的格局下能发挥何种作用？我们开展的国际发展合作实质是什么？新设的国际发展合作署如何处理我国在"引进来"时获得的国际发展的经验和遗产？

可以说，与经济贸易战和军事竞赛不同，国际发展合作是创造和平与沟通的专业性力量，我国（和其他一些新兴国家）同时作为受援方和援助方的双面角色和经历使她能够很好地对接全球治理中南方群体和北方群体两方的资源、机制和话语。自二战以来，世界经济结构从发达国家为核心的中心－外围式的单一循环，逐渐演变为一种更复杂的双循环，即一方面，中国等新兴国家与欧美发达国家之间仍保留着传统经济的循环；另一方面，这些新兴国家与亚非拉其他国家之间形成了一个新的经济循环，而在这个双循环的连接点上，中国无疑可以担当"枢纽"与链接的作用。用官方话语来说，现行新的机制平台，比如"一带一路"、亚投行、新开发银行、南南合作等都是现行全球治理体系的有益补充，而并非替代。聚焦到发展领域，"国际发展合作"用词本身就体现了这样一种融合和枢纽的作用，既会积极吸纳现有的"国际发展"有效经验，同时又能超越和开拓，创建更加"互利共赢"的"合作"关系；体现在实践上，在坚持新型国际发展合作不同于西方已有的官方发展援助外，对于现有的国际发展、南南合作、三方合作等实践经验可以采取务实和开放的态度，超越意识形态的羁绊，尤其打破"中－西"的二元对立，不管是在人员聘用、管理方式，还是质量监控等方面都可以吸取借鉴已有的精华，扬长避短，合理利用历史积累的经验，并从中进行融合创新。

第二个问题，国际发展合作是为了什么？这里也不赘述现实主义、马克思主义、自由主义、建构主义等不同流派对"援助"做出的不同解读。但我们需注意，要理解"为什么"这个问题，首先需要摆脱两

第六章　中国与新发展知识

个似是而非的传统认知：第一，援助只有唯一目的或目标才是理想的；第二，这个目的只能是推动受援国经济社会的发展（即发展目标）——教科书里经常这么写。事实上，根据卡罗尔·兰卡斯特（Carol Lancaster）教授的《外交、发展和国内政治》一书，现实中每个国家的对外援助目的都是混合的，就是现行 OECD 发展援助委员会成员国也并非如教材里所写的那样，援助的目的仅仅是受援国的经济社会发展。在此情况下，考察每个国家对外援助目的是如何混合的，才是问题的关键！如果我们将对外援助的目的主要分为三个方面：政治性（外交）、商业性和发展性（为了受援国社会经济水平的提高和民众福利的改善，也是对外援助宣称的主要目标，也称为公益性），那么，美国是政治目标和发展目标的混合，日本是商业目标和发展目标的混合，法国则是政治目标和发展目标的融合，丹麦是发展目标和商业目标的结合，德国则是发展、外交和商业三者的混合等。而且要注意的是，这些混合的目标也不是一成不变的，而是随着援助国不同发展阶段的需要变化的，比如日本初期较为关注商业目标，而后期则加强了发展目标。

那么，是什么决定了这个混合配比的设定呢？除了国际方面要素的考量，兰卡斯特教授认为国内主要有以下四个维度的考虑：第一，一个国家的援助理念主要受两个方面的影响，一方面是构成援助的最基本的"世界观"，即根据各国的文化、宗教、意识形态形成的全社会共识的价值观；另一方面是援助国在世界上的地位和作用，比如追求大国形象、备受尊重的国家则更支持对外援助。第二，一个国家的政治体制，包括选举规则、政治制度等，决定了这个国家中谁做决定、谁来否决等方面的问题，能够影响援助议题在国家政治议程上的位置和表现等，这涉及如何将理念转化成战略、政策和规划的议题。第三，相关利益集团，包括政府内各个欲将援助用于外交、商业或发展用途的部门，也包括政府外的商业利益集团、NGO、宗教组织、非正式网络等。它涉及与此相关的具体行动的人和组织。第四，专业援助机构的组织架构，即援助相关任务在政府内部的位置。

上述讨论将对援助的研究从单纯的国际议题带回到国内政治结构的探讨中，这对于理解非发达国家对外援助目标的设计具有更大的意义，因为在这些国家，国内要素的考量占据决定性作用。从这个意义上说，我国的国际发展合作目标也必是多元（或双元）目标的混合，改革方案中已提及新机构需更好地服务国家外交总体布局和共建"一带一路"。但如何混合实现这些目标？上述四个维度的分析框架可为此提供一定的借鉴：从援助理念上看，坚持正确义利观和真实亲诚理念，加强同发展中国家的团结合作，加大对发展中国家特别是最不发达国家的援助力度，促进缩小南北差距，推动构建人类命运共同体，这些都是理论指导。从中可见，提供全球公共品、促进全球团结、减少不平等、构建人类命运共同体等公益性目标具有较大的分量。另外，在相关利益集团这一维度上，目前，国内有关对外援助的相关群体总体尚处于萌芽状态，学术专业团体、银行、商业等私有发展部门、民间发展机构等具有一定的声音和影响力，但总体有限。最后，新机构的组建从一定意义上是通过机构位势的提升，以"专业性"来协调政治性、商业性和公益性这三者之间的张力，从而大力提高我国对外援助的系统性、有效性和质量。总体来说，我国国际发展合作混合多元目标的设定将在很大程度上受到国际因素，尤其是上述国内四维度要素的综合影响。

第三个问题是国际发展合作学科设置的议题。在近几年，有一个新兴现象就是，不管是相关政府部门、学术研究机构，还是企业、民间机构等都面临如何参与全球治理实践方面的诸多困惑。比如，如何在联合国专业机构中参与相关决策、发出声音，如何组建跨国界、跨区域的学

第六章　中国与新发展知识

术研究联盟，发起并起草相关合作协议、组建相关的南南合作治理网络，并协调制定相应的章程等，可以说，回应这些挑战并没有一个现成的经验路径可以参照，我国在此方面的人才储备又严重短缺。与此相关，随着国际发展合作署的设立，国内不少高校和研究机构纷纷开设国际发展专业，并启动相关智库建设，这为学科建设打下了良好的基础。但与此同时，不可忽视的是，若没有适当的师资配置、扎实的基础理论研究、学术共同体建设、期刊等各项学科的"基础设施建设"，单纯的建制运作就会虚火不断，难有长远发展的根基。"问渠那得清如许？为有源头活水来"，国际发展合作学科的建设已迫在眉睫。

事实上，发达国家的国际发展研究早已形成相对独立的学科体系，具备一大批具有共同研究规范和价值取向的学术团体，形成了完善的人才培养学科建制，行业发展也较为稳定，并取得了丰硕的研究成果。英国、澳大利亚和欧盟都成立了专门的国际发展研究学会或协会。在美国，尽管没有类似统一的国际发展研究学会，但由政府、民间组织、学术机构、研究智库等组成了一个相对紧密的国际发展工作网络。根据美国宾夕法尼亚大学的年度智库排名，全球涉及国际发展的顶尖智库有80多家，他们为发展政策和发展实践提供知识储备，与其他同类型的专业智库相比，这个数字是相对较高的。在人才培养方面，英国、美国、加拿大、澳大利亚和欧洲各国的顶尖大学都设置了发展研究的本科生和研究生培养建制。每年QS世界大学专业排名中，也设有发展研究（development studies）这个专业类别，在哈佛、剑桥、牛津等高校都设有发展研究或国际发展专业。

在学术期刊和出版物方面，影响力较强的发展研究学术期刊也相对成熟。根据国际权威的期刊排名机构SJR（Scimago Journal & Country Rank）的统计显示，涉及国际发展的期刊一共近200种，其中，《世界

发展援助的未来

发展》(World Development)、《发展与变化》(Development and Change)、《发展研究杂志》(Journal of Development Studies)、《国际发展杂志》(Journal of International Development) 等都在业内具有较强的影响力。劳特利奇出版社(Routledge)也有发展研究的出版门类。总体来说,国际发展研究学科的"基础设施建设"在西方发达国家设置基本成熟,这使得国际发展知识生产和国际发展体系的运作具有坚实的基础,维系着现行以西方霸权为主导的国际治理体系。

相对而言,我国在国际发展合作学科建设方面可以说是"一穷二白",目前虽有一些高校开始尝试,但基本处于零碎、萌芽状态,远远无法满足国际发展合作政策和实践的需求。这种缺乏是全方位的:第一,缺乏国际发展基础理论储备,这使得国际发展知识生产难有突破,无法清楚地解释在国际发展合作领域,"何谓中国、我们是谁""从文明的角度上讲,我们国内的发展历程和海外的发展合作模式意味着什么"等本质性问题。目前已有不少哲学家、史学家、思想史学者做了许多有益的尝试,比如天下体系、从周边看中国、复杂共同体、枢纽等重修历史叙事、重塑政治哲学的努力为指导中国参与全球治理提供了智识参考,但在国际发展研究和政策界尚未得到广泛探讨。第二,缺乏国际发展合作政策能力建设的系统培训和研究,尤其缺乏为从业人员提供国际发展管理政策和实务操作方面的学历教育和系统培训,包括发展项目规划、发展项目管理、发展项目监测评估、发展方法和工具等相关内容。第三,缺乏权威的国际发展合作研究的学术期刊,在当前"发表为王"的学术界,没有专业期刊相当于失去了学科建设的根基。目前,有关国际发展方向的论文散见于各类期刊,总体数量非常有限,质量也参差不齐。第四,缺乏国际发展合作研究学术共同体,目前国内从事国际发展合作的研究学者乐观估计不超过100位,且大部分学者只是将其

第六章　中国与新发展知识

作为研究领域中的一小部分，其学科背景分散于国际关系、非洲研究、发展研究、国际经济、国际政治、发展经济学、发展社会学和发展人类学等相关领域内。中国国际发展研究网络（CIDRN）自2013年开始推动该领域部分群体的能力建设和打造学术共同身份，但尚需更多努力。

中国是否重塑了国际发展架构？[*]

中国对外援助的历史与西方几乎相当，改革开放以来双方也在越来越多的互动中产生冲击和影响，而在新世纪随着中国对外援助力量的增强，双方理念与实践中的互动与互塑则呈现深化的态势，并受到越来越多的关注。两者在新阶段的相互遭遇是否会引发所谓的"寂静的革命"，取决于双方如何认知和处理这些差异。就中国而言，需要思考如何在保持独立和"中国特色"的基础上开展国际合作与交流；就国际发展架构而言，如何解决合法性危机问题，发展援助者如何从理念上实现从"发展干预"到"相互学习"的角色转变也亟待探讨。

当前的国际发展架构正面临着多重挑战，其中之一便是逐渐兴起的非经合组织发展援助委员会成员国（以下简称"非DAC国"）对国际发展治理架构、话语体系与规则惯例等产生了全方位的冲击，而中国则是这些非DAC国中最受关注的成员之一。在此背景下，我们将聚焦于中国对外援助与国际发展架构近期出现的遭遇、镶嵌与互塑，然后对两者融合面临的挑战和相关议题展开讨论。这在一定程度上回应了当前国际上有关"非DAC国家寂静革命"及新型发展援助（援助2.0）的探讨。

---

[*] 本文原载于2015年第5期《国际援助》，作者：徐秀丽、李小云、马俊乐。

发展援助的未来

遭遇与重塑：与国际发展体系的互动、比照与影响

自改革开放之后，中国受援国的身份和现行主导的国际发展体系已经深深地交织在一起，但就中国对外援助与国际发展体系而言，可以说两者在相对独立地运作了五六十年之后，最近才开始越来越多地有交集，并相互影响，这一新的形势主要源于中国对外援助规模和影响的不断扩大，且其理念、规则、方式等各个层面均迥异于现行的国际发展体系，因而必然对后者产生一定的冲击和影响。这些冲击和影响一方面体现于两者话语上的错位，另一方面也体现于两者实践中不断的接触与互动，并在交锋和合作等互动的过程中相互学习。

话语上的错位

以西方的视野看中国的对外援助，经常能听到类似不公平竞争、不透明、不能改善国家治理等评价。这类评价实际上都是从其"不是什么"的角度（往往以西方为标准）界定中国的援助体系，而非从它"是什么"的角度认知中国的援助。事实上，当两种不同的体系碰撞时，话语上的彼此疏离使准确"翻译"变得难以企及，因而经常出现将"梨"和"苹果"放在一起进行比较的现象，这个比喻被用来形容中国的官方发展援助和传统援助国所界定的官方发展援助之间的差别也恰到好处。类似的话语偏离还体现在中国对外援助的八项原则与发展援助委员会所盛行的五项基本原则之间的错位上，以及两者在援助条件附加性等方面的差异，而隐含于这些错位背后的是对发展的不同理解。

中国官方发展援助与官方发展援助。由发展援助委员会成员国界定的官方发展援助主要是指以提高发展中国家经济发展水平和福利水平为目的的赠款或赠予成分不低于25%的优惠贷款。在官方发展援助的计算中，以促进出口为目的的出口信贷，以促进私人企业在受援国投资的

第六章 中国与新发展知识

政府补贴，以及军事援助资金等都不计算在内。但是，中国的对外援助资金的界定和统计有自己的标准，并不完全追随官方发展援助的统计口径，也未向发展援助委员会进行年度汇报。根据2011年发布的《中国的对外援助》白皮书，中国外援资金包括无偿援助、无息贷款和优惠贷款。从具体的计算方式上看，与官方发展援助不同，中国的债务减免、奖学金等均未列入官方发展援助的范畴。再比如，中国的优惠贷款援助只计算其对中国进出口银行的利息补贴，而不像发展援助委员会成员国那样计算优惠贷款的全额。此外，中国的对外援助预算中通常还包括军事援助，以及为援助合资企业和合作项目提供的贷款。显而易见，这些均未列入官方发展援助的计算内容。

事实上，符合官方发展援助概念的中国官方发展援助在其促进发展中国家发展的资金总额中只占少量份额，而许多西方学者往往对此心存误解。根据布罗蒂加姆（Brautigam），中国其他官方资金流（Other Official Flow，OOF），比如出口信贷、非优惠政府贷款，以及中国为培育私人投资的官方资本却更为可观。正如金（King）指出的，中国的官方发展援助在更为广泛的经贸合作和交流中只占极少的一部分，"中国更喜欢一种互惠的经济合作，而不是单纯的发展援助"。以中国与非洲的发展合作为例，援助资金只是其中很少的一部分，更多的是杠杆资金，以撬动更多的商业资本，促进受援国的自主经济增长能力。进入新世纪，中国在非洲的商业资金流增速明显快于援助资金流，援助相对于贸易的比例从20世纪90年代初的20%~21%下降到21世纪初的3%~4%。即便是官方援助资金，中国也更多地关注受援国资本支出项目和生产性部门的发展，以促进其经济的自主增长，而非像官方发展援助一样直接支持其财政支出、政府治理或与公共服务相关的外部咨询、社会基础设施建设等。

发展援助的未来

中国八项基本原则与国际发展援助五项基本原则。援助有效性是当前以西方为主导的国际发展体系内探讨最广的议题，从最早的2002年"蒙特雷共识"、2003年"罗马论坛"，到2005年《巴黎宣言》，再到2008年"阿克拉行动议程"，此议题贯彻始终，在2011年"釜山论坛"中，援助有效性被进一步修订为发展有效性，但支撑有效性的五大基本原则并没有实质性的变化，即自主、一致、协调、重视结果、相互负责。与之对应的是，中国自1964年由周恩来总理提出的"中国对外提供经济技术援助八项基本原则"传承至今，即（1）平等互利；（2）尊重受援国主权，绝不附带任何条件；（3）提供经济援助，尽量减少受援国负担；（4）帮助受援国逐步走上自力更生、经济上独立发展的道路；（5）投资少，收效快；（6）提供自己所能生产的质量最好的设备和物资；（7）提供任何一种技术援助的时候，保证做到使受援国的人员充分掌握这种技术；（8）要求派出的专家同受援国自己的专家享受同样的物质待遇，不容许有任何特殊要求和享受。在上述原则的基础上，中国进一步发展出对外援助政策的五项基本内容，即（1）坚持帮助受援国提高自主发展能力；（2）坚持不附带任何政治条件；（3）坚持平等互利、共同发展；（4）坚持量力而行、尽力而为；（5）坚持与时俱进、改革创新。

这八项原则和五项政策内容凸显了中国与其他西方国家在国际发展援助实践中遵循的不同理念和准则。

首先，发展援助委员会的自主原则虽也是中国原则中特别强调的，但双方对于自主及如何实现自主的理解是有差异的。在发展援助委员会看来，自主原则更多的是体现于受援国自身拥有感或所有权的强调，对于受援国而言，就是要在广泛咨询的基础上制定自身的发展战略和项目并协调来自各方的援助，而对于援助国而言，就是要尊重受援国对这一

第六章　中国与新发展知识

过程的领导权，并支持其在这个过程中的能力建设。此外，自主性原则主要是通过相互负责、一致（援助国的援助需与受援国的发展战略、制度与程序相一致）以及重视结果等原则来实现的。由此可见，自主原则是发展援助委员会五项原则的核心引领要素，但所谓的自主原则仍然深嵌于固有的南北援助的结构框架之内，体现的是一方监测、评估、帮助另一方的不对称权力架构。当这种权力架构进一步嵌入复杂的国际政治经济形势与国家利益纠葛之时，受援国的自主权力往往被侵蚀。

与此不同，中国提出的自主原则来源于自身的发展经验。"独立自主、自力更生"曾一度成为指导发展的核心方针，改革开放后接受西方援助时确立的也是"以我为主，为我所用"的原则，这使得中国比其他受援国更有意识地引导外援朝着有利于自己发展的方向流动。当中国向外提供援助时，这种经验本身就被作为其发展理念的一部分得以输出，受援国自主发展能力的提升在中国的对外援助中备受重视，"授人以鱼不如授人以渔"经常在正式的官方场合被提及。与之相对应，为了实现受援国自主发展的目的，中国主要通过"平等互利、不干预内政、不附加任何条件"等原则辅助而行，同时，保证提供最好的物资、限制派出专家的物质待遇以及尽量减少受援国的经济负担等一系列针对援助国的要求（而非对受援国的要求），在一定程度上均蕴含着平等的南南合作的价值理念。在具体操作层面上，援助项目往往基于受援方提出的要求之上，这在制度上保证了对方对援建项目的拥有感和把握权。

其次，重视结果和相互负责的原则虽然双方都有涉及，但理解却大相径庭。在中国，"结果"意味着发展，"发展是硬道理"，中国自身的经验彰显了这一理念，而发展首先意味着经济增长和减贫，所谓的相互负责也是围绕这一原则而行，可以被理解为合作共赢，共同发展。而对于西方国家而言，"发展"在很大的程度上体现于千年发展目标的设定

发展援助的未来

上,在八大类指标上,并没有直接促进生产率增长的经济要素,而更多的是社会要素,且援助被构建成西方视野下"发展"的代名词——尽管这一点在釜山论坛上有所突破。相互负责则意味着透明和民主,尤其是数据的透明,及援助接受国会议员的审议和市民的监督——而在中国文化的语境下看,数据的公开则被认为是一种不礼貌的行为,尤其是站在受援国的角度上看,公开援助数量意味着对援助进行公开的宣传,而这种宣传的目的无非是为了"赢得支持、促进外交工作,以使援助产生更加积极而广泛的全球影响"。

再次,在援助的附加条件上同样呈现出双方理解上的差异。从更广义的角度来讲,传统援助国的善治标准实际上是一种政治附加条件,这种附加条件的背后隐含的是其政治理念的倡导,尤其是以美国为首的西方国家对于民主和自由价值的输出,他们通过发展个体、社会的力量(比如具有强大的非政府组织)来平衡国家的力量,并进一步通过跨国企业的发展以及国际治理架构的建设来架空、稀释或模糊民族国家的权力和彼此之间的界限,继而在一定程度上有意无意地维持了其在二战前殖民时代遗留下来的利益格局。在此框架下,政治架构是维护经济利益的前提设置,体现了发达国家的全球规制权。

中国在对外援助时则强调不干预内政、不附加任何条件(除了台湾问题),而更多关注的是双方在投资、贸易、援助等方面的互利共赢,受援国的政治理念与治理架构并非决定或影响援助实践的相关变量。无论是在苏丹还是赞比亚,只要有经济发展的机会,就能看到中国人的身影,中国的援助也并未因其"治理不善"的记录而停歇;同时,中国当前的援助项目以与对方政府合作为主,而与当地非政府组织等公民社会组织的合作非常有限。站在全球的视野上看,这样一种援助政策与实践在一定程度上也是对现代民族国家制度和国家边界的坚持和维

第六章　中国与新发展知识

护。这种边界的坚持对于新兴的发展中国家而言至关重要，它在一定程度上影响着政府能否汇聚有限资源实现国民契约，从而进一步决定其合法性与主体性的确立，即经济发展之于政治合法性而言是首要因素。由此可见，是否设定援助附加条件，以及附加什么样的条件，是经济要素，也是政治理念，其背后隐含的却是发展研究中的经典难题，即在发展中是经济增长更为关键，还是政治治理更需优先考虑。

最后，对于援助的实质和动机双方也存在理解上的错位。历史上，由于黑奴贸易以及殖民主义经历，发达国家对发展中国家尤其是非洲国家的援助，一方面往往是基于南北关系之上的一种补偿和赎罪，因而形成"白人的负担"；另一方面，国际发展援助实际上也是殖民主义关系的一种残存，其背后延续的是一种不对等的权力关系。在这种关系下，所谓的自主性、拥有感都是有限制的，援助倡导的利他主义动机交织着国家利益诉求，在复杂的政治经济形势下往往难以真正落实。尽管如此，援助在西方已成为一个产业，在关于援助的研究与政策实践中，援助与发展紧密相连，体现的主要是发达国家对于发展中国家的一种让利。而对于中国这样的发展中国家而言，一方面国内一直存在大量贫困人口，地区发展很不平衡，"少花钱，多办事""投资少、见效快""实事求是，量力而行"等指导精神，并伴以"互利共赢""共谋发展"的原则，对单纯的利他主义动机产生挑战和冲击。在中国看来，援助是促进发展的催化剂，不仅在资金上可以促进贸易、投资等商业资金的增长，更多的是经验、技术的引进，人员的培训及政策上的改善。中国提供的援助正如其所言，"是穷帮穷""在这个世界上没有任何一个国家是依靠援助发展起来的，发展经济是你们自己的任务，你们必须自己去做"，这也就是中国更愿意称自己为"南南合作提供方"，而非"援助者"的原因。

发展援助的未来

实践中的互动

尽管在话语上双方存在交流的困境和错位，但中国的对外援助与国际发展体系之间的互动、交流与影响近年来在亚洲、非洲、拉丁美洲等各个区域及各种类型的国际组织与论坛上受到了越来越多的关注。这种交流的议题涉及全球公共品的提供或对共同挑战的应对，比如减贫（千年发展目标）、气候变化、金融安全、公共卫生等，互动的方式主要体现在三个层面上，即相互接触与了解、合作与交流，以及规制的修订。

第一，相互接触与了解。目前中国虽然游离于发展援助委员会系统之外，但属于该系统中的 OECD 扩大交流国。在发展援助委员会《2012 年发展援助报告》中介绍的 16 个非发展援助委员会国家的援助情况部分（其中的 12 国已向发展援助委员会提供数据），中国的发展援助概况和估计数据列居其中，但并不向发展援助委员会汇报援助数据。目前，发展援助委员会有意将包括中国在内的金砖国家援助体系纳入发展援助委员会系统，但无论是中国，还是印度，近期看来进入的可能性并不高。此前，由日本、韩国等非西方国家进入发展援助委员会后遭遇的文化和价值观上的冲突与工作方式上的摩擦足以使中国对此保持谨慎态度。

除此之外，自 2005 年以来，中国参与或组织了各种层次有关援助、发展与减贫的国际论坛，通过"走出去"和"迎进来"两种途径加强与国际发展体系的交流与互动。比如联合国发展筹资高级别会议、联合国千年发展目标高级别会议、联合国发展合作论坛、援助有效性高级别论坛、八国集团和发展中五国海利根达姆进程发展对话、世界贸易组织促贸援助全球审议，以及中非合作论坛、上海合作组织、中国－东盟领导人会议、中国－加勒比经贸合作论坛、中国－太平洋岛国经济发展合

第六章　中国与新发展知识

作论坛、中国－葡语国家经贸合作论坛区域合作机制等。

此外，还有近年来地位逐渐上升的 G20。尤其随着 2010 年"分享增长首尔发展共识"（Seoul Development Consensus for Shared Growth）及其"多年发展行动计划"（Multi - Year Action Plan on Development）的颁布，该论坛日益成为反映南南合作声音的场域之一。通过这些论坛和对话，中国加强了与其他援助方的交流和沟通，并在其中积极推动南南合作的概念与模式转变。

第二，合作与交流。目前中国与发达国家在发展援助方面的合作主要有三种途径和机制，即三方合作、区域合作，以及以中国－发展援助委员会研究小组（China - DAC Study Group）为代表的信息与知识交流。在三方合作上，最早可追溯至 1981 年，中国与联合国开发计划署合作，在华实施发展中国家间技术合作（TCDC）项目，二十多年共为其他发展中国家培训技术人员 6 000 多名。自 1996 年起，中国与联合国粮农组织合作，向发展中国家派遣中国农业专家。此外，中国还与世界银行、联合国贸发会议、联合国工发组织等多边机构在培训领域开展了有效合作。除了和国际发展机构合作外，中国与发达国家在第三方的援助模式也正逐渐试行，比如，目前中国正与英国在马拉维、乌干达等国进行三方农业合作的规划与探索。

在区域合作上，在大湄公河次区域（GMS）合作框架下，中国与泰国和亚洲开发银行共同出资援建了昆曼公路老挝境内路段，该项目已于 2008 年 3 月建成通车。2013 年 12 月，昆曼公路全线贯通。基础设施建设是中国进行区域发展合作的一个主要方面，但除此之外，中国还通过构建各种类型的资金支持方案加强区域内的发展和合作，进而产生区域与国际影响力。比如在 2010 年 5 月的亚行会议上，中国建议建立一个"亚洲投资公司"，以此来建立一种泛亚主权财富基金，从而引导更多的巨额外汇储备和其他储备资金投向发展。最后，中国还通过奖学金、粮食援助以及组建东盟增长区和印度尼西亚－马来西亚－泰国增长三角等方式来加强区域间的发展合作与对话。

第三，规则的修订。在信息与知识交流方面，目前包括中国－发展援助委员会研究小组、G20下设的发展工作小组（DWG）、英国研究委员会（RCUK）北京办公室、金砖国家学术论坛、金砖国家部长级会议以及中国国际发展研究网络等，其中，中国－发展援助委员会研究小组颇具代表性。2009年1月，中国国际扶贫中心与OECD发展援助委员会成立了"中国－发展援助委员会研究小组"，小组研究历时3年，涉及中国、非洲国家和OECD国家专家共逾500位，视角广泛。该研究产生了广泛而深远的影响，它直接或间接地推动了中国国际发展研究学界的形成和发展，并促成了后来国际发展研究网络的形成以及相关政策建议的提出。

互动中的学习与互塑

在不断的碰撞、了解与摸索中，包括中国在内的非传统援助体系与国际发展体系不断地碰撞、互动与影响，在这个过程中双方不断深化对彼此的认知。在可见的几大领域内，这种学习过程很幸运地被启动，因此使两个系统互相塑造，因而原有的态度被改变，现有的知识被更新，当前的体系正逐渐被调整。

在中国的一方，学习与重塑主要体现在以下几个方面：

第一，透明度的改进。比如2011年4月在总结了60年对外援助的经验之后，发布了中国首个对外援助白皮书。同时，商务部的网站上列示了中国与OECD发展援助委员会交换统计数据的联系，不管是对公众，还是对国际社会而言，中国发展援助的规模及其与西方发展援助的差异正逐渐清晰化。

第六章 中国与新发展知识

第二，越来越关注微观层次的民生。中国的援助在运行方式上比较注重与国家的联系，相对轻视与当地非政府机构及本国公民社会组织的联系。同时，援助的项目主要集中于基础设施和一些大型的标志性建筑，与普通民众需求的契合度不高。但最近，中国也越来越关注加强与当地社会及民生的联系，比如第五届中非合作论坛上民生项目彰显。

第三，中国人的国际观逐渐被重塑。中国－发展援助委员会研究小组的设立一定程度上加强了双方的认知，传播了信息，直接或间接地转变了中国人的国际观以及对国际规则的理解。中国在东南亚不同国家的案例彰显了其在不同社会经济背景下通过学习采取了不同合作模式的过程。通过与现行以西方国家为主导的国际援助体系的不断碰撞，中国也在逐渐学习国际规则。

在国际发展体系这一方，学习与重塑过程主要体现在以下几个方面：

第一，南南合作的某些理念被纳入国际发展体系之中。比如（1）"援助有效性"被修订为"发展有效性"，对于"发展"的理解有所拓宽。超越发展援助，尤其是政府开发援助之上的、更广的跨国资金流动和更广的政策方案选择越来越受到关注。（2）"双赢"而非"单向"的施予，援助、贸易与投资之间的紧密关系日益受到关注，他们同属于促进发展的重要力量，援助对贸易和投资的促进作用备受关注，这样一种双赢关系创造的是一种平等的权力关系，而单向的施予则蕴含着双方力量上的优劣之分。由此，诸如2013年2月美国国务卿也开始强调援助资金对于私人投资的促进作用，这在一定程度上体现其对"双赢"理念的追随。此外，对于援助附加条件的反思，对于基础设施等物质投资促增长而非社会制度投资促民主的重视等方面的调整，都意味着学习过程的开展。

发展援助的未来

第二,反思发展援助委员会和官方发展援助的合法性。当 2002 年蒙特雷提出援助有效性这个概念时,随后的一系列探讨中都洋溢着对传统援助体系的乐观主义情绪,但随着国际发展体系在发展与减贫协调与成果方面的乏力,有关发展援助委员会和官方发展援助合法性的问题就随即浮现出来,其中最有代表性的就是《白人的负担》《援助的死亡》。这些思潮对以西方为主导的国际发展援助体系的内在权力本质进行了深度的剖析,面对"援助是否有效"的追问,作为一种制度架构的发展援助委员会和作为一种技术手段的官方发展援助逐渐面临合法性危机。

第三,全球治理架构的修订。发展援助委员会系统并没有投票权,因而要形成一些具有执行力的共识相当困难,但在布雷顿森林体系内,情况却有所不同。中国既是世界银行的成员,也是国际货币基金组织的成员,而且近年来随着中国增资量的增加,其所占股份和投票权都有所增加。随着中国在国际治理架构上的资本权和话语权的增强,这些机构的发展政策也将面临新的调整。

第四,以发展中国家主导的新型国际发展体系的逐步设立。二战后,世界银行、国际货币基金组织等布雷顿森林体系机构,以及之后设立的各种区域性发展机构,比如亚洲开发银行以及各种双边发展机构、非政府机构等都在维系以美国和欧洲各国为主的国际发展治理架构。近几年,随着非传统援助国力量的兴起,各种新型的国际发展机构也随之成立,比如陆续兴起的金砖银行、亚投行、丝路基金等,这些是非传统援助国或新兴经济体突破现有国际发展治理架构另起炉灶的代表。

"寂静的革命"？——前景与挑战

中国对外援助体系与国际发展体系之间的遭遇与重塑是当今国际发展学界探讨最炙手可热的一个话题。但当视角放宽,更广的图景将会呈

第六章　中国与新发展知识

现，中国的崛起给国际体系带来了一系列挑战，这个西方视野中的"中央之国"不仅影响了援助体系，还影响了国际金融、贸易和投资，进而影响了全球治理架构。国际发展体系作为全球治理架构的一部分，正在发生着"寂静的革命"，这场"寂静的革命"结果到底如何还取决于我们在这个过程中如何认知并应对这些挑战。

对中国而言，这些挑战主要体现在以下两个方面：第一，学界之所以将包括中国在内的一些非发展援助委员会国家对现行国际援助体系带来的冲击称为"寂静的革命"，就是因为其并不直接挑战或修改现行的框架。大多情况下，它以一种安静的方式尝试按其独有的规则运行其国际发展实践，但正所谓"树欲静，而风不止"，国际上要求中国承担国际责任，要求其成为"负责任的利益相关者"的呼声与日俱增，中国被要求按照现行国际规则提供全球公共品的压力将不可避免。第二，2010年8月，温家宝在对外援助60年的总结大会上宣布，中国已建立起具有中国特色的对外援助体系。在随后2011年4月首次发布的《中国的对外援助》白皮书里，具有中国特色的对外援助被进一步强调。随着近两年习近平和李克强访非后进一步明确的"真、实、亲、诚"四字箴言，弘义融利的合作原则，以及具体的"四六一"中非合作框架的出台，中国也开始有意识地向非洲及世界使用独特语言来传达其对外援助的特点。由此可见，"独立性"和"具有中国特色"将成为对外援助体系的基本主线，在此基础上，要展开国际对话与合作，不仅要消融话语上的错位，还要加强实践中的互动和交流中的学习，并为非洲国家等其他发展中国家提供杠杆和选择。但如何做到这一点，值得深究。

对于现行的国际发展体系而言，这些挑战主要体现于以下两个方面：第一，如何面对发展援助委员会和官方发展援助的合法性危机问题。如上所述，对于现行国际发展体系的反思一直与发展实践如影随形。从《白人的负担》到《援助的死亡》，再到最近对于发展援助委员会体系的全面反思，制度创新屡次被提及。目前，援助有效性工作组作为一个中性的技术部门正努力将南南合作模式纳入其框架之内，具体体现在釜山论坛中所称的建立更加广泛而包容的新型战略合作伙伴关系，同时承认南南合作与南北合作是有差异的，前者是后者的有益补充。尽管如此，援助有效性工作组仍然在发展援助委员会框架之内，各种尝试跳出发展援助委员会、替代发展援助委员会的声音此起彼伏。目前讨论最热烈的两种可替代性方案是：联合国发展委员会和G20。但就目前而言，集体行动的难度显而易见。第二，从理念上，如何改变发展援助者的角色，真正实现从"发展干预"到"相互学习"，这里不仅面临理念上的挑战，也面临权力结构上的挑战。

中国如何分享农业技术[*]

中国用占世界7%的耕地养活了占世界22%的人口，这对依然面临粮食安全和粮食缺乏问题的非洲来说，有着重要的借鉴意义。同时，对非农业援助也是我国对外援助的重要内容之一。

中国对非农业援助一直是我国对外援助的重要内容之一。这主要是由于：首先，中国农业的发展具有长期的历史经验。在我国农业发展过程中，克服了耕地不足、资本不足和技术落后的劣势，成功实现了农业发展，解决了中国人民的温饱问题，这个过程中积累了丰富的经验。其次，接触中国对外援助的发展中国家都以农业为主，而且农业相对落后。因此，中国以南南合作的形式通过平行经验的分享机制，比较好地

---

[*] 此文根据《国际援助》杂志对作者的采访改编而成。

第六章　中国与新发展知识

满足了这些发展中国家的发展需求。在对外援助的不同阶段，中国农业援助也呈现出不同特点。六七十年代农业援助主要以建立农业试验站和农场的形式，这主要反映了那个阶段中国在国内促进农业发展的一些基本经验。通过向发展中国家派遣大量农业技术人员也反映了那个阶段中国通过普及和推广实用农业技术提高农业生产的做法。80 年代以后，中国将国内开始实施的承包责任制的做法应用到中国对外农业援助项目中。最近十年来，中国开始将市场驱动型的农业技术转移模式应用到新时期的对外农业援助工作中。希望通过市场机制解决对外农业援助中的不可持续性问题。因此，从某种意义上讲，中国对外农业援助一直建立在平行经验的直接分享上。

与其他方面援助明显不同的是，对外农业援助本身面临着历史、政治、社会制度以及气候方面差异比较大的问题。中国国内的农业发展实际上已存在着不同类型的模式。如中国北方地区和南方地区的农业发展模式就不相同。同时小农为主体的农业模式和大农场的农业模式也不相同。

就中国和非洲的情况相比，我国总体上因人多地少形成的精耕细作以提高土地生产率为特点的高产模式在非洲的应用就遇到了很多阻碍。非洲土地相对丰富，劳动力相对不足，而且非洲食物来源相对广泛，对耕地的依赖程度相对较低，其农业社会经济系统与中国有比较大的差异，这也是客观上造成中国农业发展整体经验在非洲遭遇到一定适应性问题的主要原因。

非洲虽然土地相对丰富，但是资本严重缺乏，无法通过机械化替代劳动力。同时由于我国地域广阔，有与大多数接受中国援助国家相似的自然环境与气候问题，因此中国在农业援助过程中一直都强调地域和自然环境的相似性原则，通过选择与受援国自然环境和气候相似的省份提供对口援助。应该说，无论从自然环境的适应方面还是资本缺乏的共性

发展援助的未来

方面，中国农业援助的基础体系对非洲具有很大的参考性。特别是在非洲资本严重缺乏的情况下，通过技术替代劳动，也就是说通过提高单位面积产量来提高生产率的途径对于很多接受中国援助的国家来讲是可行的。在实践中，主要问题是许多接受中国援助的国家，特别是非洲国家的农业社会生产系统的差异，也就是说农民能不能像中国农民那样花大量的精力和时间从事精耕细作的农作生产？这一点在对外农业援助中是相当困难的。

对于很多与我国很多地区在自然环境和气候及社会经济具有相似性的国家，如邻国老挝，其农业环境与我国接近老挝的一些山区和贫困地区相似，所以中国在老挝的农业示范中心以强化品种引进为手段，筛选适应本地种植的品种，将我国热带地区广泛种植的品种，如旱稻等推广到老挝，取得了很好的效果。之所以能够有这样的效果，主要原因是老挝本地农业科技相对落后，呈现出类似中国国内同一生态区内发达农业和落后农业梯度的特点，加上其社会经济的许多特征与接近老挝的中国国内的地区相对来说比较一致。在这种情况下，平行经验的分享遭遇到的社会经济方面的障碍相对会少一些。

中国对非农业援助的时间很长，对非援助是中国农业援助的主要组成部分。在过去的几年中，我们按照平行经验的转移方式，并基于非洲发展农业资本严重不足的现实，将我国劳动密集型的农业技术介绍到坦桑尼亚。我们协助中国国际扶贫中心在坦桑尼亚莫罗戈罗省基洛萨县佩亚佩亚村建立了村级学习中心，同时我们通过科技部科技援外项目的支持在坦桑尼亚莫罗戈罗省的瓦辛巴村建立了另一个村级减贫学习中心。我们在这两个村实验了玉米合理密植间苗除草抗旱等一系列通过增加劳动投入提高玉米产量的示范技术体系。通过强化地方政府的作用，增强村一级的组织能力，然后通过建立示范户和扩散户的传播机制，成功地

第六章　中国与新发展知识

将这样一个技术体系在该地区进行了推广，取得了成功，产生了巨大的社会经济效益。

在示范区，过去三年中，农户的玉米产量由过去的每英亩 150~250 公斤稳定提高到每英亩 500~1 000 公斤。示范过程中，的确使农民工作时间大幅增加，加重了妇女的劳动负担。但是对农户而言，他们乐意接受能够提高产量的技术。我们在坦桑尼亚的实践说明，中国的农业技术通过当地的试验与再开发过程是行之有效的，在实践上再次确认了平行经验转移的可行性。

平行经验的转移是中国通过南南合作的形式实施对外农业合作的有效方式。这样一种方式与西方通过在当地进行知识的再构建展开的相对复杂的援助不同。这种方式成本比较低，相互学习的路径比较简单。当然这样的方式也存在一定的弊端，由于我们还缺乏长期工作的经验，还不能在理论上提出中国对外援助的系统体系，这个问题有待我们进一步探索。

全球发展合作中新兴大国缺席可以吗？[*]

2014 年在墨西哥城召开的关于全球有效发展合作伙伴关系第一次高级别会议的报告竟然忽略了一个基本的原则性事实：这个伙伴关系的主要利益相关方——新兴大国，要么如中国和印度没有出现，或者像巴西一样只是作为观察员出现。其他一些国家，如南非虽然参加了会议，但似乎也有明确的保留意见。在这样的背景下，墨西哥会议只算取得了局部上的成功，因为全球伙伴关系的包容性和更合法的基础是合理地将

---

[*] 本文原载于 2016 年 6 月 14 日德国发展署 The Current Column；原标题：No elephant in the room？作者：Stephan Klingebiel、李小云。

发展援助的未来

由 OECD 各个相关集团组织的援助有效性平台转变为由联合国开发计划署和 OECD 组成的平台共同推动的一种新的形式。

变革中的背景

从本质而言，变革中的背景里有两个方面需要强调。首先，"2030 年可持续发展议程"现在提供了关于全球发展的重要叙述。这个叙述的潜力远远超出了千年发展目标及其对发展中地区传统重点的关注：所有主要利益相关者都接受"2030 年可持续发展议程"的普遍性，这具有强大的合法性。"2030 年可持续发展议程"是包括全球有效发展合作伙伴、联合国发展合作论坛等发展合作平台在内的重大努力的核心，也是经合组织主导下的活动。从发展合作的角度看，"2030 年可持续发展议程"同时具有优势和劣势："发展"不再只是"发展中地区"的挑战，而是世界各国面临的挑战。这使责任方面更模糊。因此，发展合作行动者正在为以下两个问题感到苦恼：如何适应新议程？谁负责跟踪和监督？

其次，重要的崛起大国仍在推动与经合组织援助方式不同的南南合作概念。

例如，这在 2016 年 3 月由印度主办的第二次南南合作全球会议期间就已经成型。然而，轮廓和标准正在逐步完善，但仍然相当模糊。中国等个别国家将使用"2030 年可持续发展议程"来指导他们的南南合作。南南合作协调仍待进一步推进。新兴力量对待全球有效发展合作伙伴的不同方式也揭示了这一挑战。

为什么要关心全球有效发展合作伙伴？

不断变化的环境导致全球有效发展合作伙伴对上升的大国有不同

第六章　中国与新发展知识

的看法？参加这个论坛似乎还没有成为所有新兴大国的重中之重，对平台合法性的不同理解可能会继续存在。在此背景下，我们提出三点反思：

首先，所有利益相关方——新兴大国、经合组织国家、共享服务中心和发展合作的受援国，都应该反思全球有效发展合作伙伴真正的"全球"成本效益分析。

其次，新兴大国应该更加明确地要求这样的全球平台：我们需要什么，如何使用或进一步发展现有的机制？

再次，肯尼亚作为全球有效发展合作伙伴高级别会议的主办国和其他指导委员会成员，应该提出新的倡议，并与新兴的政府和非政府代表进行头脑风暴，重启全球有效发展合作伙伴的"全球精神"。我们认为，国际社会需要一个运作良好的平台，涵盖发展合作和南南合作的各个方面。我们并不假定所有国家都可以就所有领域的标准和规范达成一致。但是，对共同对话平台的需求是一致的。

中国如何回应"全球有效发展合作伙伴"

"全球有效发展合作伙伴"第一次高级别会议于 2014 年 4 月 15—16 日在墨西哥城举行。全球 130 多个国家共 1 500 多人参加了会议。中国政府没有派出代表参加会议，印度只派了驻墨西哥的外交官员参加会议，巴西及南非均派出了主管对外发展合作的官员参会。会议对中国的缺席产生了广泛的议论。一种议论认为，中国与印度反对把南南合作与南北合作等同并列，双方可能共同协商抵制此次会议。第二种议论认为，中国对该议程的合法性以及议程准备的文件中有关南南合作的作用等提法存在异议，因此不愿意参加会议。第三种议论认为，中国可能根

发展援助的未来

本没有准备参加会议，因为有关会议的文件已通过墨西哥驻中国大使同中方进行了沟通，中国方面提出的意见已被会议主办方接受。

我作为非官方的学者代表参加了会议，同时，我也参加了 2011 年的釜山会议，并且一直从事国际发展政策的研究。据此，就中国如何应对国际发展格局的这一新变化提出以下建议。

第一，非 OECD 发展援助委员会国家的兴起直接挑战了以发展援助委员会成员国为主导的国际发展合作的框架和议程以及其统治地位。虽然说，2003 年由发展援助委员会主导的援助有效性罗马高级别会议已经吸纳了包括发展中国家在内的各个方面的参与，但是真正具有重要变化的还是釜山援助有效性高级别会议。釜山高级别会议有两个方面的积极影响。首先，釜山高级别会议由发达国家关注的援助有效性问题转向发展中国家关注的发展有效性问题；其次，以发展援助委员会为核心的"援助有效性工作团"领导下的援助有效性议程转变为由发展中国家、新兴国家和发达国家共同领导的、更加开放的"全球有效发展合作伙伴"议程。墨西哥城高级别会议是这个新议程的第一次会议。虽然该议程并不是在联合国框架下运行的机制，而且发展援助委员会仍然具有相当的影响力，但是该议程在议题的讨论和参与的代表性，尤其是发展中国家的影响力等方面有了很大的变化。中国作为发展中国家和新兴国家的代表积极参与其中，有利于利用这样一个平台充分阐述中国的发展主张，通过参与，扩大了中国在全球治理中的话语权，进而影响全球发展议程。

第二，在过去十多年中，国际发展合作议程在发展中国家的压力下，其决策机制也正在发生变化。广大的受援国在如何接受发展援助和实施发展援助方面已经有了相当大的话语权。这一趋势也是促成建立全球有效发展合作伙伴框架的重要地缘政治因素之一。从某种意义上说，

第六章　中国与新发展知识

该议程的构架有可能消解 OECD 发展援助委员会的主导作用，就如同 G20 正在消解八国集团的主导作用那样。釜山会议之后形成的决议，确定印度尼西亚发展计划部部长、尼日利亚财政部部长与英国国际发展大臣担任全球有效发展合作伙伴议程的联席主席，因此，该伙伴计划至少在结构上来看具有广泛的代表性，多数发展中国家和中等收入国家基本认可这个结构。如果中国抵制这个议程的话，则影响中国的大国国际形象，反华势力也容易利用中国的缺席攻击中国缺乏国际义务等。

第三，中国与许多新兴国家在国际政治事务中有着共同的利益，如金砖国家议程等，但是其在国际治理结构中的政治、经济考量则有所不同。很多新兴国家的经济实力还不是很强，而且对外援助的总量相对于中国来说还很少，因此，非常担心在这样一些场合会被要求增加针对其他发展中国家的援助。因为中国也面临同样的问题，这些新兴国家可能希望和中国联合抵制西方国家要求新兴国家承担更多责任的呼声，对此，中国应积极回应和协调这一主张。但是，中国作为一个发展中国家，无论其对外援助的数量和影响都已经很大，客观上说已经超出了一个发展中国家所能承担的能力范围，只是国际社会对中国的贡献了解不多。因此如果能客观地、科学地在国际社会中宣传中国对外援助对国际社会的贡献，则会非常有利于消解要求中国承担更大责任的压力。因此，中国应增加对外援助的透明度，利用这个平台广泛宣传中国的对外援助，展示中国对外援助的成绩和经验，与发达国家和发展中国家展开交流。

第四，国际发展合作治理结构是全球治理的重要组成部分，与其他全球治理领域相比，中国与其他国家在国际发展合作领域的根本性冲突不多。而且，国际发展领域认可中国自身发展的成就和长期对外援助对国际发展的巨大贡献。西方发达国家虽然希望利用这样一个新的平台影响中国，给中国施加压力，但是他们同时也希望合作，借鉴中国发展的经验。一方面，在一个中国相对具有优势的空间中与西方发达国家展开合作，有利于中国增大自身在全球治理中的话语权；另一方面，在这个领域的合作也能很好地平衡中国与西方国家在其他领域的冲突和矛盾。

第五，当然，应该充分认识到中国自身的发展和对外援助的经验具有中国的独特性。这种独特性受到了国际社会的高度重视，是全球发展经验的宝贵财富，对于发展中国家的发展具有重要的借鉴意义，而且西方发展体系对此多持积极态度。但是，也应该看到由于中国和西方在发展知识、战略路径和意识形态的差异，加上抑华和反华因素等均会影响中国和西方合作的有效性。我们认为，参与"全球有效发展合作伙伴"议程的活动都应以不放弃中国的经验和原则为前提，以发展中国家的诉求为基础，力求通过中国的影响力重塑国际发展治理体系。

国际发展合作领域正在发生很大的变化，西方国家的主导性正在下降。未来如何应对 OECD 发展援助委员会，如何应对联合国"2015 年后发展议程"的筹资，如何应对与新兴国家和中等收入国家的合作，如何应对与发达国家的发展合作，如何适应发展中国家对援助的要求……这些问题均需要研究，通盘考虑，以免在不同的国际空间中出现政策的不一致性和不确定性。

中国与世界的新关系：社会科学家的在场性

中国从边缘逐步走向中心，由被动卷入逐渐到主动摸索把握全球化，由全球知识体系中的客体逐渐成为主体之一是自 21 世纪以来中国

第六章 中国与新发展知识

与世界关系构建中呈现的新特征。这一特征对于全球化过程中各种能动性主体间结构关系的重构产生着深刻的影响。认真客观地审视这一新的变化需要超越中国和全球关系讨论中常常呈现的左和右的意识形态以及西方中心主义和中国中心主义的立场。

国际上对中国发展经验的广泛关注暗示了原本被认为只属于中国地方性的发展实践正在被赋予全球性意义。中国政府强调"不输入他国的模式,也不输出自己的模式",这一方面显示了官方在避免中国成为"霸权"目标这点上具有的一定程度的文化自觉和相应的政治策略;另一方面,中国发展经验的分享正在从低调和谨慎以及碎片化的发展成绩的交流演化到系统化的、基于制度和文化自信的治国理政经验海外传播,从表现"中国经验"、"中国奇迹"到"中国智慧"和"中国方案"。很显然,中国政府不再把依照西方模式对其政治制度的争议作为负资产,而是将其作为最具当代中国特色的发展经验的主体内容大胆地呈现出来,显示出中国共产党对自身政治制度的自信。客观地讲,这种基于发展业绩的政治自信与不寻求霸权的文化自觉形成的政治理念将在很大程度上左右未来中国与外部世界的互动。与此同时,随着中国的地方性发展实践被赋予更多的全球意义,与这个地方性实践相伴随的地方性知识也正在走向世界性知识的场域,新的"知识战场"正在形成。如果说,21世纪初开始流行的中国新发展话语,如"改革开放""摸着石头过河""经济特区"等在西方获得广泛认同的主要原因在于其市场主义和实用主义的特点得到了西方自由主义者的认同,同时由于中国本身作为社会主义的体制也获得了西方左翼人士的赞同的话,那么,随着中国发展的一些中国特色的内涵,如"党的领导"和"政府的强大作用"等被不断呈现,来自西方自由主义阵营对"中国发展经验"的认同可能会逐渐减弱或产生焦虑甚至产生对抗,发展知识的张力自然也会出现。正如克鲁格曼在著名文章《亚洲奇迹的迷思》一文中所称的那样，"东西方经济发展的差异最终将会成为一个政治问题"。中国发展的理论诠释既涉及什么是中国未来发展新的思想资源这样的问题，也涉及中国如何与外部世界互动的实践性问题，缺乏这样的理论诠释既无法讲好中国故事，也严重影响中国与世界的互动。因此，中国社会科学和思想界肩负重大的历史使命。

框架依赖与自主性知识的缺失

中国地方性发展实践毫无疑问植根于中国的传统政治和社会文化，从全球的角度看待中国的发展实践无疑不能缺少中国元素。但是，我们无法仅仅从中国的传统中寻找未来中国治理及与世界关系建构的思想资源，因为中国的传统思想资源是在两个重要条件下形成的，一个是基于"中国"的世界观，另一个是基于"冲击－回应"的中国与世界的关系，很显然，这些条件都已经发生了变化。同时，中国的地方性发展实践虽然受到了西方自由主义发展路径的影响，但是中国发展实践又在很大程度上与西方发展道路相异，因此继续基于自由主义市场经济的思想资源与世界对话将会非常困难。很显然，中国发展治理及与外部关系的构建需要新的思想资源的支撑，而这则需要中国社会科学家和思想家去探索。值得指出的是中国社会科学和思想界在对这一新动向的诠释上显得知识储备明显不足。主要的原因可能是中国发展的理论诠释在总体上还主要是西方知识体系赋予的。偏激地讲，中国社会科学在诠释中国发展方面不能说是全部，但至少在很大程度上依然是西方理论的"资料员"和"研究助手"，存在严重的对西方诠释框架和路径的依赖，从而导致有关中国发展的主体性知识供给不足。虽然在社会科学上将西方理论的绝对普适化以及把中国和西方置于二元对立的框架强调"中国特

第六章　中国与新发展知识

殊论"和"中国自己的理论"都不可取,但是中国社会科学对于理性和现代性在中国实践的认识的确缺乏原创性和在场性的知识体系。一方面,中国社会科学针对中国当代发展变迁的研究实际上一直没能摆脱费正清提出的"卷入"理论,总体上的自主性理论创新不足,难以与西方中国学的理论展开对话。另一方面,现在的很多交流对话虽然强调理论自信,但却充斥各种没有理论支撑的空洞政治话语,一些说法往往把中国现代的发展与世界文明完全分离,传扬盲目自大的"中国特殊论"和"优越论"。这些缺乏系统研究和深入思考的说法广泛传播,严重影响中国当代的政治发展实践以及与世界的分享交流。从学术上看,造成这一问题的一个重要原因则在于"主客体"关系正在发生变化,而主流研究要不依然是"他者"的学术依附视角和框架,要不就是坚守所谓中国的"特殊主义"。而认识这种转变需要严肃地审视诸如国家、民族、文化、帝国、现代性和后殖民、儒家、新威权等一系列概念。同时,中国社会科学研究比较落后,缺乏系统的和真正意义上的区域或异域研究,对于发达国家和发展中国家的研究基本上是抄袭西方理论和二手资料信息的整理,很难通过对其他国家的扎实研究来对比中国的社会变迁实践。

新思想资源的供给不足与诠释乏力

一般认为,中国当代特别是改革开放以来的发展实践实际上是基于中国传统同时吸纳西方经验的创新实践。有关中国的传统政治和社会文化以及西方发展思想在这个过程中的作用的争议其实并非很大,主要的争论焦点在于为什么一个不具备西方政治和社会文化传统的中国却取得了被认为只有沿着西方路径才有可能获得的结果这个问题,也就是说这个创新的思想资源是什么。虽然很多人提出了很多说法,但是从理论的

发展援助的未来

角度看还没有取得根本性的突破。马克思、韦伯、涂尔干等人对现代资本主义的理论解释是系统和科学的，所以才具有真正的生命力。国内外对于中国古代的研究也应该说有比较系统的理论。主要的问题是如何从理论上解释关于中国从近代开始的，特别是改革开放以来的发展变迁。目前解释中国当代特别是改革开放以来的发展实践中大致基于三种类型的思想资源。一是围绕着西方现代性扩张的理论。这个理论的主要观点是理性和现代性由西方扩张到中国，从而在中国出现了"变异"现代性。虽然费正清后来也提到了中国的发展是中国自身社会文化的内在机制的观点，但是，认为中国是现代性扩张一部分的观点仍占主流。二是围绕着中国传统社会文化展开的中国文明的延续的认识。但是这个方面的认识在理论上无法很好地解释为什么中国在当代全球化过程中取得快速经济发展这一重要的现象。三是试图围绕改革开放过程展开的一些理论说明，如发展的条件性和前提问题，中国特有的党政制度、政治制度与经济业绩的关系等。但是，这方面的认识既没有超越西方自由主义和新制度主义的框架，也没有超越"中国特殊论"的理论困境，无法成为有力的理论体系。虽然这三个方面的思想资源对于指导中国当代和未来的治理以及如何与世界互动都很重要，但是，由于这三种思想资源均在各自的路径上说明中国，在对中国当代变迁的解释上呈现分割化和碎片化状态，从而使得现在的很多解释显得十分乏力，无法对接中国当代的政治和社会文化实践以及与世界的关系。

现代社会理论的整体性和完整性在于这个理论是否具有从本体论、认识论到方法论和实践论一套系统的逻辑框架。首先，对于中国发展变迁的认识缺乏从本体论方面的突破性知识。虽然有很多学者在不同程度上探讨过这个问题，但是总体上讲关于中国发展变迁的实质是什么这个问题在现有的社会理论研究中很难找到线索。其次，由于中国发展变迁

第六章　中国与新发展知识

在本体论上的理论缺失导致对这个问题的认识非常混乱。针对中国发展变迁认识中的西方普世论与中国特殊论的二元化就是一个典型的例子。虽然盖尔纳在其《民族与民族主义》一书中对于工业资本主义发展提出的"过渡或者转型"的概念很好地诠释了西方资本主义变迁的实践，但是这样的理论无法说明中国的发展变迁。再次，诠释中国的发展变迁还面临复杂的方法论问题。西方社会理论在方法论层面一直都是本位的。他们将自己置于主体位置上建构主体性的知识，而中国则一直处于被西方研究的对象位置上。因此，针对中国发展变迁的研究需要调整主客体的关系。这意味需要基于中国的历史和当代的实践构建一个连贯的理论认识体系，同时需要基于这个主体性的认识看待世界。这个过程可能避免不了中国中心主义的影响，所以在与世界互动中需要有高度的政治警觉和文化自觉。建构这个完整的理论体系在实践上需要走入他者的世界，因为对于他者的认识是中国发展变迁理论中不可缺少的部分，而对于他者世界的主体性认识的缺乏也是新思想资源供给不足的原因之一。总之，中国社会科学在总体上需要直面针对中国发展变迁系统性诠释乏力的现实，摒弃西方中心主义和中国特殊论的单一范式，避免"中国模式"的政治话语的说教，从理论建构上探索诠释当代中国的新思想资源，而这样的研究不仅需要甘于寂寞的"智者"，更需要发育鼓励批判和创新的学术伦理和环境。

第三编
中国对外援助

中国对外援助从20世纪50年代开始,从以支持社会主义国家革命和亚非拉人民民族解放与反对殖民主义的政治议程到强调"互惠互利"的经济合作促进共同发展,再到现在以构建人类命运共同体为目标的全球发展的新援助,经历了六十多年的时间。在这个历程中,中国的对外援助从亚洲走向非洲和全世界各地,从以双边援助为主到援助对象多元化,从接受援助和提高援助并举到逐渐以提供援助为主,从基于对外援助的概念到基于国际发展合作的概念,正在逐渐演化成为具有中国特色的中国国际发展合作体系。中国的对外援助从文化基础到援助的方式均与西方发展援助形成了显著的差异。随着中国的发展,进入21世纪以来,中国不断加大对外援助,不断丰富以不干涉内政、互惠互利为基本原则的对外援助模式,将发展中国家的发展与中国的发展相联系,通过对外援助的先导性作用,引领人类命运共同体的建设,使中国成为全球发展的重要的支持性资源。中国对外援助由于更注重经济发展的效果,不附加不必要的条件,受到了发展中国家的欢迎,也得到了国际发展体系的高度认可。中国对外援助,不仅极大地支持了发展中国家的发展,同时也开始影响西方国家的发展援助的改革,并进而成为国际发展援助体系中的一支重要力量,被国际发展援助体系称为"新发展援助"。然而,对外援助远比在国内展开的任何建设工程都要复杂,它是支撑国内外发展战略的综合性手段,承担着履行复杂的全球责任、人道主义义务和确保国家利益的使命,在复杂的国际形势下面临很多挑战。

第七章　中国对外援助 ABC

尽管中国从 20 世纪 50 年代就开始向其他发展中国家提供对外援助，但是中国同时从 50 年代开始接受苏联的援助，从 80 年代开始接受西方发展援助。随着中国对外援助的不断增加，中国公众常常会发出中国为什么要提供援助的疑问。中国的确没有西方通过上帝拯救全人类的基督教普世拯救主义文化基础，但是中国的文化理念中具有丰富的相互帮助和相互支持的救助文化价值。随着中国与全球发展之间的联系越来越紧密，特别是在中国的发展与外部世界的相互依赖度越来越大的情况下，对外援助的必要性超越了互助性文化的范畴，对外援助已经超越传统的意识形态和国家地缘政治需要的范畴，成为构建人类命运共同体的重要政策工具。第十三届全国人大通过的建立国家国际发展合作署的决定，标志着中国对外援助将转向国际发展合作，中国的对外援助正在进入一个新的历史阶段。

中国为何要援助贫困国家？

2015 年诺贝尔经济学奖获得者美国普林斯顿大学经济学家安格斯·迪顿的一篇关于国际援助的文章以及围绕着他关于援助与贫困的一些观点广为热议。任何一个严肃的学者的观点都来自他长期的研究和思

发展援助的未来

考。作为微观经济学家的迪顿有着对发展中国家的长期研究，他的观点自然有很大的权威性和影响力。但是，任何一个严肃的学者的研究结论和观点都是有特定政治、社会和经济语境的。迪顿所指的援助并不是一般意义上的援助，而是特指西方主导的国际发展援助。由于西方主导的国际发展援助是伴随着自商业资本主义开始的资本主义对外扩张过程形成的，这种形式的援助具有比较深刻的历史、政治、社会经济含义，特别是演化到现在的现代发展援助更是一个复杂的、低效的体系，其效果备受诟病。

去殖民化以后，西方的援助形态迅速演变为现代的国际发展援助，但是国际发展援助始终没有摆脱通过彻底改造非西方国家政治社会经济体系从而帮助发展中国家实现经济发展的干预性逻辑。无视受援国政治、社会、文化的独有特点，单方面通过国际发展援助的干预移植西方政治社会制度无疑会产生援助的有效性问题。但是应该注意的是迪顿对援助的批判不能被简单地理解为对援助的否定。相反，就如同西方社会科学的一贯路径，迪顿的批判更多的是对援助的严肃反思，他关于援助与财政收入的比例设定，关于把援助用到更符合非洲利益的地方以及制定全球公共品议程的观点，恰恰在呼吁改善援助的效果，其主张不仅不会让援助消失，还可能会使援助的存在更加合法。

自 2014 年以来，中国贫困地区的落后状态再一次呈现在公众面前，中央决定实施大规模精准扶贫战略，动员社会各界力量，以不同方式帮助贫困地区发展。在召开的联合国可持续发展峰会上，习近平主席发表了重要的讲话。中国政府对南南合作提供了慷慨的援助，对发展中国家的援助和在国内扶贫的新政策和措施同样在国内引起热议。每年的 10 月 17 号是国际减贫日，向贫困的发展中国家提供援助的问题也自然会受到社会的关注。那么，我们究竟应不应该为贫困国家、地区和穷人

第七章　中国对外援助 ABC

提供援助呢？

第一，是否为贫困的国家和地区的人民提供援助涉及人类的人道理性。互助帮扶是人类维系社会基本秩序的原始性契约。由于交通的限制，传统社会的帮扶互助可能会局限在相邻相近的社会共同体之内和之间，但是随着人类活动范围的不断扩展，这样的帮扶互助范围就会不断扩大。自从商业资本主义打开西方通往世界的路径以后，西方人以不同的方式进入了非西方世界。特别是随着工业资本主义扩张导致西方开始大规模地接触非西方世界。西方的传教士将现代形态的援助带入非西方世界。虽然我们一直批判基督教的传播对非西方世界的文化侵害，但我们也不能够否认这其中的人道主义精神。西方基督教中的慈善含义与我国的传统"天下无寒人"的情怀都是人道主义精神的具体体现。从这个意义上说，向贫困国家和地区的穷人提供援助不是施舍，而是人类维系一个平衡的生活共同体空间的需要，也是人类基本生活的社会人文伦理的精神体现。

第二，应不应该给穷人提供援助也涉及财富的公平和人类的生存尊严及社会的伦理问题。康德指出，没有人注定生活在贫困中，救助穷人是国家的义务。帮助穷人维持基本的生活不应该是施善，而是我们的义务。我们常常会认为财富是我们的劳动所得，为什么我们有义务帮助穷人？能者多得几乎无人质疑，也已经成为社会的法则，但是就像康德说的那样，"按照土地法和我们的社会法则，虽然我们完全有权利这样做，但也许我们早已经参加到这样的非正义行为中了"。卢梭认为，"通过法律所获得的财富并非是正义的，法律只是将富人最终获得的财富合法化了"。这是伦理层面的讨论，不涉及法律的设置是否公平，我也绝无意号召劫富济贫，但我主张对穷人的帮助并不是富人的施善，也不是要求穷人感恩的行为，而是我们在追求财富的过程中对我们自身非

发展援助的未来

正义行为的一种纠正。我们看不到财富积累的隐形不公平，但我们很容易看到援助和扶贫的投放，觉得这是我们的施舍。但是只要西方人看看发达国家通过不平等的经济关系从不发达的国家获得了多少利润，他们大概不会对提供援助产生太多的质疑。只要看看我们的企业在非洲仅仅2015年第一个季度新签署的工程合同就达230亿多美元，看看我们的工业化和城市化从农村获得了多少资本，我们一定不会对我们为发展中国家提供的援助和为贫困地区提供的援助和扶贫产生太多的质疑。援助和扶贫不是施舍，是基于伦理的财富正当返还。

第三，虽然不是所有的人，但可以说很多人都接受贫困是由于穷人不进取、不勤奋、懒惰、落后的观点。我去过很多贫困的非洲国家，我也去过很多中国的贫困地区，我很少感到他们懒惰和不进取，而更多是他们的无助与无奈。他们每天为生计奔波和辛苦的程度远高于我这个教授。有人说是的，我们辛苦的方面不同。是的，社会优势群体在单位时间和单位资本的投入收益远远高于弱势群体也是没人可以否认的事实。迪顿在他的论述中提到了穷国贫困的结构性原因，我在前不久发表的一系列文章中提到了贫困人口陷入了结构性的贫困陷阱。具有优势的国家、地区和群体具有优先获得财富的条件是工业化以来特别是全球化以来在市场经济中出现的发展悖论。勤劳自然是致富的基本条件，但并不是今天一个人能够致富的充分条件。对一个穷国来说，工业化起始水平的差异、贸易条件、国际政治经济格局等都在很大程度上制约着贫困国家走向富裕。这一点，迪顿也在他的论述中做了很好的说明。而我也绝不否认很多发展中国家脆弱的国家治理能力、腐败等内部因素对发展的制约作用，我也不否认很多贫困地区和贫困群体的确存在影响进取和发展的社会文化因素。但是在一个经济社会差异化的格局条件下，贫困的国家、地区和人口要想获得发展，难度是很大的。近十年以来，我国贫

第七章　中国对外援助 ABC

苦地区的发展以及贫困人口福利水平的改善虽然得益于经济发展的推动、贫困地区的干部和贫困人口自身的努力，但也同时离不开国家对贫困地区大规模的转移支付，国家对贫困地区的教育、医疗、人畜饮水以及基础设施的投入，这些已经极大地改变了贫困地区的面貌。虽然我们也质疑扶贫工作中存在的各种问题，不断批评扶贫资金使用的低效率，甚至揭露各种各样的贪腐和浪费行为，我们也看到了还有很多贫困人口仍然处于贫困状态。但不可否认的是，贫困地区和贫困人口的整体福利水平已经有了根本的改善，这些都离不开援助和扶贫的投入。

第四，当经济发展出现差异化的时候，财富和权力很容易迅速向社会精英阶层集中。在财富的差异化分配的社会语境下，有权力的精英阶层很难理解穷人的苦衷，精英阶层影响着社会舆论和社会政策。对穷人的文化歧视，认为他们不够勤劳、懒惰，影响了社会的主流舆论，建构了穷人懒惰和"等、靠、要"的虚假文化符号。前几天，我见到一位在国际红十字会工作的外国专家，他告诉我他在云南从事扶贫工作的故事。他们希望能够将现金直接转移到贫困家庭然后由他们选择如何利用这笔资金。很多同事告诉他这样不行，这些人拿到钱就去喝酒、去消费。这位红十字会的专家告诉我，当他们把经费按照 5 000～20 000 元不等分发到贫困户以后，没有发现任何一户拿这笔钱去喝酒、消费，相反，很多贫困家庭利用这笔扶贫资金打开了自己致富的大门。十多年前，我和杜晓山先生就小额信贷问题和很多人有过同样的争论，他们认为给穷人的贷款风险太大。我们认为穷人除了信誉已什么都没有了，给予他的支持他会更加珍惜。由于贫困群体身处多维度的福利缺失，他们有可能将获得的支持用于还债，也可能将获得的支持用于看病，作为婚嫁和丧事的礼金，而没有按照我们确定的项目投资。但这并不能说明穷人的懒惰和不讲信用，恰恰说明他们需要支持来维持最基本的生存和尊

发展援助的未来

严。对于深陷结构性贫困的国家、地区和穷人来说，外部的援助和支持不仅是重要的，也是必需的。

第五，援助和扶贫并不全是利他的行为，也是一个国家和一个人自利的另外一面。全球的财富不平等，一个国家内部的财富不平等，社会群体之间的财富不平等会引发社会动乱，影响富国和富人的安全。叙利亚人道主义灾难引发的难民潮就是一个典型的案例。一个国家、地区和个人的发展很难，毫无疑问需要启动内源的动力，需要首先从内部的制约着手。迪顿对国际发展援助的批评恰恰在于这点，但这不意味着应该对处于不平等状态的人民袖手旁观。另外一方面，全球化、区域一体化都使得发达国家、发达地区相互依赖，世界上大多数人生活在不发达和中等发达国家。我国中西部地区的人口占到了全国人口的大多数，他们的经济落后直接影响市场一体化和整体经济的发展，制约着发达地区的发展。不论是国家间还是地区间以及群体间的转移支付不完全是无偿的捐赠，相反，有效的转移支付将有力地提升贫困人口的经济能力，创造巨大的就业和购买力，从而提升整体经济社会的发展。所以说援助和扶贫不仅不是施舍，而是为富裕的国家、地区和富人提供稳定社会秩序和继续致富的条件。当然，我们不希望贫富差异太大，扶贫也是降低社会不平等的必要制度安排。

最后，我们当然关注财富转移的效率。这也是迪顿质疑发展援助的核心。导致援助和扶贫低效率的原因一方面来自结构关系的制约，也就是说，当援助与扶贫的强度不足以支持贫困国家和贫困人口走出贫困陷阱的时候，援助和扶贫是无效的。发达国家往往为了宣扬自己的慷慨，总是发布每年数百亿美元援助的数据。但是，美国每年350亿美元的援助与美国通过资本和技术的优势获得的收益相比，简直微不足道。西方援助的总量不是太多，而是太少，无法满足穷国的需要。另一方面，援

第七章　中国对外援助 ABC

助的大部分都花费在各种所谓的能力建设、会议、专家等方面，真正能用以发展中国家经济发展的援助其实很少。这些以干预形态出现的援助正如迪顿讲的是无效的。国内的扶贫也是一样。投入基础设施，投入穷人需要的领域的扶贫是有效的，但是，脱离穷人需要的扶贫更多是无效的。这是大众对我们扶贫工作提出批评的原因，也是中央推动精准扶贫的基础。

如何理解中国的对外援助[*]

最近在网上流传的一篇文章称，从 2000 年到 2014 年，中国向全球 140 个国家提供了经济援助和贷款，累计金额高达 3 620 亿美元，约 2.4 万亿元人民币。该文主要援引美国威廉玛丽学院的"援助数据"项目一个研究报告中的数据信息，来展示中国对外援助规模的庞大。和以前历次出现有关中国对外援助规模的新闻一样，这篇文章引起了很多评论，很多人认为"中国对外援助就是到处撒钱"。

那么，中国对外援助的规模到底多大？本文将从以下几个方面对这一问题进行回应。

中国对外援助的规模

中国政府曾经于 2011 年和 2014 年两次发布有关对外援助的白皮书，非常明确地介绍了中国对外援助的资金类型和规模。

中国对外援助的资金主要有三种类型：无偿援助、无息贷款和优惠贷款。据两个白皮书的数据累加，截至 2012 年底，中国对外提供的无

---

[*] 本文原载于 2018 年 9 月 5 日澎湃新闻，作者：唐丽霞。

发展援助的未来

偿援助资金总额为 1 385.2 亿元，无息贷款资金为 838 亿元，优惠贷款援助总额为 1 233.1 亿元，合计为 3 456.3 亿元人民币。

从两份白皮书公布的内容看，我国对外援助的资金类型和结构与西方传统发达国家的对外援助基本上保持口径一致。西方国家的官方发展援助也主要分为两大类，一类是赠款，也就是无偿援助；一类是优惠贷款，但优惠贷款必须要有 25% 的赠款成分，才能被称为官方发展援助。

中国的对外援助中，优惠贷款是指由我国银行提供的具有政府援助性质的贷款，主要用于帮助发展中国家建设有经济效益的生产性项目。我国政府提供的政府贴息优惠贷款利率为 4%~5%，贷款的偿还期为 5~15 年，一般为 8~10 年。时任中国进出口银行国际部总经理朱稳根在 1997 年发表的一篇文章中指出，根据 OECD 国家衡量贷款的综合指标"赠予成分"计算，中国优惠贷款的赠予成分仅有 25%，刚刚达到 OECD 关于官方发展援助的最低限。从这个角度看，中国优惠贷款具有援助性质。

但原外经贸部国际经济合作研究所研究人员陈力在 1996 年发表的一篇文章中指出，如果和其他国家提供的优惠贷款相比，1993 年，OECD 发展援助委员会成员国官方发展援助的平均贷款利率为 2.7%，平均偿还期为 27 年，宽限期为 10 年，赠予成分平均达到 57.6%。从这个意义上看，中国优惠贷款的援助程度相对较低，更像是具有优惠性的经济合作。

上述研究结论虽然出自二十多年前，但国际官方援助本身的定义并没有发生太大变化，只是增加了其他援助方式和援助筹资类型，所以仍然可以用来评价当下的国际援助。

在财政部的财政统计中，每年公布的中央财政支出中有对外援助的支出金额。按照这个统计，中国每年提供的对外援助规模的确呈上升趋

第七章　中国对外援助 ABC

势,从 2007 年的 111.54 亿元上升到 2015 年的最高值 195.37 亿元,2016 年出现了明显降幅,2017 年又开始回升,对外援助支出为 168.7 亿元。将此数据和中国对外援助白皮书公布的数据进行对比,可以推断,这里提到的我国对外援助的金额应该主要是赠款和优惠贷款的贴息(参见图 7.1)。

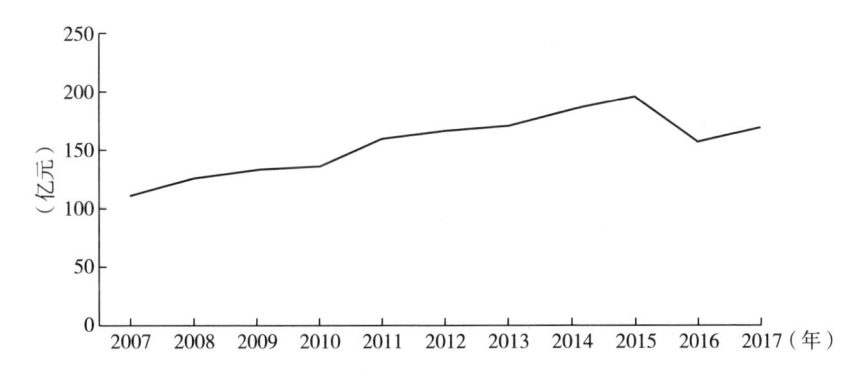

图 7.1　中央财政对外援助支出
资料来源:财政部预算司的中央财政支持表。

中国对外援助是否太多了

中国对外援助是否太多,这是个很难直接回答的问题。这里,笔者通过几组数据比较来讨论中国是否真的提供了太多的对外援助。

首先,从对外援助总额上看,根据现有的公开数据,2010—2012 年,中国对外援助中无偿援助为 323.3 亿元,无息贷款和优惠贷款(统称为优惠贷款)额度为 570.2 亿元,按照当时美元兑换人民币的平均汇率 6.6 计算,也就是无偿援助 48.98 亿美元,优惠贷款 86.39 亿美元,合计约为 135.37 亿美元。而根据 OECD 的统计,同一时期内,美国对外援助总额约为 942 亿美元,英国约为 418 亿美元,日本为 578 亿美元,德国为 445 亿美元,法国为 424 亿美元。

发展援助的未来

其次,从对外援助的结构上看,加拿大、美国、澳大利亚、英国、意大利等国的对外援助几乎全部都是无偿援助。德国对外援助中,无偿援助占到83.90%。德国复兴开发银行负责财政援助,其负责人表示,对低收入国家,德国复兴开发银行提供的财政援助是无偿的。在发达国家中,日本和韩国比较多地采用优惠贷款援助方式,但优惠贷款援助的比重只占到40.57%和31.64%,远远低于中国的63.82%。

也就是说,中国的对外援助不仅总额要远远低于一些重要的传统发达国家,其中无偿援助所占比重也较低(参见表7.1)。

表7.1 2010—2012年部分国家对外援助总额　　　　　　　　(单位:亿美元)

国家	援助总额	无偿援助 总额	无偿援助 比重	优惠贷款 总额	优惠贷款 比重
澳大利亚	143.23	141.86	99.04%	1.37	0.96%
加拿大	164.66	164.66	100.00%	0	0.00%
法国	423.67	314.01	74.12%	109.66	25.88%
德国	445.52	373.79	83.90%	71.73	16.10%
意大利	106.43	103.20	96.97%	3.23	3.03%
日本	577.74	343.34	59.43%	234.40	40.57%
韩国	42.22	28.86	68.36%	13.36	31.64%
英国	418.41	403.19	96.36%	15.22	3.64%
美国	942.13	942.13	100.00%	0	0.00%
以色列	5.32	5.32	100.00%	0	0.00%
俄罗斯	14.16	14.16	100.00%	0	0.00%
沙特阿拉伯	101.7	92.04	90.50%	9.66	9.50%
泰国	1.11	0.77	69.37%	0.34	30.63%
土耳其	47.74	42.74	89.53%	5.00	10.47%
阿联酋	21.92	18.43	84.08%	3.49	15.92%
巴西	20.26	20.26	100.00%	0	0.00%
中国	135.37	48.98	36.18%	86.39	63.82%

注:OECD数据库提供的数据是将无偿援助和优惠贷款援助总额相加获得,故而本处数字和该数据库中直接提供的援助总额略有差异。

资料来源:OECD数据库,中国数据来自白皮书,巴西数据来自巴西国际发展署。

第七章 中国对外援助 ABC

20 世纪 60 年代，联合国发展大会提出，发达国家应拿出 0.7% 的国民生产总值用于发展援助，这个目标成为国际社会衡量一国履行国际发展援助义务的一个标尺。传统的发展援助体中，丹麦、卢森堡、荷兰、瑞典、挪威基本上一直保持在 0.7% 以上。这几年，德国和英国提高了对外援助占国民总收入的比重，英国从 2013 年就一直保持在 0.7%，德国在 2016 年也达到了 0.7% 的水平。美国一直保持在 0.18%~0.2%，日本也达到 0.2%，韩国保持在 0.14% 左右。传统发达国家对外援助占国民总收入的比重，平均为 0.3%，而中国目前对外援助仅占国民总收入的 0.062% 左右（参见表 7.2）。

表 7.2 部分国家官方发展援助占国民总收入的比重　　　　　（单位:%）

国家	ODA/GNI	国家	ODA/GNI	国家	ODA/GNI
DAC 成员国	0.3	匈牙利	0.1	斯洛文尼亚	0.13
澳大利亚	0.34	冰岛	0.22	西班牙	0.29
奥地利	0.29	爱尔兰	0.5	瑞典	0.99
比利时	0.55	意大利	0.16	瑞士	0.44
加拿大	0.32	日本	0.18	英国	0.57
捷克	0.12	韩国	0.12	美国	0.2
丹麦	0.86	卢森堡	1.01	中国	0.0623
芬兰	0.54	荷兰	0.76	以色列	0.08
法国	0.47	新西兰	0.27	俄罗斯	0.03
德国	0.38	挪威	0.98	土耳其	0.21
希腊	0.15	波兰	0.09	阿联酋	0.19
葡萄牙	0.29	斯洛伐克	0.09	巴西	0.03

注：DAC，指 OECD 下设的发展援助委员会，现有 29 个成员（包括 28 个 OECD 成员国和欧盟）。

资料来源：OECD 统计数据，中国数据和巴西数据为作者根据相关数据计算所得。

中国一直坚持在南南合作框架下开展对外援助。近些年，和中国一样，全球新兴经济体也逐渐加大了对外援助的力度，从援助总额上看，中国的确要高于其他发展中国家，但从对外援助占国民总收入比重看，中国对外援助程度要低于土耳其、阿联酋、以色列。如果考虑到对外援助的结构，其他国家对外援助主要为无偿援助，中国无偿援助占国民总收入的比重大约只有 0.0225%，还要略低于巴西的 0.03%。

中国是否应该提供对外援助

从 20 世纪 80 年代我国改革对外援助开始，强调互利共赢是我国对外援助的基本特点。抛开参与国际发展援助对我国总体国际发展环境构建的积极影响不谈，单从我国优惠贷款的使用效果来看，互利共赢的特点尤为明显。

我国优惠贷款的使用条件非常严格，支持的项目由中方企业负责承建，采购项目所需的设备等原则上应由中方企业负责供货，主要采购中国的机电产品、成套设备、技术服务以及其他物资，这也是大家经常在海外看到中国援建项目主要由中国公司承建的原因。近年来，也有一些国际公司或者受援国公司参与中国援建项目，但规模仍然十分有限。

因此，中国优惠贷款不仅为受援国提供了基础设施、生产性项目的发展支持，也为中国国内公司走出去，尤其是工程承包公司走出去奠定了基础。美国《工程新闻纪录》（ENR）发布的 2017 年度全球工程承包商 250 强榜单显示，49 家中国建筑企业入围榜单，前 10 强企业中，中国企业占据了 7 个席位。中国的工程承包企业能够有如此快速的发展，和承建中国政府优惠贷款项目是密切相关的。

非洲是获得中国对外援助最多的区域。根据商务部统计，中国目前在非洲的国际承包工程完成额一直占到中国国际承包工程完成额的 1/3 左右，非洲是中国的第二大工程承包市场。此外，中国对外援助项目实施还带动了中国的装备和产品走出去，亚吉铁路（非洲第一条跨国标准轨现代电气化铁路，连接埃塞俄比亚首都亚的斯亚贝巴和吉布提首都

第七章 中国对外援助 ABC

吉布提市)和蒙内铁路(连接肯尼亚首都内罗毕和该国港口城市蒙巴萨)带动了 44 亿美元的国产装备和产品出口。

一些企业因承建中国优惠贷款项目在受援国积累了良好的声誉,逐渐成为国际工程承包合同招标的有利竞争者,成为全球工程项目的主要承包商。有研究认为,从 2007 年到 2015 年,中国公司获得了世界银行 30% 的基础设施建设项目的合同。以中国交通建设集团为例,该公司承建的工程项目中,中国政府的优惠贷款项目大约只占到 30% ~ 40%,来自世界银行和国外政府的项目大约占到 20% ~ 30%。在非洲国家,处处可以看见中国交通建设集团的工程项目,其中很大一部分是由当地政府融资建设,如该公司在纳米比亚先后完成的鲸湾新集装箱码头项目和油码头项目,合同承包额大约为 8 亿美元,都由当地政府投入资金。

中国工程承包企业屡屡获得国际大型基础设施建设项目合同,随之带出去的是中国的技术、标准、物资和设备,这也就带动了中国在海外的投资。一些中国的中小型公司承建中国在发展中国家无偿援助的民生项目,也在当地建立起良好的声誉,并逐渐发展成能为国际发展援助项目提供工程服务的公司。如甘肃省地质矿产勘查开发局下属股份制国企甘肃地质工程有限公司曾在赞比亚和马拉维实施中国无偿援助的打井项目,由于打井成本控制良好,效率高,后来联合国教科文组织等国际机构在这些国家的打井项目,就交给了该公司去执行(参见表 7.3)。

表 7.3 中国国际承包工程完成营业额　　　　　　　　(单位:亿美元)

	2010	2011	2012	2013	2014	2015	2016
对世界	921.70	1034.24	1165.97	1371.43	1424.11	1540.74	1594.17
对非洲	358.30	361.22	408.35	478.91	529.75	547.84	514.60
	38.87%	34.93%	35.02%	34.92%	37.20%	35.56%	32.28%

资料来源:历年《中国统计年鉴》。

发展援助的未来

非洲是中国最重要的资源产品的提供区域之一,中国 1/3 的石油来自非洲大陆,铝矿、铜矿、钴矿等矿石资源从非洲进口也占据非常大的份额。非洲同时也是中国商品的重要市场,从 2009 年开始,中国成为非洲第一大贸易伙伴,在部分年份,中国对非洲的进出口贸易呈现逆差,但是从 2015 年开始,中国对非洲大陆贸易呈现大额的顺差,2015 年顺差为 382.82 亿美元,2016 年为 355.82 亿美元,2017 年为 194.80 亿美元。

在 2015 年于南非约翰内斯堡举行的中非合作论坛峰会暨第六届部长级会议上,中国政府宣布:对非洲提供 600 亿美元的融资支持,包括 350 亿美元的优惠性质贷款及出口贷款额度;为中非发展基金和非洲中小企业发展专项贷款各增资 50 亿美元;设立首批资金为 100 亿美元的中非产能合作项目。而无偿援助和无息贷款加起来只有 50 亿美元,这个额度远远低于中国和非洲这几年的进出口贸易顺差额(参见表 7.4)。

表 7.4 中非贸易情况 （单位:亿美元）

	2011	2012	2013	2014	2015	2016	2017
进口	932.40	1132.51	1174.55	1156.31	702.58	566.90	752.60
出口	730.83	853.11	927.99	1060.35	1085.41	922.72	947.40
贸易逆差	-201.57	-279.40	-246.55	-95.97	382.82	355.82	194.80

资料来源:历年《中国统计年鉴》。

结语

综上所述,从援助规模和援助程度上看,中国对外援助虽然在逐年增加,但无论是与传统发达国家相比,还是与发展中国家相比,中国的对外援助都不像国际和国内社会想象的那么多。认为"中国对外援助就是到处撒钱"的论断是片面的,也是对中国对外援助的误解。

中国对外援助总是容易被夸大,引起国内外民众的误解,主要包括

第七章　中国对外援助 ABC

以下几个方面的原因。

第一，中国政府通常在国际会议、论坛等多种机制上宣布对外援助举措和行动，有很多举措和行动是多次宣布的，容易让民众以为每次都是新安排、新计划。

第二，中国对外经济合作的方式非常多，有很多不是对外援助，有些是具有发展意义的经济合作，但国内外媒体报道普遍使用了"支持""帮助"其他地区和国家发展这样的表述，容易使国内民众产生误解。

以历届中非合作论坛部长级会议为例，第五届部长级会议（2012年）时，国内外媒体普遍采用的报道题目是"中国将向非洲提供200亿美元贷款"。第六届部长级会议（2015年）时，国内外媒体报道侧重于强调"中国将向非洲提供600亿美元支持"，但实际上，这600亿美元中，只有50亿美元是无偿援助和无息贷款，其他多为优惠性质贷款、出口信贷额度以及产能合作基金等，多属经济合作范畴。但如果不是从事这方面专业研究的大众，是无法理解这里面的真正内涵的，从而造成了误会。

第三，和中国对外援助的实施方式和内容有关。中国的对外援助项目主要都是由中国企业实施的，而西方援助项目，很多是由国际公司承担，但其中有很大一部分是中国企业具体执行，容易造成只要是中国公司承建的都是中国援助的印象。中国的援外项目仍然是以能够看得见的基础设施建设为主，容易引起关注，而西方的援助则很大一部分是以看不见的能力建设为主，一般不太容易被民众感知。

当然，不可否认的是，随着中国经济社会的发展，中国对外援助的规模是在逐年上升的，在国际发展援助领域发挥的作用和影响力也在日益增强。

发展援助的未来

国内公众对对外援助的认知[*]

中国对外援助是中国向其他发展中国家提供的经济技术援助，简称"中国援外"。自新中国成立至2009年底，中国累计对外提供援助2 562.9亿元人民币。加入世界贸易组织后的10年中，中国对外提供援款1 700多亿元人民币，超过入世前中国近50年的援助总量。最近十多年来，中国援外资金的增长速度明显高于GDP的增速。

就目前看，国内公众对援外的讨论主要形成了两种观点：

一种是质疑，认为中国应首先解决国内贫困及各种发展问题而非支援别国；

一种则是支持，认为援外是中国应该承担的国际责任，也有助于实现国家利益。

但由于相关调查研究的缺失，究竟何种观点为主流以及国内公众对中国援外的基本认知情况如何，我们还不得而知。

中国的公共政策似乎很少受到公众意见的影响和制约。但这一情形正在发生变化，回应民意的需求日益增强，中国政府也开始关注代表性机构、基层调研和网络反映的公众意见。公众对援外政策的认知，是对援外价值判断的基础。了解国内公众对中国援外政策的态度，对于增强援外政策的回应性，促进公众理解我国援外决策，推动政策实施具有重要意义。

---

[*] 本文整理自《我国公众对援外的意向性认知分析》，作者：李小云、徐进。

第七章　中国对外援助 ABC

公众对我国援外的认知分析

公众对我国援外的了解度

了解度可以细分为了解的程度和广度，可从公众对援外的总体了解程度、对援外代表性事件的了解广度来考察。得到的数据显示：

公众对援外了解程度偏低，在 3 513 个被调查者中，总体上受访者很不了解我国援外，公众对我国援外的了解率为 43.2%。

了解广度方面，如果按照了解事件的多少给受访者打分，5 分为满分，则所有受访者的平均分为 2.4 分，表明受访者对援外具有中等的了解广度。

社会人口学特征与援外了解度相关：从地理区域来看，差异不明显，中部地区的了解率最高，为 44.4%，东部地区次之，为 43.0%，西部地区稍低，为 42.2%；在性别维度上，男性的了解率比女性高 17.2%，男性的了解广度也高于女性；在年龄维度上，基本规律是年龄越大则了解程度越低，其中 18~29 岁组了解率最高 50.7%，60 岁以上组最低 36.5%；受教育水平则与了解程度和广度都呈现正相关，即学历越高，了解程度越高和广度越大；体制内工作人员为 52.1%，比体制外工作人员 40.2% 了解率高出 11.9%，了解广度平均分也稍高。

分职业的数据表明，农民与个体工商户是对援外最不了解的群体，而党政干部则是最为了解援外的群体。

事实上，对外援助作为外交政策的一部分，相较于跟百姓生活联系紧密的经济社会政策，其议题显著性本身并不高。根据国际上现有的同类调查结果显示，各国公众对此领域的了解非常有限。

中国社会正处于转型期，转型期的一个重要特征是阶层分化加剧。调查显示，比较而言，受教育程度高的年轻男性对援外的了解程度较高。此外，政治精英、经济精英和知识精英在援外信息的掌握上明显领先于普通大众，精英、大众的分野初现雏形。

调查同时反映出援外信息的两条主要传播渠道：大众传播与组织传播。体制内人群对援外信息的获取力明显高于体制外人群，说明处于转型期的中国社会，政策信息主要依赖政府内部的行政系统传播，而面向普通大众的传播渠道相对有限。

公众对援外的支持度

在有一定了解的人群中，对我国援外的意向性支持度较高，达到81.5%。尽管国内受访者对我国援外的支持率较高，但由于问卷并没有考察公众在多大程度上愿意用实际行动支持援外，例如亲身参与、同意贡献更多税收，因此这种支持只能说是意向性的。

社会人口学特征与援外支持度不太相关。男性与女性的支持率一致，均为80.1%。在年龄维度上，支持率呈现中间低两头高的特点，低值出现在40岁人群，为58.5%。在教育维度上，不同教育程度受访者的支持率差异不大。在地理区域维度上，东部、西部、中部的支持率分别为81.6%、81.1%、75.9%。

总体来说，社会人口学特征与援外的支持度不太相关，但这一论断的前提是，支持度分析的人群是对援外有一定了解的人，与了解度分析的对象相比已经是更为精英的人群。

较年少或较年长者，小学及以下教育程度者的观点更有可能受到主流媒体的影响，因此支持率稍高；而中年人和硕博士相对掌握知识更多，更加有主见，支持率反而有所降低。

不同职业对援外的支持率，较低的是商业服务业职工69.0%、私营企业主75.0%和农牧渔民75.8%，较高的是军人/警察组100%和党

第七章 中国对外援助 ABC

政干部 87.7%，其余职业在 80.0%~82.0%。

从收入上看，家庭年收入在 6.0 万~8.0 万元组的支持率最低 74.0%，20.0 万~39.9 万元组支持率最高 91.4%，而这两组并非收入组的两端，其余组支持率在 78.0% 至 88.0% 之间。

人们对援外的态度并不必然受到经济因素的影响，而更有可能易受到政治或文化因素的影响。此外，援外支持度与社会人口学、经济学特征的不相关反映出援外认知尚处于萌芽阶段，并未在人群中形成结构化特征。

态度性因素与援外支持度相关。在援外的受益者问题上，大部分受访者选择在国家和个人的框架下考虑这一问题，少部分人将这一问题放在援助国和受援国的框架下考虑，将这两个问题与援外支持率综合考虑后可发现：认为援外利国利民者中高达 96.8% 的人支持援外，在认为援外利国不利民者中，这一比例下降到 68.0%；认为援外利他国也利本国者中 76.0% 的人支持援外，而认为援外利他国不利本国者中，支持率仅有 8.5%；在认为援外与国内发展相互促进或互利大于冲突者中，援外支持率分别为 93.0% 和 82.0%，而在认为两者互利小于冲突或两者完全冲突者中，援外支持率只有 53.0% 和 35.0%。

这表明，国内公众对援外的支持意愿在某种程度上是植根于其利益观的。在经济繁荣时期，公众无论对国内事项还是对涉外事项的预算支持都会增强，而对于正在经受经济困难的国家，公众对援外的支持率下降是可以预期的。尤其当国家经济困境显著影响个人收入时，个人支持援助的意愿进一步减弱。

除了援助国自身的发展问题，另一个常被认为与援外支持度相关的因素是对援助有效性的判断。援助的批评者总是列举援助无效的例子并强调援助会导致腐败。调查结果显示，公众对援外的支持与其对援助有效性的判断相联系，另一方面也显示出国家认同对支持度的影响，援外体现了国家形象，从国家自豪感的角度出发对公众是存在吸引力的。

受访者对紧急人道主义和医疗援助较高的知晓率及对援助其他方面相对较低的知晓率也反映出公众援外认知的片面性。大部分人支持的只是解决短期问题的人道主义和紧急援助而非长期的发展援助。

调查同时发现，了解度与支持度呈正相关。对援外了解度的提升应该有利于支持度的提高。

此外，根据调查数据显示，对国际事务关注较多的受访者更倾向于支持援外，这说明国际化视野与援外支持度的关联。公民国际化视野的获得依赖于其国际化经历。随着中国国际化程度的提高和公众对国际事务认知渠道的拓展，对援外的了解度和支持度也会逐渐上升。

公众对援外的有关评价和期望

公众认为援外偏重国家利益。调查数据显示，受访者认为中国对外援助最主要的目的是为我国发展创造和平的国际环境（69.8%），其次为履行大国责任、推动国际减贫（48.7%），第三为获得他国经济资源或政治支持（39.0%），最后为输出我国发展模式（24.2%）。

紧急人道主义援助的公众认可度最高。受访者对我国援外优势领域的排名依次为紧急人道主义援助（55.4%）、医疗卫生（45.4%）、基础设施（43.5%）、农业（21.5%）和教育培训（17.9%）。紧急人道主义援助得到最多的肯定，一方面显示了媒体对公众注意力的影响，另一方面也说明短期援助较长期援助更易彰显效果，获得认同，其中"救急不救穷"的传统观念也发挥一定作用。

公众认为援外最大优势为不干涉内政，最大劣势是形象工程多。在受访者眼中，与西方援助相比较，我国援助优势最突出的是不干涉内政（34.0%），尊重受援国、无附加条件和互利共赢这三个优势认同率接

第七章 中国对外援助 ABC

近（20.0%左右）。在劣势的选择上，公众观点更加集中，形象工程被认为是最大的劣势（38.0%），其次为透明度差（31.5%）。

援外决策回应性的公众评价较高。1%的受访者认为援外决策完全听从公众意见，17.9%和60.6%的人分别认为公众意见被作为主要考虑因素和参考因素，20.3%的人认为公众意见完全未被考虑。表明受访者认为援外决策的回应性并不差，但是公众意见只是一个参考因素，有回应但并非顺应，援外决策似乎有其自身的原则。

公众对援外规模期望值较高。高达95.0%的受访者认为我国援外规模的国际排名在前10名之内，期待进入前10名的比例更增高0.5%；其中63.0%选择了前5位，期待进入前5名的比例更高达68.0%，足见公众对我国援外较高的期望值。

关于我国援外的地理投放，无论是对现状的估计还是对未来的期望，最大的投放地区毫无意外地落在了非洲和亚洲。一方面说明公众对援外目的的了解比较准确（非洲、亚洲确实是中国援外资金最主要目的地）；一方面也显示，亚洲获得更多中国援助的呼声呈上升趋势，这与我国近年来"周边是首要，发展中国家是基础"的外交战略也较为一致。

结论和建议

第一，国内公众对援外议题呈现精英型认知，即人们普遍不了解援助，仅少部分精英人群对此有所认识。这与援助议题显著性低、与普通大众距离较远有一定关系。此次调查仅在城市地区开展，可以推测如果调查范围也包括农村地区，得出的平均了解程度还将进一步降低。然而精英毕竟只是社会中的少数群体，有必要考虑加强针对大众的援外信息供给。

第二，国内援外传播呈现从精英传播向大众传播转变的特征。体制内外的知识差异显示出目前援外传播主要依靠行政组织内部的精英传

发展援助的未来

播,但紧急人道主义援助等议题通过大众传媒获得较高的公众关注和认可体现了传播方式的转变。随着我国国际化程度和公民参政议政意识的提高,援外传播进入大众传播阶段也是不可避免的趋势。这一阶段要做好援外传播将面临众多挑战,如传播内容的选取、传播方式和渠道的丰富以及受众群体的区分。

我们的调查以及现有的研究都说明,精英阶层与普通大众对援外的诉求存在分野,例如前者较为支持援外的道义指向,后者则认为援外的利益取向更加重要。因此援外传播应注意挖掘援助与不同类型受众群体的相关性,考虑能为后者带来何种获得感。此次调查数据至少提供了三种类型的获得感:首先是利益上的满足,包括援外蕴藏的国家利益和个人利益;其次是道德上的满足,包括国际主义的诉求和回报国际社会的需要;此外还有国家认同感和自豪感的释放。

第三,基于受访者援外知识基础薄弱,以及有关态度并未与人群相应的社会、经济学特征关联的调查结果,我们判断国内公众对援外的认知仍然处于一个相对初级的阶段。这一阶段形成的态度是一种意向性认知,稳定性低,易受到外界因素(如意见领袖或突发事件)的影响而产生波动。因此有必要在此领域开展动态化和规范化的公众意见研究,分析国内公众援外认知背后的影响因素和形成基础,为我国援外决策和传播提供参考。

600 亿美元是什么? [*]

在 2018 年的中非合作论坛上,习主席提出向非洲提供 600 亿美

---

[*] 原载于微信公众号 IDT,作者:陈玮冰。

第七章　中国对外援助 ABC

元的资金支持，其中包括 150 亿美元的无偿援助、无息贷款和优惠贷款，200 亿美元的信贷资金额度，100 亿美元的中非开发性金融专项资金和 50 亿美元的非洲进口贸易融资专项资金，以及未来三年内不少于 100 亿美元的对非投资。600 亿美元的对非支持，引起了国内外媒体和大众的广泛讨论，其中十分突出的一点便是 600 亿美元援助款要送给非洲了吗？

其实，关于我国对外援助的体量问题一直是社会讨论的热点问题。除了本次 600 亿美元的对非支持外，2017 年末一篇"中国 2000—2014 年间对外援助体量已达 2.4 万亿人民币"的报道也引起了社会各界的广泛讨论。这些新闻报道上的数字全都是我国的对外援助吗？我国对外援助究竟包含哪些资金形式？造成这些统计上的差异背后又有什么样的逻辑？下文将从 OECD 援助统计与我国对外援助统计口径的差异上对以上问题进行解释。

西方国家的对外援助主要分为官方发展援助和其他官方资金。对外援助作为传统西方国家的一种外交工具，已经形成了一套完整的、科学的统计方法，其中官方发展援助作为 OECD 发展援助委员会成员国主要的援助形式，是被学术界一直重点讨论的一种对外援助形式。官方发展援助指的是官方的对外资金中以帮扶发展中国家为目的的赠款，以及含赠款成分 25% 及以上的贷款。而未达到 25% 赠款成分的贷款，以商业为目的的赠款，以及出口信贷等则属于其他官方资金。其他官方资金作为官方发展援助的重要补充形式，在其目的上与传统的官方发展援助有一定的差异，官方发展援助是以促进受援国发展为直接目的的援助，而其他官方资金更多的是强调援助国自身的经济利益，对受援国"帮扶"的成分不如官方发展援助。

发展援助的未来

运用OECD的统计方式，美国威廉玛丽学院的援助数据实验室将中国对外援助资金划分成了官方发展援助以及其他官方资金，以及不能归入上述两类的官方资金。据其统计显示，与传统西方国家中官方发展援助占主要对外援助资金不同的是，我国的官方发展援助占比较低。以中美对比为例，美国的官方发展援助占了对外援助总量的85.9%，而我国的官方发展援助仅占对外援助总量的33%。这是由于我国政府的对外援助资金中绝大部分是为了满足发展中国家解决其自身发展问题而提供的触媒资金或杠杆资金。这与传统的西方发达国家注定会造成单向依赖和从属关系的官方发展援助有一定区别，我国的对外援助更注重"授人以渔"而非"授人以鱼"。

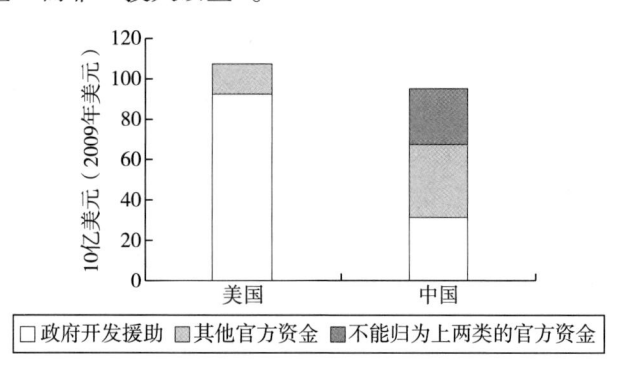

图7.2 中美两国对外援助形式对比图

我国目前公布的对外援助数据有两版商务部发布的《中国的对外援助》白皮书，其中对外援助的资金形式包含无偿援助、无息贷款和低息贷款，贷款部分统计的是由国家财政补贴的利息部分，这与西方统计模中官方发展援助只统计本金的部分有一定差异。我国的无息贷款和低息贷款，由于时间跨度长，补贴利率较大，赠款部分通常会超过本金的25%及以上，因此我国官方（白皮书）公布的对外援助与OECD统计方式下的官方发展援助基本一致，但资金额度上会存在一定的差异。

第七章　中国对外援助 ABC

也就是说我国的对外援助统计的只是 OECD 统计方式下的官方发展援助的一部分，而其他的官方资金形式均不纳入我国的对外援助统计体系中。

首先我们看看这些资金的构成。其他官方资金包含的是含有商业性质的贷款及赠款，包括：①以带动本国商业为目的的赠款。②以发展为目的信贷资金。③以促进出口贸易为目的贷款。④以安全问题为目的物资支持。⑤向对发展中国家提供优惠贷款的银行提供的补贴。⑥为促进私人投资设立的基金。可以说以上资金在我国均算入国际发展合作范畴，并不纳入我国的对外援助统计体系。

但为什么西方国家将这些款项也纳入对外援助体系呢？这是由于在传统的南北合作框架内，作者认为发达国家以官方形式向发展中国家投入资金这一形式本身就带有一部分发展援助的意味，因此 OECD 的统计将上述资金纳入了对外援助体系中，而我国由于是发展中国家，与其他发展中国家的资金来往依循的是南南合作框架，且其他官方资金包含的资金形式的商业目的更强与我国语境下的援助体现的无偿赠予的含义也不相符，因此我国并不将这些资金纳入我国对外援助的统计范畴。

由此可见，当前对非洲提供的 600 亿美元的资金支持，从其定义上看更为贴近国际发展合作的概念，这也与我国新成立的国家国际发展合作署的名字相符。它意味着我国不局限于西方国家定义的官方发展援助和其他官方资金，而是以更符合我国国情的话语展示我国对其他发展中国家的支持。此外，国际发展合作资金包含了我国官方定义的对外援助，以及包含向发展中国家提供贷款等在内的其他官方资金支持，相对于对外援助有更丰富的内涵，也体现了我国与其他发展中国家共筑"人类命运共同体"的决心。

发展援助的未来

对外援助的历史与改革要务[*]

从建国到现在，中国在国际上的地位大致经历了三个不同的阶段：

第一个阶段是20世纪50年代至80年代。这个阶段除了有一段时间与前社会主义阵营的关系密切以外，大部分时间处在相对独立自主和自力更生的发展阶段。在这个阶段，中国国际战略前期的重点在于自身的安全和支持其他社会主义兄弟国家的发展，后期主要通过对发展中国家的广泛支持打破封锁，开拓国际生存空间。所以，即使中国当时处于经济困难时期，仍然为发展中国家提供了可观的对外援助。对外援助呈现的直接的功利不明显，相反，这时的援助几乎是单向性的和利他性的，甚至很多时候是超过自身能力的。

第二个阶段是改革开放以后到21世纪初，中国的国际生存环境有了根本性改变，各种封锁极大缓解，尤其是与西方的合作全面展开，约束中国发展的地缘政治因素减少。中国的战略转向如何利用相对开放的国际空间发展自身的经济。因此，对外援助也开始调整，逐步转向经济意义上的互惠互利。对外援助的战略转向服从经济建设大局，同时兼顾地缘政治等其他因素的考量。

21世纪以来，国际格局发生了很大的变化，中国的国际地位迅速提高，中国的成长也引起了西方社会的担忧，新的地缘政治因素开始出现，有利于中国的全球化因素开始发生变化。中国与发达国家、发展中国家之间相互依存的新型结构关系开始形成并在不断深化，在合作的同时出现了竞争，甚至是局部的对抗和冲突。

---

[*] 本文原载于凤凰网大学问，作者：李小云、徐秀丽、唐丽霞。

第七章 中国对外援助 ABC

中国正在成长为一个新型的全球领导力量,因此,对外援助需要按照这样的格局进行改革。

第一,提升对外援助的战略地位,增强对外援助的国际公共属性。在新的全球格局下,中国的国际战略已不再是过去聚焦于"生存空间"的开拓和如何服务于国内经济的发展,而将更多地集中在如何支持中国成为全球新型领导力量方面。作为全球领导角色就必须承担全球性义务以及支持或主导全球公共品的生产。这意味着对外援助在基于确保若干自身核心利益的同时,应该优先考虑服务于全球公共利益。因此,中国对外援助需要与政治外交、经济合作和必要的战略性军事力量处于同等重要的战略地位。一个国家只有具备了这样"四轮驱动"的国际战略体系,才有能力有效地践行国际正义,维护世界和平,并同时维护国家的合法利益。中国已经形成了有中国特色的援助体系,成为国际发展体系中新型的援助力量。但是,中国除了参与一些大的国际发展事务的讨论外,由于机构资源约束等方面的原因,很少参与各种国际发展援助议程的讨论,在该体系的政策制定中实际影响力和话语权很少。同时,中国对外援助作为国际公共品的战略地位也不清晰。

建议除了积极参加联合国和二十国集团国际发展议程外,应积极参与 OECD 发展援助委员会、全球有效发展合作伙伴计划、多边发展组织和其他由各个国家发起的有关国际发展的活动,特别是 OECD 发展援助委会的议程。因为这些活动实际上左右着联合国的发展议程以及有关气候变化的讨论,同时也影响着发展中国家的发展合作政策。

由于国际发展事务很多,基于目前机构设置的实际情况,建议设立专职性的部长级的中国国际发展议程首席代表。这一方面可以便于专职参与各种国际发展援助的讨论和规则的制定,同时也可以与其他国家负责发展援助的部门对等交流。

发展援助的未来

第二,改变对外援助的碎片化状态,建立适应新国际格局的大援外体系。随着对外援助战略地位的提升,援助规模和援助范围的扩大,现有对外援助管理体系迫切需要进行调整。首先,中国的政治体制在宏观上可以确保对外援助在战略层面的集中统筹。我们目前的格局是不同部门掌握着不同类型的援外资源。虽然不同部门执行的对外援助项目效益都很明显,如援非医疗队项目,但应当看到,现阶段援外资金有限,不同部门都有繁重的国内发展任务,而且参与机构越多,由于部门利益出现的弊端就越大,用于协调的成本也就越大。实际上,对外援助的碎片化状态不利于援助资源整体性效益的放大。其次,现有援外机构设置不论从行政级别还是人员数量等方面都很难很好地承担援外作为国家重大战略工具的重任。因此,改变目前援外的碎片化状态,建立相对统一的大援外管理体制迫在眉睫。

建议在保留不同主体落实援外项目的体制下,通过整合现有援外行政资源,建立包括援外法规政策、援外项目规划和管理、对内和对外宣传合作体制在内的大援外管理机制。

第三,加强对外援助研究,形成基于中国经验的援外理论和知识体系。西方发展援助的演化一直基于系统的发展知识的生产,这也是西方发展援助持续发展并主导国际发展体系的重要原因。援助知识体系是多学科的体系,特别需要经济学、社会学、人类学、政治学以及其他专业学科的参与。中国对外援助经过六十多年的实践,虽然已经形成了很多具备理论化的知识要素,但是还没有形成系统的援外理论。

建议在大学或研究机构设立专业化的国际发展研究机构。同时,建议通过一定的形式委托国际知名的研究机构对中国对外援助展开研究,从而提供国际视角的观点。

第四,建立科学系统的对外援助评估监测体系。随着中国对外援助

第七章 中国对外援助 ABC

规模的不断扩大和援助领域的不断拓展，无论从回应国际社会的质疑方面，还是向中国大众说明中国对外援助的效果方面，都需要对中国对外援助进行系统的评价。而系统的评价又取决于能否建立一个从援助的计划到执行整个过程的科学评估和监测体系。目前，中国对外援助的监测评估还停留在初级的项目执行情况的监测方面，缺乏科学的产出和影响监测。国际发展组织为中国提供了三十多年的援助，在中国也系统地引入了发展援助的监测评价技术，而且也培养了一大批中国的监测评价专家。因此，建议很好地吸取这些实践的经验，并充分利用已有的专家队伍。建议改革援外管理中不利于充分发挥已有专家队伍的技术性障碍。

第五，合理吸收西方国家发展援助的经验和教训。西方国际发展援助体系形成了双边、多边和 NGO 参与的完整的体系，并具备了开展无偿援助、优惠贷款等不同形态援助的长期经验。中国可以通过与多边、双边以及 NGO 的开放性合作，学习和吸取西方发展援助的经验，特别应关注发展援助有效性方面的管理经验和措施，其中计划监测评价技术值得中国参考。中国在学习西方发展援助经验的同时，要注意克服西方发展援助政治化、管理成本高昂、对经济发展影响弱等方面的弊端。

中国需要新型对外援助

2017 年成为中国新援助的起点。中国是一个新兴大国这一带有地缘政治色彩的概念，目前已被国内外广泛使用，这也说明了近十多年来全球格局的新变化。中美以及中国与其他国家互动的新动向也预示了中国有可能成为一个新的全球领导力量。

自启蒙主义特别是工业化以来，世界一直把中国看作一个落后国家，认为相对于西方而言，中国在政治社会制度上是落后的。由此，尽

发展援助的未来

管中国已经取得了巨大的发展,日益增强的影响力对全球发展也有着越来越明显的积极意义,但很多时候国际社会对中国的期望仍然局限于多做一点经济方面的贡献。十八大以来,中国新一代领导人提倡积极型的国际方略,更加关注"人类命运共同体""世界大同,天下一家"等理念,这些都展示了中国更宽广的全球视野,以及在国际社会发挥更大作用的期望。值得关注的是,这在实践层面也已开始呈现,对外援助方面的实践转型自然不会例外。

事实上,对外援助一直是中国外交的重要组成部分和抓手。十八大以来,中国正在以更为成熟、稳健的步伐,走近世界舞台中央,越发成为乱局中的稳定器、变局中的正能量。面对新的国际格局和新的目标任务,中国的对外援助需要从战略上和政策上做出重大调整,使之与中国作为全球新型领导力量的地位相适应。从世界和中国发展的情况判断,新的一年应该是新援助的起点。

新的援助目标: 提供全球公共品

全球公共品是意识形态的产物。国际上的发展理论范式一直围绕着自由主义和极权主义构建。几乎所有关于中西发展道路的讨论都集中在自由主义和极权主义的优劣方面,因而,所谓自由主义的"优"和极权主义的"劣"也就首先成了"政治的正确"。

全球公共品也是物化的产品。过去几十年,西方通过发展援助提供了全球公共品的物化形态,在初期表现为发展型的产品。这个公共品的目的是建立一个繁荣公平和物质文明发达的社会,以及提供一个达到这个目标的路径。这一点在战后杜鲁门的"四点方案"中有着很清楚的说明。美国在战后积极地推动殖民地的去殖民化,并指出发展中国家通向繁荣的现代化之路,从而长期占据了道德和技术的发展高地。

第七章　中国对外援助 ABC

但在西方国家国内政治的影响下，对外援助逐渐转变成以改变制度为主的"软产品"和以教育和卫生等干预为主的福利型产品。这些产品当然同时也是工具性的，它通过能力建设、教育水平和卫生条件的改善提高人力资源和制度的供给水平，从而提高生产率。但是，结果似乎并不理想，反倒产生了福利性援助依赖和治理能力的破坏（如内战、独裁、转变、腐败）等问题。西方发展道路的失败已经成为一个共识，很多人类学家和发展学家都揭示了干预性援助失败的社会经济和政治原因，所以在援助的机制上避免干预是非常重要的。

对比西方，中国在新中国成立以后很长一段时间的对外援助，虽然具有一定的阶级性和意识形态性，但实际上当然也具有全球公共品的性质。进入 21 世纪以后，中国又开始逐渐调整对外援助政策。特别是最近几年，快速的经济发展让中国在全球的领导作用越来越明显，中国对外援助也有了显著的变化，提供全球公共品成为中国对外援助的一个主要方面。

目前，可持续的经济发展和民众如何分享发展成果是中国迫切需要解决的问题。按照所谓的西方标准，中国是不大够格作为一个新的领导者的。但是谁能预测在解决这些问题的过程中中国就不会摸索出一套特殊的经验？谁敢做出中国不会为世界提供一套不同经验的终结性判断？中国是否能为全球的繁荣和文明的发展做出特殊的贡献，能否提供一条通向这个目标的不同路径？这是世界对中国的疑问，也是中国对自己的思考。

事实上，中国能为世界提供的公共品恰恰是如何解决世界各种问题的经验，而不是一个既有的模式和框架。一段时间以来，我们主要依托国家的主导力量通过高积累和高投资促进高增长，同时继续依托国家力量调整发展格局。虽然这种策略能否作为普世的经验的确需要慎重考虑，但是其中的一些要素无疑得到了很多发展中国家的认可。这个过程中孕育的很多要素有可能构成新发展主义的要素，而新发展主义也有可能成为中国为世界提供的公共品的核心内涵。

我们知道，中国提供的以互惠性为主的合作性援助，不同于利他性的赠予式援助，也不同于改变制度供给的干预性援助。虽然这种方式并不一定能够解决发展中国家的问题，但是这种援助会促进他们产生发展的自我责任感，同时也能给他们提供试错的机会，使他们积极主动地进行发展性学习。这种援助在物化的形态上更具有发展型特点，对现有方式也具有很强的补充性，甚至替代性，同时也具有一定的稀缺性。而中国提供的互惠性基础设施、技术转移和平行经验分享正是这种发展型公共品物化的代表。基于这些要素提炼出的新发展主义的发展知识，可以形成可供选择的公共品。

新的援助战略：由"为我所用"的工具转变为构建"命运共同体"

作为一个潜在的新的全球领导者，自利性的"为我所用"的援助方式不符合中国在世界的定位。不可否认，在全球化不断加深的今天，援助在客观上依然无法独立于国家的利益，中国自身利益也无法与其他国家的利益彻底隔绝开来。从这个方面讲，将中国定位于全球公共品提供者具有很强的正当性。虽然援助并不一定会给中国带来直接的经济利益和政治筹码，但中国仍然需要这个角色定位，因为只有这样，援助才有可能真正成为构建"命运共同体"的战略工具。

客观地讲，在美国全球领导地位处于高峰的阶段，其援助的全球公共性也很高。但是随着援助越来越受到其国内政治的左右和自身利益的绑架，美国的全球领导者的道德感召力也开始下降。在其领导的西方援助体系内，美国长期采用捆绑式援助方式导致其盟友不满就是一个例

第七章　中国对外援助 ABC

子。实际上，作为一个领导者，为其他国家和地区提供援助必然带来权力、话语以及在规则制定中影响力的上升，同时也会导致某种霸权意识，这就需要领导人的伦理智慧、知识精英的理论反思，同时也需要社会的全球意识。这些都是中国能否成为新型领导者向全球提供新的援助所面临的重大挑战。

要想克服这一挑战，将面临诸多困难。首先，在援助的过程中，提供者和接收者之间在客观上存在权力不对等的情况，很容易产生干预效应，特别是在所谓"软援助"日益受到重视的情况下更是如此。因此，需要避免原先的不干预内政转变为干预内政，将不干预内政转变为发展性学习。不对日益增大的"软援助"的方向和内容加以界定，就有可能造成文化优越感和权力极化，从而形成新的结构关系。随着中国走出去规模的不断加大，各种各样未经仔细研究的豪言壮语式的中国模式和方案也不断扩散，"中国式的文化优越性"的论调也开始出现，这实际上会削弱中国作为全球新领导者的道德形象，使中国自身的全球道德伦理的建设发生偏离。

其次，国家领导者的全球视野与社会大众的全球关切之间仍然存在鸿沟。通过国民教育虽然可以缩小这种认知上的差距，但是并不能从根本上解决问题。"命运共同体"这个模糊的概念需要通过知识和话语的构建，才可以成为公共语，而且需要全球性的道德伦理来保证它的社会发育，否则政府很容易被民粹主义绑架。这些对于中国而言都是巨大的挑战。

新的援助制度和管理的设置：打破碎片化，发育大援助体制和管理体系

从一个新的潜在的全球领导力量的角度考虑，不仅中国援助的战略

发展援助的未来

和框架需要调整，中国援助的体制和管理体系也需要调整。尽管全球化达到了空前的程度，但是国家利益依然是影响一国国际战略最重要的因素，援助不可能脱离这个利益。但是当一国把自己定位于在全球具有领导作用和重要影响力的国家时，援助的意义就超越了自利的范畴。在这种情况下，援助的整体效应的重要性就凸显出来，这就需要在援助体制方面进行改革。

当援助需要服从更高的目标时，在体制上附属性设置的弊端就会显现。一是援助很容易受到所属部门的主体业务的影响，如形成经济性援助、外交性援助等；二是协调的制度性成本很高；三是当援助成为一个国家的重要事项时，各个部门都开始提供来自自身义务范围的援助，如农业援外、科技援外、卫生援外、文化教育援外、财政援外、外交援外等，这就造成了援助的碎片化。因此，当一个大国的援助进入战略性援助阶段，就需要高度的资源整合和战略协调，需要将援助上升为国家治理的内容之一，并在制度的设置上加以体现。

因而，中国需要一个在战略、资源统筹和监管上高度集中的大援助体制。这个体制应该把对多边、双边和非政府及企业主体的援助统一在一个框架下，也就是将不同部门的援助统一在一个战略框架下。这就要求我们围绕为全球提供公共品的目标，提供相应的制度安排，进而提供相应的知识和物化产品。

第八章　如何看待中国的对外援助

中国的对外援助在文化价值、政治理念和援助方式上与西方发展援助具有很大的不同。我并不赞同中国对外援助优于西方发展援助的简单二元性判断。西方发展援助起源于不同的历史语境，成长于不同的政治经济社会环境。西方发展援助的很多项目都对发展中国家产生过积极的作用，很多方面都需要中国对外援助学习。但是西方发展援助在面对多样化的发展中国家历史政治经济现状的条件下，出现了很多问题。这些问题为中国发展援助提供了有益的借鉴。因此，评价中国对外援助是否有效，不能采用西方的标准。中国能为世界提供的援助和西方提供的应该是不同的，"一带一路"倡议的提出代表了中国基于自身发展经验构建人类命运共同体的设想，也反映出中国对外援助如何展开的理念。世界的发展需要中国的对外援助，而中国的对外援助则应有中国的特色，这些都是对外援助应该坚守的核心价值。

世界减贫需要更多中国声音[*]

建设一个没有贫困和饥饿的世界，需要全世界的共同努力。从开展

---

[*] 本文根据《农民日报》对作者的采访整理而成。

发展援助的未来

大规模农田水利建设,到实行家庭联产承包责任制,从有针对性地扶贫开发,到整村推进的新世纪扶贫开发战略,从集中连片特殊贫困地区减贫到到家到户的精准扶贫,我国经历了人类历史上最大规模的减贫进程。而与此同时,非洲等一些发展国家仍饱受贫困的困扰,缺乏摆脱贫困的有效办法。

在过去六十多年中,西方发展模式在发展中国家特别是在非洲大陆的实践遭遇挑战,非洲国家的经济发展持续低迷,贫困问题没有得到根本解决。而在同一时间内,中国取得了非常突出的经济发展和减贫成就。1981 年,中国有 8.35 亿绝对贫困人口,占世界贫困人口总量的 43.1%;而到 2010 年,中国的贫困人口占世界贫困人口的比例下降到 13%。而反观非洲,贫困人口数量从 1.68 亿上升到 2.98 亿,占世界贫困人口的比例也上升到 30.77%。

二战后,独立后的非洲国家面临着"国家现代化"的任务。以美国为代表的西方国家以"现代化理论"为指导对非洲进行发展援助,投入了大量的资金和技术。大量的资金和项目投入给非洲带来了可观的变化。从纵向上看,非洲很多国家如坦桑尼亚、埃塞俄比亚、加纳、肯尼亚等国家的福利水平、教育卫生条件等都有了很大的改观。但是,时至今日,非洲国家经济发展依然缺乏可持续的机制,贫困依然呈现长期化特点,许多国家的经济发展水平还不如 20 世纪 60 年代刚刚独立的时候。

之所以出现这种结果,是与西方的援助模式分不开的。西方的发展理论框架是建立在一个良好的制度和自由的市场经济基础之上的。从理论上讲逻辑导向并没有错,但是在实践中遇到相当多的麻烦。在过去的 40 年,很多非洲国家在经济发展上经历了由美国等西方国家的支持和苏联工业化模式的示范下采取的工业化发展战略、世界银行和国际货币

第八章　如何看待中国的对外援助

基金组织主导的结构调整计划以及自力更生基础上倾向于内向发展的《拉各斯行动计划》等一系列发展阶段。西方国家在非洲的发展干预战略不断摇摆，并没有解决非洲发展需要突破的核心问题。非洲国家既没有建立起完整的市场经济体系，也没有建立起民主、透明、法制的政府，大量外援成效甚微。在这种背景下，非洲国家普遍出现了"向东看"趋势，希望借鉴或仿效"中国模式"，希望摆脱长期被西方国家单一模式控制的状态。

非洲国家能够学习中国的扶贫开发经验吗？

在过去十多年中，中国着眼于提升软实力和增加在全球治理体系中的话语权，支持、举行了各种高级别发展对话和培训等活动，很多发展中国家也积极学习中国的发展和减贫经验。但是应该看到，中国的发展和减贫之路有其历史的延续性和现实的特殊性，很多具有中国特色的改革开放的政策，如经济特区、农村联产承包责任制等对中国的发展与减贫发挥了巨大作用，但是仅局限在这些政策并不足以全面把握中国发展与减贫的核心。

中国的经济发展和减贫过程，并没有完全照搬西方的政治和经济社会制度路径，而是有条件地、渐进式地推进政治经济社会改革，这样的改革过程很大程度上既符合了中国经济发展的实践，更避免了大规模变动给社会经济造成的动荡伤害。尽管中国和其他发展中国家特别是非洲国家存在政治、经济、社会等领域诸多差异，但非洲国家很难复制中国的发展模式。中国按照自己的国情发展的成功经验已经成为国际社会的共识。中国在发展过程中坚持的"自力更生为主，争取外援为辅""他山之石可以攻玉"等均可以为非洲国家提供很多有意义的借鉴。

发展援助的未来

中国经济增长和减贫的成功实践带给非洲发展中国家最基本的原则应该是：要结合本国的实际情况，选择适合本国经济条件、基础资源、政治制度的发展道路。只要把中非现实差异分析清楚，并在此基础上总结中国的减贫经验，然后有选择地借鉴参考，非洲是完全可以学习中国的减贫经验的。

正如中国领导人多次强调的，中国的发展是中国特定国情的产物，各个国家的发展都要根据自己的国情选择适合自己的道路。"中国故事"的核心就是走自己的发展道路，这实际上也为学习分享中国经验提供了指导思想。

发展中国家的政治经济制度建设

在中国经济发展的过程中，中国共产党始终把国家发展与民众福利联系在一起，而且将这一目标作为其连续一致的政策的出发点。

中国在中华人民共和国成立后的 30 年内，进行了巨大的基础设施投入，建立了自主的工业结构、相对现代化的农业研发体系和相对高素质的劳动力队伍。更为重要的是，中国在相对封闭的国际政治经济环境中积累了如何依靠自身力量发展的经验。此外，中国完成了广泛意义上的土地制度改革，为多数人依靠农业摆脱贫困创造了相对公平的环境。中华人民共和国成立后至改革开放前 30 年中国积累起来的工业基础，教育和医疗水平的进步，农业科学技术的推广应用，农业基础设施从制度、社会、技术等方面的全方位建设为改革开放和利用国际市场奠定了基础。我们可以说改革开放前 30 年提供的在政治经济和社会角度的公平，为以后的经济发展和减贫创造了主要的条件。

1979 年以来，中国政府开始实施以家庭联产承包责任制为核心的农村经济体制、以按劳分配为核心的分配制度、以对外开放为主要特征

第八章　如何看待中国的对外援助

的贸易投资制度以及以优先发展消费品工业的经济发展战略为内容的经济体制改革。这些改革措施促进了中国国民经济的复苏和快速发展。此后，中国经济一直保持高速发展状态。经济快速发展"涓滴"到普通农户，给多数人利用市场增收致富创造了条件。

相对公平的资产分配制度（主要是土地制度）和高速的经济增长使大多数中国贫困农民得以分享市场的机会和利润，从而摆脱贫困。大规模的减贫需要国家在制度层面上进行宏观设计，确保有利于脱贫的发展导向。

摆脱贫困的优先发展产业

中国的减贫过程是以农业经济增长为基础的，从1978年至1985年前后，是中国经济增长速度最快的阶段。经济增长主要来源于农业增长，这个阶段中国贫困人口减少了50%。

中国经济体制改革从农村土地使用权制度改革开始，落实了家庭联产承包责任制，打破了原先以生产队为基本单位的计划经济生产方式，解放了生产力，提高了劳动效率，同时也解决了困扰中国政府和人民多年的粮食安全问题。反过来，农业产品的剩余为农民储蓄的增加和其他产业的发展奠定了基础。

1985年之后很长时间，乡镇企业的发展为农民增加了收入，拓展了农民与市场的联系。随着农业生产率的提高，农民的温饱问题逐步得以解决。但是在农产品销售市场尚不够发达的情况下，为了满足农村居民的生活需求，为了充分利用农村劳动力资源，许多地方开始了以农产品转化为主要特色的乡村企业经营，并在此基础上演化出了以小商品加工销售为主的"温州模式"和以小型加工业为主的"苏南模式"。这些都繁荣了地方经济并扩展了市场流动的空间。

发展援助的未来

非洲国家如何才能更好地融入全球价值链和市场

中国制造能够迅速在全球崛起，占领广大市场，除了中国劳动力素质以外，也付出了牺牲农民和农民工福利的代价。无论是新中国成立之初基本工业体系的建立，还是改革开放后中国工业和制造业的快速发展，都与农民和农民工密不可分。中国农民在福利上的损失一定程度上降低了中国制造的成本，为撬开国际市场，从国际市场上获利创造了条件。无论是从新中国成立初期，还是改革初期，如果以西方福利国家的模式发展工业，那么将会极大增加中国制造的成本，中国制造占领全球市场的能力将大受影响。所以，从这个意义上说，中国发展和扶贫开发的经验的核心是中国农民，正是中国农民在发展过程中巨大的福利让步，才会使中国工业和制造业快速发展，从而为促进整体经济起飞奠定基础。

在工业化、城镇化和市场化的过程中，做出贡献的不仅是农民，包括工人、政府官员和学者在内的中国劳动人民用他们勤劳的付出，在融入全球价值链过程中，利用全球资源发展经济从而最终为实现经济快速发展创造了条件。

更好地推广中国扶贫开发经验

这两年，在国务院扶贫办中国国际扶贫中心的支持下，中国农业大学在坦桑尼亚建立村级减贫学习中心，现场示范劳动密集、资本节约的农业技术。在我们与非洲分享经验时，往往会让他们看我们现在的农业，给他们的印象是中国农业的研究就是拖拉机、化肥农药等，其实，我们的农业是靠劳动密集发展起来的。所以我们在坦桑尼亚的农村现场示范玉米密植种植技术，使当地的玉米产量从过去的一英亩 4 大袋

第八章　如何看待中国的对外援助

（当地计量单位）增加到现在的 12 大袋。示范成功后，越来越多的当地农户开始采用密植的技术。玉米密植的技术示范成功，重要的是，它基于当地农户发展的内生过程，尊重当地农户的生计逻辑。

在开展国际扶贫项目和发展援助时，第一，要充分认识中外不同之处。经济上，中国建立起了完整的经济结构，而非洲国家以初级农产品和矿产品为主，产品附加值较低。从社会结构上来说，中国相对稳定的以社会关系中的差序格局为核心的"强国家与强家庭功能并重"的社会结构既利于发挥国家的作用，也有助于成员之间互相帮助以减轻风险。而非洲国家缺乏长期中央集权的历史和独立执政经验，加之民众对国家认同薄弱，形成了"弱国家-强部落"的社会结构，这种结构既不利于国家对资源的集中调控，也不利于建立以家庭为单位的生产方式，个人激励容易被种族和部落传统权威弱化。

第二，要避免带着发展优越感进行交流分享，要和受援国建立伙伴式的关系。中国在坦桑尼亚的扶贫项目就是这样一种伙伴式关系，它得到了坦桑尼亚政府和中国驻坦桑尼亚大使吕友清的高度评价，认为这样的扶贫项目是把传授中国经验的教室从国内搬到了非洲，把传播中国减贫经验的舞台从教室搬到了农村。在进行扶贫和发展援助时，要树立一种观念，我们不是救世主，也不是传教士，我们把取得成功的东西拿出来给需要的人分享，让更多的人摆脱贫困。

第三，要避免陷入西方话语权的解释陷阱。中国走出了一条不同于西方发达国家的经济发展和扶贫开发路径。尽管在经济增长的过程中，中国也充分利用了市场的资源配置作用，但是市场并不是中国经验的全部。中国的发展过程很好地演绎了政府与市场之间的渐进性的、试错性的互动关系。在中国的发展实践中，政府不仅仅在市场失灵时起纠正和弥补作用，而且在一定程度上引领了市场的规范发展。

第四，要充分认识到发展和减贫的核心要素是农业，是乡镇企业，是劳动力资源，而不仅仅是发展援助和政治制度建设。在自然资源既定的前提下，走依赖农业和乡村工业增长的经济发展过程更有利于贫困农户脱贫。

最后，要加强在海外宣传扶贫开发的能力建设。不仅仅是加强与受援国的文字、语言交流和沟通，更重要的是，要把中国扶贫开发的经验用受援国和国际社会便于理解和操作的形式表达出来。中国的扶贫开发经验具有特殊性，只有把中国的特殊性和全球贫困的普遍特征结合起来，找到中国实践和海外扶贫理论联结的节点，才能真正让中国的扶贫经验在海外生根发芽，让更多的贫困人口因为中国的扶贫理论和经验而摆脱贫困。

中国发展研究的萌芽

1998年，一群活跃在国际发展援助第一线的同人在中国农业大学西区一座由中国和联邦德国共建的CIAD小白楼里讨论他们的未来。到底是转型为商业的发展咨询公司，还是转向发展的研究和高等教育？他们选择了后者。

在大学里，没有本科教育的科目就不能有相应专业的学生，而没有相应专业的学生就无法有独立的学科和研究。他们在10年国际发展援助实践的基础上向教育部提交了建立发展研究专业的申请。这是我国第一个建立发展研究高等教育的动议，中国农业大学的领导以少有的远见支持了这个建议。全国第一所从事发展研究教育的学院，农村发展学院于1998年在中国农业大学成立。福特基金会为这所学院的课程设计提供了技术援助，十多名国际知名的发展学家参与了学院的课程设计。

第八章　如何看待中国的对外援助

2002年中共中央政治局原委员、国务院副总理姜春云同志欣然同意担任学院的名誉院长。

但是，在教育部的增设专业申请中，发展研究专业是陌生的，且由于是农业大学联合其他大学一起申请，所以就同意设置为农村发展专业。时任校长毛达如教授出于向德国学习的原因加上了"区域"两个字，于是申请下来的本科专业名字就成了今天的"农村区域发展"专业，2004年我们又新设了"农村发展与管理"硕士和博士专业，从而形成了国内第一个系统的从本科到博士的发展人才培养建制。

近二十年来，共有近千名本科生、100多名硕士和100多名博士从中国第一个发展研究基地跨入社会。他们有些早产，中国对于发展研究人才的需求还没有出现，他们中的大多数带着就业的焦虑跨入了他们人生不同的职业生涯，但是他们成为中国发展研究的种子，即使在不同的岗位上，由于曾经接受过发展研究的熏陶，他们对发展工作具有天然的亲切感。

今天，伴随着中国国际影响力的日益强大，"一带一路"倡议、金砖银行、亚投行等发展机构依次设立，发展研究逐渐被赋予独特的历史使命，这个时刻到来得甚至比开创这个学科的先行者预想的还要早！

发展研究的种子

事实上，中国社会经济的发展，特别是农村发展对于复合型发展研究人才的需要日益凸显，从中国农业大学发展研究基地走出的学子承担了他们初始的使命。他们中的很多人已经成为高等院校的师资，有的就职于国外大学研究机构，有的正成长为发展研究的知名学者，有的成为国家决策机构的工作人员，有的服务于国际组织，有的活跃于跨国大公司，而有的则在乡村创业，创造自己独特的价值。值得一提的是，很多

发展援助的未来

人已经成为中国公益力量的中坚。这批最早的发展人逐渐在学校、社会到国际等发展领域产生了广泛而深远的影响力。继续坚守在中国农业大学发展研究工作岗位上的发展人则不断努力使发展研究的科研和教学处于国内领先和国际知名的水平。

2009年，全国第一个以"国际发展"命名的专业（方向）在中国农业大学诞生，2014年，首次入选的二十多名专长于国际发展的莘莘学子跨出校门。2013年，当他们走进非洲实习的时候，我国驻外大使无不感慨国家对于此类人才的期待。他们像学长一样带着国际视野，同样也带着职业的困惑走向社会。许多人可能会对农业大学设立国际发展专业不甚理解，事实上，发展问题与农业最为亲近，因为发展的核心之一主要涉及农村、农业和农民的发展，这要求从业者具有多学科的视角，国际关系、社会学、经济学、政治学、人类学、管理学、地理学、历史学、金融与哲学等都与发展研究有着密切的内在联系。作为其中一股起始的建设力量，中国农业大学的发展教育的课程设置不断在上述学科内容上加以完善，同时也包含了丰富的农业、农村和农学等方面的内容。

值得一提的是，中国农业大学的发展研究教育并没有停留在国内学生的培养上，此外，他们在全国第一个开设了全英文的针对发展中国家的发展硕士和博士课程。从空间上看，发展研究教育伸展到了亚洲和非洲的大多数国家，直接涉及"一带一路"沿线国家的发展状况。

曾获得北京市高等教育教学成果奖二等奖的"社区为基础的自然资源管理"课程中，国际留学生和中国学生组成团队前往不同的村庄进行调研。

2013年7月，首批赴非洲实习的本科生在坦桑尼亚达累斯萨拉姆大学参加"中国梦、非洲梦：携手实现中非共同梦想"国际研讨会。

近年来，中国农业大学发展研究成果显著，不仅发表了一系列文章

第八章　如何看待中国的对外援助

和著作，获得了众多的学术成果奖，其研究成果还为《人民日报》、英国 BBC、非洲国家主流媒体等广泛报道，并引起了决策高层的高度重视。

发展研究的黄金时代

迄今为止，中国的发展研究教育虽然也有十多年的历史，但是它被淹没在需求未被"显性化"的时代，淹没在现行的学科架构、固有的刻板印象，以及偏执的意识形态之中。然而，历史正赋予发展研究新的使命，中国在全球体系中的崛起是 21 世纪最重要的历史事件。亚投行的诞生标志着中国将作为新兴大国在全球事务中逐渐发挥主导作用。"一带一路"的建设正在将中国的全球化影响落实到行动中。中国海外发展的范围和深度都在不断拓展，这样的互动需要专业化的规划和评估以及专业化的管理，需要具备国际政治、经济、社会等方面综合知识和技能的专业人才。

中国与世界不仅仅是国际政治的关系，也不仅仅是国际经济上的关系，而是一个中国如何把握西方的历史性尝试的问题。这个关系涉及发展伦理和发展实践等一系列对中国人来说陌生的问题，解决这些问题需要新的知识体系和技能。

发展研究即将进入需求的黄金时代！

评价中国对外援助的标准是什么？

在论及中国对外援助时，总有人爱问，这个援助项目是成功了还是失败了？关注中国援助是否实现了预先规定的目标，判定它的成功还是失败固然是个重要的问题，但成功还是失败是评价中国对外援助的唯一

发展援助的未来

重要标准吗？我们在 2016 年初发表在《世界发展》杂志上的文章对此问题展开了侧面的分析，我们的答案是——成功还是失败当然不是评价中国对外援助的唯一重要标准，甚至不是一个好的标准。评价中国对外援助应有新理念和新视角，到底是什么呢？

英文文献是如何研究中国对外援助的？

当前，英文文献中对中国对外援助的研究充满了二元对立的评判，比如援助项目是失败的还是成功的？提供援助的中国是国际发展规则的遵守者还是挑战者？所实施的援助是"流氓行为"还是受援国发展机会的提供方？这些二元对立的评判凸显了现行西方知识界在理解中国对外援助现象时的局限性，这种局限性在很大程度上来源于主流英语知识体系的单一性和研究方法上的缺憾。长期以来，尤其是在冷战时期，援助作为一个高度政治化的领域，国外的研究者很难进入中国对外援助的现场腹地进行深入的调研，自 20 世纪八九十年代以来，中国对外援助体系进行了很多的改革，政治性逐渐减弱，经济性逐渐增强。在此期间，国外学者逐渐获得深入实践一线的机会。尽管如此，在此期间，西方学者对于中国援外的研究仍然停留在中国对外援助的动力机制和战略设计等议题上。

这种现象直到 21 世纪才逐渐改善，尤其到了 2006 年中非合作论坛北京峰会和 2008 年世界金融危机之后，西方学术界在此领域的研究成果井喷出来，研究议题也逐渐多元，中国援助的资金来源、援助管理方式、援助历史转变、援助项目模式、行业援助特点等开始进入研究者的视野，他们开始从不同角度开挖中国对外援助这座"知识的新矿山"，先了解发生了什么，而不是着急地给出评判，但这样的努力毕竟刚开始。总体来说，现行英文文献背后隐藏的一个核心疑虑是二元的，即以

第八章　如何看待中国的对外援助

援助为载体，中国到底是现行以西方知识体系为主导的国际发展体系的传承者，还是未来世界新伦理的提供方？许多研究对此争论不休，且大多集中于宏观层次。

我们的研究历程与关心的问题

面对上述国际文献图景，自 2013 年初开始，来自中国农业大学人文与发展学院、国际发展研究中心的研究团队分成几组分别奔赴埃塞俄比亚、坦桑尼亚、莫桑比克、赞比亚、马拉维、津巴布韦、南非、马里、乌干达等多个非洲国家进行实地调研。同时，伴随着日常生活中微信的交流、各种援外培训、发展项目和国际发展教育项目的推行等互动方式，增强了研究者和中非各方信息上的对称。在非洲实地调研的过程中，研究团队往往与受访对象（包括中方、非方以及来自各国的相关研究和实践者）同吃同住同聊天，我们不是带着评判援助项目是成功还是失败的视角进去的，相反，我们会要求自己首先将脑袋放空，尽量避免我们的主观偏见进入研究现场，而将注意力集中于我们的研究过程，专心地去观察、去倾听、去记录中国人在海外工作中遭遇到的各种"惊奇之处"，非洲人对中国人实践和文化的"惊奇之处"，以及他们是如何在"惊奇"之后互相调适等相关议题。

在此基础上，作为课题组研究成果的一个阶段性成果，我们 2016 年发表了基于坦桑尼亚、埃塞俄比亚、津巴布韦和莫桑比克四国案例基础之上的有关中国援非农业科技示范中心的英文研究文章。我们的初步结论是：中国援非农业科技示范中心不仅仅是中国对非农业援助项目的一个个载体，承载着项目目标、项目内容、项目人员和项目活动等要素，更重要的是，这些示范中心还是中非双方（或者从更大的范围上说，中国与外部世界多方）相互学习差异、互相调适行动政策的物理空间和社会空间。国际发展合作各方在这些空间中相互学习的能力和有效性（比如，各方是否能在实践中意识到跨境合作的文化差异，他们处理差异的能力、反馈信息的能力、调整政策和行动的能力等是否获得提升）不仅在微观上决定着援外项目的短期成效，更重要的是，这些来自微观实践的经验整理、知识应用和管理对于当前"一带一路"倡议的推行、中国参与国际经济治理的机制等宏观问题也具有深远的含义。

中国援外的一个案例：中国科技理性在非洲是否可以简单复制？

在本节中，我们试图超越常规的评判援外项目是成功还是失败的简单逻辑，进入到探究"事实上发生了什么，以及为何如此"的复杂现实里去，进而做出理论提升。通过多个案例多年的实地观察和访谈，我们在中国援外项目的日常运营中发现有三个重要的元素贯穿始终：第一，顾名思义，农业科技示范中心非常强调高产技术的示范和推广，高产不仅代表着先进性，在某种程度上，还代表着中方专家审视非洲农业发展问题的解决思路。通过高科技提高产量，进而解决非洲粮食短缺和粮食安全的问题。第二，在中心日常运营的过程中，政府引领发展的能力至关重要，这些能力包括如何调配资源、协调各方、制定规划、引领发展变化等方面。第三，市场和商业的手段在示范中心的日常运营中也举足轻重，创新性地利用企业推动示范中心的技术合作，期待通过此公私合营的方式推动中国援外项目的可持续性发展。在日常运营中，这种公私合营的方式给非洲各方和许多来访的国际发展机构带来了困惑，这个结构挑战了他们脑中已有的根深蒂固的有关援外机构形态的想象：他们到底是公司，还是援助机构？

这三个从经验世界里观察提炼出的要素，我们称之为"漫游域外

第八章　如何看待中国的对外援助

的中国科技理性"（关于此概念的有效性及反思需另文赘述），我们通过梳理中国国内农业发展的路径，以及中国农业援非的历程都可以看出，这种"科技理性"本是源于中国国内历史进程中解决发展问题的一套重要"法宝"。这套"法宝"也是贯穿中国农业援非的一个重要思路，即科技是第一生产力，依靠科技，可以解决粮食生产、农业发展的问题，并进而解决工业化、城镇化等现代化过程中的诸多难题。在推动技术进步的过程中，政府应该加强能力建设，发挥引领性作用，同时注意引入市场和商业的要素，增强市场在资源配置方面的作用。

然而，中国科技理性中的三要素分别遭遇了非洲当地各种现实要素的削减，中国专家很快发现，非洲人对水稻的关注并非高产，而更多的是香味——因为当地人对农业产品，尤其是水稻的食用具有阶层、仪式和其他文化上的含义，而并非仅仅服务于工业化和现代化的单一目标。中国专家也很快发现，非洲当地的各国政府都面临一个普遍的问题——协调发展的能力非常薄弱。尽管他们认为高产技术也很好，但往往无力协调农民、技术推广人员等各方形成技术推广应用的集体行动。专家也很快发现，他们自身和来访的其他国家的援外人员之间在工作方式和管理模式上的差别，"我感觉他们的工作是有一个套路的，但是什么，我还说不清楚，这个套路让我们感觉他们很职业"。有位专家如此评价来自美国的同行。这并不奇怪，因为中国尚未形成专业的国际发展的知识生产和人才培训体系，中国的专家大多按照朴素的爱国主义和经验主义推进援外项目的运行，再混合公司的激励机制，援助实践的形态就变得更为复杂多样。中西援外体系的这些差异也经常被非洲合作伙伴拿出来比较，甚至成为他们在技术合作过程中"不合作"的一个理由。

发展援助的未来

是否促进了"相互学习"应成为评价中国援外的重要维度

根据上述种种不顺畅的中国援外实践经历,是否就此判定此项中国援外项目失败了?我们认为是不恰当的,因为在每天的日常运营中,只要中国与外部世界之间相互"惊奇"的过程仍然存在,相互学习和调适的行为仍在发生——事实上,中非双方从宏观到微观层面上相互调适的确就此展开,那么,中国对外援助的项目便可以说是"成功"的。中国的专家开始意识到非洲与中国是不同的(尽管这种差异在现有的文献中已不断被揭示出来,其中,尤其以中国对外投资中面临的高额商业失利为典型案例),但对于众多的实践者和政策制定者来说,他们需要感同身受这些差异的细节,并由此形成政策和行动上的改变和调整,避免相同的失误一再发生。

另外,这个案例也说明我们对于历史中的经验和教训吸纳的还不够,百年之前类似的问题也出现过,相关的解决方案也已产生,但类似的问题仍会继续,实践一线的中国援外人员用自身的经历丈量着我们国际发展知识的积累和应用程度。

这也提醒我们,除了关注成功或失败的评判外,更为重要的是,我们需要对中国包括援外在内的各类"走出去"活动中微观各方相互调适和学习的经验进行梳理、总结、传播和管理,这些基于活生生的实践总结出的发展新知识是中国面对外部陌生世界时可仰赖的宝贵财富。同时,我们还需要更多地从历史中获取经验和教训,更多地了解我们的历史渊源,梳理发展的历程,更多地了解19世纪现代理性和进步思想在全球推进的过程,以及二战后形成的世界政治经济版图等。

当前,我国的"一带一路"倡议正在推行,亚投行和新开发银行,以及各类新型发展基金项目正逐步推行,其中涉及的国家和文化体系众

第八章　如何看待中国的对外援助

多，他们对于合意社会的想象是什么样的？他们的发展观如何？他们的社会管理和政治体制又是怎样的？他们的经济发展路径又是如何？这些多元文化体系之间是如何竞争的？等等，上述面向全球（而非仅仅面向国内）的发展新知识在中国的生产和传播不仅是稀缺的，而且这些发展新知识如何贡献于宏观政策的影响途径也是不清晰的，这些才是真正应该引起重视的。

如何看待中国的对外援助效益？[*]

中国具有历史性的文化传统与文化自信，但由于在近代遭遇现代性的冲击，长期处于面向西方的学习者状态。而中国近十年的变化，并不能单归结于政策的转变，更显示出文明体在社会文化层面上的延续性，中国开始尝试"把握"世界。

在这样的时代背景下，中国的对外援助属于社会文化行为，需要从全局的视角来看。

中国推行对外援助，体现了社会文化逻辑、政治经济学逻辑以及两种逻辑的有机结合。

以基督教文化为本的西方社会，基于普世拯救文化逻辑以及力图通过主导规则实施控制性的利益交换，形成了西方的对外援助形态。与之相比，中国以礼尚往来为先，以民族国家之间资源的流动与国家人格化的机制，形塑了援助行为的人格化、文化社会化。在经济层面，中国秉持利益交换（互惠互利）原则，将"礼转化为利"，达到"礼在今天、利在明天"的最大效益。

---

[*] 本文根据作者在《文化纵横》和南都观察联合主办的沙龙上的发言整理而成。

发展援助的未来

以援非农业示范中心为例，中国的对外援助是以技术优先的现代性实践，借由技术人员承载技术的跨界漫游，引领变革，而非西方以制度为中心的干预方式。援非农业示范中心以边界的模糊消解能动者的形式，达到社会互动构建的战略安排。

中国对外援助的经验可以总结为"达到了效益的最大化和最优化"。中国的发展经验通过平行流动的方式进入受援国的地方性体系，中国的援助实践则使中国的发展经验实现了跨国再生产和地方化。中国与受援国的能动主体根据自身政治、经济等利益诉求，在实践互动中共同形塑着中国发展经验的再生产和地方化过程。

研究不同的对外援助方式，并不是要判断是非，而是在实践基础上完成现象的政治解释与文化解释。

中国扶贫基金会是公益组织"走出去"的先行者。2015年联合国发布"可持续发展议程"，对全球公益组织提出了新的要求，中国作为联合国安理会常任理事国，也投入这一进程。中国的发展离不开国际环境的保障，民间组织具有专业、创新、中立、深入社区的独特优势，能够大大推进中国对外援助的深度与广度。

中国扶贫基金会的对外项目遍布亚非大多数国家，援助领域涉及扶贫、救灾、教育、医疗等。此外，中国扶贫基金会也努力开展与其他组织的合作协调，开展中国国际社会责任课题，举办"民间帮助民间——国际社会责任民间论坛"以及公益非洲论坛，还资助记者赴非洲调研，编写《中国民间组织走出去操作手册》，展示中国民间组织对外援助的全面性与专业性。

民间组织与官方救援的协力合作，能够促进世界对中国的认可，也有利于中国国际形象的建设。中国对尼泊尔地震的救援，就很好地体现了这一点，提升了尼泊尔民间对中国的认识和评价。但中国民间组织的

第八章　如何看待中国的对外援助

对外援助行动，仍面临众多挑战，除了政策、法律的缺失，海外办公室运行、捐赠资金海外拨付、资金不足、咨询服务不足等问题，以及自身能力和意志的缺乏，都需要持续关注和加强。

近年来，愿意参与对外援助活动的年轻志愿者更多了，民间对海外救灾的意愿也更强了。他们鼓励有识之士投入这项事业，个人的行动会形成新的实践场。

中国对外援助超过美国了吗？*

中国对外援助总额目前不大，量力而行是原则

我们国家的对外援助虽然从20世纪50年代支援朝鲜和越南时就开始，60年代确立了八项原则，但快速增长是从2004年开始，年增速高达29.4%；在新世纪的第二个10年，进入了一个新的阶段：2011年中国发表了《中国的对外援助》白皮书，2014年又有了增补版。

关于中国对外援助的规模，中国政府通过白皮书的形式对外公布，同时，也通过各种区域、各种机制公布对特定区域的援助规模，比如在中非合作峰会上，中国政府宣布未来三年对非提供150亿美元的援助，非洲是中国最主要的援助区域，按照以往白皮书的数据显示，至少占到一半左右，因此，可以推论美国这家机构对中国对外援助规模的判断是不准确的。中国对外援助一直考虑到国内的经济实力以及发展中国家的发展需求，以平等互利为基本原则。和其他传统援助国家相比，中国的援助规模，特别是与西方无偿援助相似的援助规模实际上并不是很大，2000—2014年对外援助总规模估计不会超过500亿美元。民众之所以

---

* 本文根据《文汇报》的采访整理改编而成。

发展援助的未来

误解,一方面是中国对外合作的方式非常多,有很多不是对外援助,很多只是具有发展意义的经济合作,也往往被理解成对外援助;另一个方面也是我们的媒体在宣传报道时往往会将不同类型的合作看成援助,夸大了援助的规模。

如果我们对外援助数额增长了,就说明中国国家实力确实在大幅度提升,因为我们的原则是"量力而行,按需实施"。

援非农业示范中心、援非医疗队是中国名片,援助方式不断创新

每次中非论坛上,中国政府都会宣布未来三年向非洲提供支持的额度,如第五次峰会提出 200 亿美元,第六次峰会和第七次峰会都提出了 600 亿美元,这里说的资金包括多种合作方式,有投资、贸易,当然也有援助,比如第六次和第七次峰会中的 600 亿美元中各有 150 亿是中国对非洲援助。中非合作源远流长,从早期的共同反帝反封建革命斗争到现在以促进非洲可持续发展目标和"非洲 2063 年议程"的进展,中非合作从内容、形式、途径以及机制上都在不断创新和丰富,与时俱进,中非合作论坛机制开创了中国目前创建的各种"1+N"国际合作机制的先河,对中国国际合作贡献显著。近年来,中国在非洲加强了农业、民生和社会发展方面的合作,都取得了显著的成效,如援非农业示范中心、援非医疗队等都成了中国的"名片"。

"一带一路"沿线经济合作和投资,配合的援助聚集民生,规模较小

"一带一路"倡议沿线国家数量众多,语言、文化、宗教、发展阶段和政治经济制度等差异非常大,发展环境的稳定性程度也不一样,风险评估是非常必要的,这主要与海外投资和经济合作等形式有关,对外援助虽然也在配合"一带一路"倡议的落地,但是其援助额度是根据受援国的需求决定的,而且规模都比较小,加上大多都是民生类项目,所以风险很低。

第八章　如何看待中国的对外援助

世界组织和发达国家都对中国有过援助，社会性和经济性基建获援占总量七成

1979年，中国接受了来自联合国开发计划署的第一个援助项目，此后相当长的一段时间内，中国都是非常重要的受援国，世界银行1981年批准了第一个对华贷款援助项目，亚洲开发银行1987年实施了第一个对华贷款项目。除国际多边机构外，双边对华援助也发展快速，日本1979年宣布对华提供援助，德国1982年开始对华提供援助，法国、英国、加拿大、澳大利亚、美国、西班牙等主要发达援助体都把中国作为重要的受援国之一。

中国利用发展援助获取发展知识，实现了社会经济的发展，这也构成了中国发展经验的基本要素，中国也把接受对外援助的经验深深地嵌入了自身提供的对外援助中。从接受援助领域看，中国接受对外援助的主要领域是社会性和经济性基础设施和生产领域，具体包括机场、高速公路、水力发电站、学校、医院、环境保护等。从1979年到2005年，社会性和经济性基础设施领域获得的对外援助占到援助总量的70%左右。这对当时改善中国社会经济发展条件发挥了重要作用。中国还学习和积累了基础设施建设和管理的先进经验，为中国以后作为新兴发展援助体向其他发展中国家提供基础设施类援助提供了实践基础。

因此，我们作为发展中国家率先对外援助，也是向发达国家迈进的必经之路。

中国青年可以加入援助志愿者行列，正确理解和传播也是一种贡献

中国近年来越来越多地开展技术合作、援外志愿者、援外医疗队等民生社会发展领域的援助，中国的青年可以直接参与援助志愿者的选拔。我想更重要的一个新变化是中国现在也在鼓励社会组织走出去，到欠发达国家提供援助，民众可以通过捐款、志愿服务等途径参与到社会组织中，等等。援助是一个范围很广的事业，每个人都能找到参与的途径。正确理解和宣传对外援助，也是贡献。

新殖民主义等对中国援外的误解已经很少被提及，与中国的三边合作在加大

这些年国际发展援助体系发生了很大的变化，这里面也有中国的功劳。中国对外援助的原则、方式和经验也逐渐被国际发展援助体系接受，比如说互利共赢，支持发展中国家的基础设施建设，提供优惠贷款等。这些变化使中国对外援助更加受到关注、得到认可，过去很多关于中国对外援助的一些错误评价，比如中国是新殖民主义，中国对外援助就是为了攫取资源等，现在都很少被人提及。

过去国际多边发展组织、区域性发展组织提供的援助主要是受西方发展援助框架的影响，最近十多年，包括世界银行在内的国际发展援助体系都在积极研究中国的发展经验，展开与中国的三边合作。西方发达国家的援助框架也受到了中国对外援助方式的影响。很多国家，如英国，一直在积极推动与中国的三边合作。国际发展援助体系中，从过去围绕援助有效性展开的改革向发展有效性议题的转变，就是受到中国对外援助经验的影响。

随着向"以发展为中心"的转移，对外援助成为潜在竞争，中国积极寻求多边合作

同时我们也要看到，国际地缘政治格局正在发生变化，美国开始将过去以反恐为核心的对非援助转向以发展为中心的对非援助。澳新两国也开始重视在太平洋地区的发展援助，欧盟和欧洲国家也在调整其对非援助的战略，这些调整正在与我国对外援助形成潜在的竞争。对外援助有可能演化为新的冲突点。

第八章　如何看待中国的对外援助

因此，在新的全球地缘政治格局下，中国需要一方面坚持以南南合作为基础的对外援助战略，同时也应积极寻求与国际多边机构的合作，也应该考虑如何与发展援助委员会成员国的正式合作。与经济合作稍有不同的是，发展援助相对来说更加趋向于民生与发展，不同的国家相对容易形成共识。因此，推动中国与发达国家在发展领域的三边合作对于建构新的全球关系具有积极的作用。

国际发展援助体系从不同方面维护了全球多边体系和合作体系

国际发展援助是全球治理的重要组成部分，在过去几十年的发展中逐步形成了多边机制、双边机制和民间机制的对外援助体系。多边机制的发展援助一直都是维护全球多边主义的重要组成部分，而双边的对外援助也一直都致力于提升发展中国家的经济社会发展水平。同时大量的民间援助，特别像盖茨基金会这样的新兴力量，都在很大程度上推动着多边主义机制。从某种意义上说，国际发展援助体系是从不同方面维护全球多边体系和全球合作主要机制的，因为对外援助与对外投资等经济贸易合作不同，相对来说利益冲突较少。

平行经验：国内脱贫是中国发展也是国际发展的双成就，经验可借鉴

过去40年，中国贫困发生率从1978年的97.5%下降到2017年底的3.1%，这不仅是中国自己发展的成果，也是国际发展领域的巨大成就。如果中国没有取得这样的减贫成就，那么全球减贫的成就就无从谈起。到2020年，消除农村绝对贫困的目标更是国际社会在过去几十年努力实现的重要目标。因此，国际社会、发展中国家十分关注中国的减贫经验。我提出了在对外援助中的平行经验的说法，事实上，中国对外援助一直都沿用中国长期以来摆脱贫困的经验，比如，帮助发展中国家发展基础设施，促进当地农业发展等这些内容正是中国脱贫的重要机制，所以从某种意义上讲，中国脱贫的经验也是中国对外援助的重要基础。

要建立超越当下的发展伦理，让全球接受"人类命运共同体"理念

我从20世纪80年代末期开始接触发展援助，到现在整整30年了。我亲身经历了中国由一个贫困的受援国转变成了有能力帮助其他发展中国家的援助国。这一过程彰显了改革开放40年中国发展的成就，特别是像我这样原本是作为协助西方国家援助中国的一个援助工作者，现在变成了一位到发展中国家展开援助工作的人员。我最大的体会就是我们如何能做到平等地与其他发展中国家展开合作，如何在这个过程中建立起一个新的、具有中国特色但能被其他发展中国家广泛接受的新发展伦理，建立这样一个伦理是构建人类命运共同体的核心内容。如果没有一个能超越现在的发展伦理同时又被全球广泛接受的新发展伦理，那么构建人类命运共同体也是非常困难的，对外援助从某种意义上承载着这个使命。

中国的"发展研究"将迎来新时代

2015年9月26日，习主席在联合国大会可持续发展峰会上做了题为"谋共同永续发展，做合作共赢伙伴"的报告，报告全文不到2 000字，"发展"两字就出现了73次，其中，不仅提到了发展机会、发展成果、发展基础、发展目的、发展潜力、发展能力、发展环境、发展资源、发展伙伴关系，以及发展的协调机制等专业性话语，还提到公平的发展、开放的发展、全面的发展和创新的发展等政策性话语。这些表述通过联合国可持续发展峰会这样一个高规格大会向世界传达，恰是时

第八章　如何看待中国的对外援助

候。它首次点明了中国视角的国际发展观,具有划时代的意义。但国内学界和大众对此意义的了解仍然非常有限。

事实上,2015年本是国际发展年,既是千年发展目标的收官之年,也是可持续发展目标的开启之年,尤其最近,随着中国"一带一路"倡议、亚投行与金砖国家开发银行等发展金融机构的设立,作为迄今为止发展最快,同时也是世界上最大的发展中国家,中国在国际上的影响力逐日增大。在这样一个历史转折点上,世界各国都很关注中国在"发展"方面的表述、政策,以及相关的实践。

"发展研究"的2015年

"发展"与"发展研究"在国际上具有特定的含义,它往往与援助、全球治理等概念紧密相连。在西方,发展研究已经发育成一个集研究、教学与实践为一体的全产业链,在此链条中,研究机构和智库等负责设计发展政策,发展机构负责实施发展计划和项目,大学及培训机构负责培育人才。整个链条通过源源不断的知识生产,顽强地维系着二战后以西方为主导的国际治理架构,其主要使命是参照发达国家政治、经济和社会运行的治理理念影响第三世界国家政治、经济和社会的运行规则。可以说,在西方,发展研究和国际发展实践是与国际经济和贸易、国际政治和安全并驾齐驱的三驾马车中的重要一驾。

而反观我国,尽管发展研究和教学工作在20世纪80年代就开始萌芽,但直到最近才开始引起教育部、商务部和外交部等相关部委的关注,其研究与人才培养工作大大滞后。目前,我们既没有统一的发展研究学会,也没有统一的一级学科,人员零散,认知杂乱,专业基础薄弱。在人才培养和学科建设方面,目前高校盛行的以一级学科为主导的管理体制也大大压缩了发展研究成长的空间,因为其跨学科的性质,很难找到完全对应的一级学科，而公众对此专业的低认知度又在很大程度上阻碍着发展研究优秀人才的吸纳和推广应用。可以说，迄今为止，尽管我国在政策话语和实践、大众话语和实践中广泛使用"发展"这样的字眼，但西方专业意义上的"发展研究"和教学工作仍处于起步阶段，难以给当前国内不断深化的改革路径和日新月异的国际发展态势提供有力的指导。

"发展研究"将带来什么？

在此背景下，我国急需大力推动发展研究以迎接2030年后的国际发展态势，这一创新将在以下三个方面产生深远的影响：

第一，发展研究的推动有利于我国发展历程的总结和国内改革的深化。中国的发展实践为发展理论的生长铺垫了丰饶的土壤，这主要是由于中国在"引进来"的过程中非常注重自我经验的积累和自身的主导性，因而国际发展理论与实践借助"发展援助"这个载体在中国形成的影响是相对有限的，这使中国产生了一系列内生性的发展理念与实践，比如改革开放初期"摸着石头过河"的发展指导方针，以及家庭联产承包责任制、经济特区、乡镇企业、国有企业改革等，它们都是中国按照自身所处的发展阶段、面临的发展问题确定的发展路径，很难用现成的西方发展理论加以解释，因而具有很大的理论构建空间。同时，我国在环境污染、收入分配差距拉大、养老保障、教育公平、土地分配、权利表达等方面的社会问题不断凸显，人们对以经济建设为中心的快速发展进程产生了各种反思，发展研究既可以通过对实践的总结不断丰富发展理论，面向世界讲好中国故事，同时也可以借助研究的力量指导国内不断深化的改革，维持发展的原动力，提高发展的质量。

第二，我国发展研究的成熟可以提升南南合作的品质，构建新型国

第八章　如何看待中国的对外援助

际发展合作伙伴关系。此次发展峰会后，中国将新设国际发展知识中心、南南合作与发展学院等机制，必然会进一步推动各国发展理论与发展实践知识的生产和分享。作为一个正在经历资本、劳动力、思想、产品内向和外向流动的国家，我国拥有独一无二的契机来引领、推动与传播当前与西方现有的国际发展理论不一致的新型发展理论和实践，从而进一步丰富人类的发展知识，并通过中非合作论坛、G20、联合国、布雷顿森林体系机构、亚投行等平台进行分享和应用。其中，最值得期待的是对南南合作的理念、内容、实践方式等展开更为深入的研究，这将为国际发展的替代路径提供思路，提升南南合作的品质，以利于构建我国新型国际发展合作伙伴关系。

第三，我国发展研究工作的推行还有利于中国"一带一路"倡议的实施，能为全球可持续发展目标的实现做出独特的贡献。作为我国"走出去"的升级版，"一带一路"倡议将面临如何与沿线国家实现互利共赢、共同推动可持续发展目标的问题，正如习主席在2015年9月28日联合国一般性辩论中所称，"大家一起发展才是真发展，可持续发展才是好发展"。发展研究的推动有利于我们了解"一带一路"沿线国家的社会经济政治发展的状况，科学细致地把握他国普通人的日常生活，从而恰当地将"一带一路"倡议与沿线国家和地方的发展议程紧密结合起来，并有益于当地可持续发展目标的实现。

发展工作在中国：从何处来，往何处去？

发展语境中的"人与自然"

发展在不同语境下有不同的含义。从生物学角度指生长发育，包括

发展援助的未来

个体发育和系统发育。前者是指一个细胞发育成为一个个体的过程，后者是指某一个类群的形成和发展。人类在系统发育过程中致力于让自己向最具竞争力的方向演化，比如人从爬行进化到直立，是为了适应采摘行为。而从社会层面来说，发展的路径不是固定的，发展的含义也具有争议。

关于社会发展，有一种从进化论出发的思路，认为不仅动物是进化的，人类社会也是无限地从原始的状态向前进化的。在这种观念下，人们一般认为非洲是落后的，封建社会和现在相比也是落后的。当然，这种观念招致了很多人的反对，有人认为发展路径并非如此垂直。

当我们从西方文明史来追溯整个人类社会文明时，就会发现智力活动和物质生产之间的互动，形成了西方社会形态的变化。西方的思维方式在认识自然的过程中建立了以人为主体的社会与自然的关系——改造自然，让自然为人类服务。他们对自然的认知从好奇到探索，从探索再到应用，形成功利主义乃至启蒙主义。启蒙主义的核心是理性主义的社会化，即理性主义通过启蒙主义产生巨大的集体力量和制度性力量。而理性是物化一个东西时的驱动力。认知自然的思维方式产生的理性反过来会对社会产生影响，要求社会构建更符合人类更好、更方便的生活需求，这个过程中创造了一个诱导社会结构变化的力。比如，人类从采摘文化转变为耕作文化，其中出现了畜牧化的过程；畜牧化之后为了进一步提高产量，人们在农业生产中实现了第一次突破——三圃制的发明。通过三圃制的轮作，大幅度提高产量，之后又出现了育种、杂交技术……有机化学的发展则推动了化肥的大量应用，所有西方人对自然的认识最后都变成物质化的文明，也促使社会向物质化的方向发展。在工业社会里启蒙主义最大的功劳就是产生了第一次工业革命，其中体现的创造力，使人的智力发挥了很大效用，并重构了人类社会和自然之间的关

第八章 如何看待中国的对外援助

系。因此，人与自然的关系，首先是认识自然，然后去改造自然。

前发展阶段

今天我们讲发展，有一个不能够回避的问题，就是如何看待发展本身。在发展的序幕里，并没有发展政策、发展干预和发展学科。我们会发现，不同形态的人类社会里，人类每天都在与自然发生各种各样的关系，而这一关系的核心是什么？不管是巴布亚新几内亚的高山部落，还是非洲、中国，不论处于何种形态和时期，人类都在尽可能地用智力从自然中获取更多的物质和生产物质文化产品，既用于满足基本的生存，也用于满足自身福祉。

发展本身是中性的，是一个带有差异性的应用型概念，这种差异没有好坏之分。发展的差异性最早来自欧洲人怎么看待自己与非欧洲人的关系。这种构建是从 13 世纪和 14 世纪欧洲人走出欧洲开始的，包括 15 世纪新航路的开辟。最开始到达印度和中国的时候，欧洲人想象他们是"尊贵的异乡人"，因为当时欧洲的物质文明程度很低，当欧洲人看到东方繁荣的农业文明时，产生了一种东方人富有而神秘的印象。随着欧洲物质文明突飞猛进的发展，这种印象逐渐发生变化，从"尊贵的异乡人"到野蛮人、不文明的人，接着就是不发达的人。一种要用先进的东西改造对方的信念导致了殖民主义。所以，17 世纪以后，科学的发展塑造了物质化的西方文明。西方人通过改造自然形成了实用主义范式，进一步塑造了实用主义的文明形态、文化形态、社会形态，这是西方文明的核心。与之相对应的东方或者说中国，二者的精神构建完全不同，差异性就来源于此。人的理性追求总是想让自己生存得更好，改善生存就是动力，欧洲人的物质文明就是一种能改善生存的手段，欧洲人以此为理由施加"改造"，这就是一种发展的过程。

发展援助的未来

马克思对资本主义的批判是彻头彻尾的,但资本主义从马克思的年代发展至今也没有衰落,从商业资本主义到工业资本主义、世界资本主义,再到全球资本主义,将来也许还有下一波的变化。资本主义自身有巨大的修复能力。剥削的确会导致资本主义消亡,但是当福利资本主义进入资本主义形态中,极大的变化就是工人阶级和资本家之间的矛盾得到了调和。工会也不再是为阶级斗争服务,而是变成了一个妥协的、协调利益的机构。福利制度使得整个资本主义去阶级化,并进行了阶级重组。而现在,资本社会领域强调的公益精神也说明了资本主义诞生以来的更新和变化,这就是一种发展。今天我们谈到的资本主义不是政治资本主义,而是人类追求物质的一种理性努力。

发展就是在这样一个过程里形成的改变社会的理论、改变社会的方案,西方社会把自己作为一个样板,大家也都把西方作为样板,在这种情况下,西方在工业化推动下,凭借其强大的实力,用殖民主义改造世界。从起初到殖民主义的这个阶段就叫前发展阶段。

殖民主义时代的发展

殖民主义是发展过程中的一个重要阶段。殖民主义对差异进行了干预,在殖民地进行大规模的改造建设,修铁路,建设高等教育、医疗设施,使自身的国家形态延伸出去,重新建构了一个在疆土之外的形态。所以非洲的民主、议会、语言等很多的遗产来自宗主国。今天谈到殖民主义,比较负面的观点是把非洲的落后归咎于殖民主义,但反过来说,恰恰是殖民主义为非洲提供了大量的基础条件。殖民主义的确中断了非洲自身的发展路径,但如果没有殖民主义,非洲人通过自己的文化路径发育自身的文明,是否一定会产生比今天更好的结果呢?我们不得而知,但这里并不是说殖民主义就是好的。

第八章　如何看待中国的对外援助

对殖民主义的反对最早来源于对黑奴制度的反对。西方内部原来有一种强烈的反对奴隶贸易的力量，在这个基础之上，二战结束以后，西方内部也出现了强烈的去殖民化思潮，表现出了反思能力和自我纠正能力。同时，教会也在很大程度上平衡了商业资本主义。

二战后的发展

20世纪40年代以后，世界进入一个发展时代，许多去殖民化或者没有被殖民化的非西方国家都把西方发达国家作为建立民族国家的基本参照，这使得发展被合法化。而发达国家依然处于优越状态。西方世界的理论家有一股天生的世界责任感，总是关心其他国家独立了之后怎么办。于是发展进入到一个政治阶段，发展理论、发展经济学随之出现，希望解决"一个国家应该怎么发展"的问题。

发展经济学建立了发展理论，在系统化和制度化的实践中，世界银行、国际货币基金组织、联合国，以及联合国开发计划署逐步建立，使西方从殖民主义脱胎出来以后变成了发展主义，由殖民者变成发展的支持者、发展资源的提供者。我们从批判发展的角度讲，发展的这一套逻辑再度变成霸权。这就是大家最熟悉的发展，在这个过程中，西方主导发展的第一个阶段是经济发展，向非西方世界提供经济支持，同时不断在发展领域制造概念，如"妇女与发展""性别与发展""可持续发展""参与式发展"。但即便是在西方社会，我们在发展领域所讲的这些概念也没有完全实现。

所以发展是从概念和实践上被生产和再生产出来的，而发展中国家就变成了一个实验场，很多从事这一事业的人变成了实验场的工具。发展变成了一个专门的、独立的制度，而发展的制度、发展产生的理论和工具，往往也会变成发展的障碍。

发展援助的未来

中国经验： 替代发展

今天中国在赶超英美方面取得了一些成绩。这个过程，不是因为性别发展，也不是因为参与式发展。一个新的概念叫"替代发展"，就是没有按照发展常规的理论实现了发展的目标，也叫中国经验或中国模式。中国的模式也并不是反发展主义，可以称之为温和发展主义。替代发展是对主流发展的一种反思，它并不是从根本上反对主流发展理论，而是试图在指出传统发展理论的缺陷之后提出替代措施。从替代发展理论的角度看，后发的新兴国家不一定要按照西方的发展路径亦步亦趋。

所有传统的发展过程都存在一个争议，就是发展是以西方为主体推动的发展，还是反对西方霸权的发展？二者在理论和实践中一直交织在一起，到了今天又出现了新的情况。首先，西方的发展霸权依然起主导作用。这种霸权在不断地变化，战略路径已经不再是强权，而是合法化权，通过把自己的主张合法化强化自己的权力。比如它会把发展中遇到的问题，如环境、气候变化变成它的立场，通过把自己的议题合法化来确立自己的论述，并迅速变成问题的解决者。所以发展的现状是：西方国家遇到问题，把社会关注的问题变成自己的议题，然后将这个议题主流化。

第二，西方在战略方向上的结盟也产生了巨大影响力，主导了发展的过程。比如在过去30年，美国对中国经济的发展保持支持状态，到一定程度以后，又开始转向对中国的制度、环境和人权等方面的影响，这背后涵盖着理论支持和战略路径。

从经验来看，我们现在所做的实践都存在一些问题。比如过去对参与式发展经历了从盲目崇拜到糊里糊涂实践，最后清醒反思的阶段，现在到达了第四个阶段是彻底抛弃。参与式发展太工具化，导致了很多复

第八章　如何看待中国的对外援助

杂的问题，有很多环节都需要我们反思是不是符合中国人的基本价值。我们接触的很多发展思想，并不源于我们自身的文化价值，我不反对西方的理论和思潮，我反对的是把不适合中国的东西放到中国来。

后发展阶段

我们今天已经进入了后发展阶段。什么是后发展阶段？按照传统的发展方式，中国人民显然没有进入平衡的状态，而许多替代性发展经济已经出现，在这种情况下，我们进入挑战传统发展的阶段。这一阶段最重要的标志就是中国已经成为世界第二大经济体。保守计算，中国人均GDP水平再有10年就可以进入发达国家行列。中国的崛起对世界局势来说是一个不确定性因素，所以会受到各方压制。

中国的发展进入这样一个阶段，以美国为主导的西方体系受到了挑战。人们从两个角度理解这种挑战。一种思路认为西方衰落，我并不赞成这种说法；第二种认为中国的实践挑战了传统发展理论。传统发展理论认为经济发展必须植根于特定的社会政治经济结构。按照这个理论，中国的政治社会结构完全不符合经济增长的基本情况，还一定程度上阻碍了经济的增长。所以在这种情况下，中国的发展会对其他国家产生示范效应，并容易形成一种政治力，改变原有格局。比如，其他的后发国家以后就可能有西方的和中国的两种范式可以借鉴。

进入后发展阶段，中国不可能像以前那样闷头搞自己的建设。我们现在强调中国人走出去，比如留学生援助非洲、中国NGO走出去。把替代性思想拿出去实践，这个世界需要一种多元化的文明形态。

但在这个过程中，我希望我们能客观地去探索发展的方式，而不是无知地批判西方。西方作为一种文明形态，有很多东西可以学习，也可以通过创造替代性的方式实现超越。我们NGO能做什么呢？所谓后发

发展援助的未来

展更强调的是我们能创造出一种不同文化形态的模式，而不是一味学习西方的东西。应该自己去思考什么是最好的，少听概念，因为这个概念不是中国人的概念，多一点中国人自己创造的概念，然后去实践。我们今天有了很强的物质基础允许我们做精神的训练和思想的生产。

  我们要少做救助，多做社会实验。NGO组织如果没有那么大的资源去做大事，那就可以从小事做起，但最重要的还是要创新。整个NGO行业行动起来做一点实验，创造一种新模式来把很多社会问题比如养老问题解决好，就是替代性发展的一大贡献。

第九章　中国为什么援助非洲

非洲大陆是中国对外援助最重要的场域，中国对外援助的40%多投向了非洲大陆。而非洲大陆并非中国经济利益最为重要的大陆，很显然，将中国的对外援助看作其实现经济利益的工具的看法是有待商榷的。那么非洲为什么会成为中国对外援助投向最多的大陆呢？毫无疑问，非洲对中国有着重要的战略意义，同时非洲大陆作为全球经济社会发展最为落后的地区，自然是中国通过对外援助支持非洲的根本原因。周恩来总理在20世纪60年代曾就中国的对外援助讲过，不能够仅仅从政治的角度认识中国的对外援助，对外援助的很多思想还是来源于我们自身的文化。对非洲的援助在某种程度上展示了中国文化传统的价值理念，也是中国逐渐富裕起来以后，履行其帮助发展中国家义务的表现。

非洲对中国发展的四大战略意义

习主席于2015年12月初在参加完巴黎气候大会之后直接飞赴非洲，访问津巴布韦和南非，并在南非约翰内斯堡主持中非合作论坛峰会。这是继2013年3月习主席访问坦桑尼亚、南非、刚果和李克强总理2014年对非洲访问之后，中国领导人对非洲的又一次重要的出访。由此显示出了非洲大陆对中国的战略意义。

发展援助的未来

公众对于这样频繁的出访以及我国对非援助和经济合作的一些举措反响强烈，同时也不乏各种微词。实际上，从某种程度上说，非洲已不再是公众印象中只需要中国帮助和救济的贫穷大陆，相反，中国国内发展和民生越来越与世界紧密相连，而非洲正在成为中国未来发展的最具潜力的合作伙伴，中国的发展将越来越离不开非洲。在新的全球格局下，由于历史等方面的原因，中国和非洲很少有地缘政治的冲突，非洲民间对中国普遍存在正面评判，而且非洲也不同于拉美与亚洲存在碎片化和依附性的不同冲突体。就中国而言，非洲对于中国的发展有着四大战略意义。

非洲正在成为中国地缘政治强有力的杠杆

随着国际发展格局的剧烈变化，中国与传统发达国家和传统意义上的发展中国家的关系正在演化为互为依存的新兴结构关系。发达－不发达和第一世界－第二世界－第三世界的传统格局正在演变为发达－新兴－发展中国家的新型关系。在这个关系体中对立和冲突依然存在，但是相互依存度上升，而且对立也不再以整体性或集团性的形式为主，打破结构关系的偶发因素越来越多，地缘政治趋于碎片化。虽然世界正趋于多元化，但这仅意味着由于发展中国家的兴起，而使全球权力话语多元化，并不必然会使主导性权力关系消失。新兴成长的中国与传统全球统治力量的二元结构正在形成，这也是改变全球格局的最重要的因素。

中国的可持续发展迫切需要往日无法比拟的国际空间和这空间的话语权，而拓展新国际空间正在遭遇巨大的挑战。这主要表现在中美、中欧、中俄、中日关系的反复构建，这种构建又直接影响了中国与周边、与拉美和中亚与中东欧的关系。在这种格局下，一个密切而稳定的中非关系就使中国具备了用于平衡其他力量的战略性条件，而中国对非洲长

第九章　中国为什么援助非洲

期的支持则客观上为我国与非洲构建这个关系创造了条件。同时，中国战略性介入非洲也自然为非洲所欢迎，因为这也为非洲提供了平衡其与其他资源提供者讨价还价的重要力量。实际上，在亚洲的经济博弈中已经呈现出同样的问题。中非全面的战略关系会直接牵动美国、欧洲以及日本的地缘考量，引发某种程度的竞争状态，从而能从战略上缓解中国在直接性地缘政治博弈中可能遇到的压力，并可能增加中国在经济全球化方面的竞争选项。

非洲是中国彰显国际道德义务的最重要地区

中国自改革开放以来，经济和社会发展取得了巨大的成就。中国的发展首先是中国长期的发展努力和中国人民自身努力的结果，但同时也与中国充分利用全球化条件实现自身优势和利用外部支持有着直接的关系。中国从80年代开始接受产业转移，90年代以后国外直接投资迅速增加，技术迅速向中国转移，中国也同时成为接受国际发展援助最多的国家，中国累计获得超过450亿美元的援助。加入WTO更使中国迅速成为世界工厂。现在中国发展了，自然需要承担相应的国际义务。非洲无论从经济发展还是社会发展的各个方面都处于全球最落后状态。饥饿、疾病、教育和落后都使非洲成为国际上践行人道主义道德义务的重要场域。

中国的发展已不可能再只靠有输入没有输出的方式来实现，是否践行国际人道主义也已经直接影响中国与世界关系的构建。践行国际义务是中国未来发展的重要条件之一。但是，每当中国宣布对非援助时，公众就会有很多非议。要指出的是，今天的对外援助早已不是过去支持亚非拉人民斗争这种单一性的援助，而是中国开拓新的国际空间的需要，也是发展了以后必需的义务。这不仅仅是国家的道德形象问题，也是与中国经济发展息息相关的战略举措。对非洲的援助恰恰能让中国很好地呈现自身的道德责任和义务，能让国际社会和非洲体会到中国崛起的积极意义，缓解对中国可能的围堵和制约，也能为中国逐渐成为世界的新型领导力量提供支持。

非洲是中国未来经济可持续发展不可替代的伙伴

中国过去三十多年的经济发展不仅改变了中国的面貌，也成为全球发展的主要动力源。全球经济受惠于中国的人口红利，巨大的市场购买力、技术转移、产业转移的红利。发达国家如美国、德国、法国、日本和韩国等都极大地受惠于中国的发展。现在，中国已经演化成了资本、产业和技术方面结构性的过剩国。中国需要产业、技术和资本转移的对接地区。中国除了在资本和某些技术具有向发达国家转移的优势外，主要的产业、技术和资本只能向发展中国家转移。亚洲和拉美等自然是中国重要的经济合作伙伴，但是非洲对于中国则有着特殊的战略意义。

一是非洲目前人口增长率是世界最快的，而且人口的一半以上是25岁的年轻人，是最年轻的大陆，而且每年有1 000万新增的劳动力需要就业，潜在的人口红利巨大。这与中国劳动密集产业的转移对接度极高。

二是非洲耕地面积大，气候条件好，但是产量很低。非洲完全有条件成为中国农产品的主要来源地，可以改变中国过分依赖拉美、美国和其他国家进口农产品的局面。

三是非洲制造业落后，劳动密集产业几乎没有进步，对于相对低端的产业专业的需求巨大，这与中国需要专业产业的需要完全吻合。需要指出的是，除了北非以外，撒哈拉以南非洲产业转移和投资风险并不是一定大于其他地区。

第九章　中国为什么援助非洲

四是非洲是世界未来中产阶级数量最大的地区，只要非洲能维持稳定的经济增长，非洲的市场潜力巨大。而中国的产品和技术结构完全符合一个成长中的社会的各种需求，特别是中国的很多技术属于较低端的技术，符合工业化刚刚起步的非洲的需求。非洲的潜在市场购买力对于中国的发展具有不可替代的作用。

五是非洲大陆基础设施的需求和潜力是全球最大的。在未来30年中，只要非洲能保持一定的经济增长水平，非洲地区基础设施的需求会达数百亿美元，它将会成为中国资本和技术对外输出的主要地区之一。仅2015年第一个季度，中国在非洲的工程承包额就达300亿美元。由此可见，非洲对中国而言有着与公众的生计密切相关的战略意义，中国对非洲的援助和维持非洲的稳定与繁荣是中国自身发展的需要。这也是中国领导人频繁出访非洲的重要原因。

非洲是中国维护自身利益和倡导国际正义的最重要的支持者

非洲是中国在国际舞台上的支持者，这一点有目共睹。虽然这种状况正在发生一些变化，但是，由于历史和现实的原因，非洲与中国的这种相互支持关系的核心并未改变。大多数非洲国家都与中国有相似的遭遇，也面临过很多相似的挑战。这就使得中国与非洲国家之间容易基于一些问题达成共识。非洲大陆具有国际大家庭中五十多位成员，在国际舞台有着巨大的影响力。中国的发展面临很多挑战，很多地方需要国际社会的支持。而很多非洲国家又是最可能提供支持的国家，这对于中国国际空间的开拓和维护世界的和平和正义都非常重要。

当然，非洲对于中国的这些战略意义并不是自然就有的。自20世纪50年代开拓的中非关系在新的条件下面临很多挑战，原有的中非关系的政治资产和优势有的正在消失，有的也在削弱，中非关系也正在发生变化。中国在与非洲关系的构建上也不能完全基于传统的战略资源，需要挖掘新的战略资源，否则，非洲对中国发展的战略意义将无法充分发挥。应该向公众更多地宣传非洲对中国发展的战略意义，避免大众认为中非关系就是为非洲送钱的错误印象，争取构建新型中非关系时能有公众更大程度的支持。要加强对非洲多学科的研究，充分了解非洲国家的需求，发育面向未来的中非关系的新型理论框架。对非援助可以以道义为主，与非经济合作可以互惠让利。

中国援非的历史经验与微观实践

21世纪以来，中国在海外的影响力急速扩张，东南亚、拉丁美洲、非洲的地区事务中都或隐或现地存在中国的身影，由此引发的种种非议层出不穷。特别是涉及中国政府的对外援助，"新殖民主义""掠夺资源论""破坏环境论""漠视人权论"不绝于耳；在受援国眼中，"经济大户""绿林莽汉""良师益友"同时叠加在中国的形象之上；在中国国内，"冤大头""打肿脸充胖子""好心办坏事"的批评观点层出不穷。不同于以上种种论调，笔者立足于近十年的非洲实地考察，从"新发展示范"这一视角，为我们深度剖析了中国对外援助的历史经验与微观实践。

过去几年来，笔者所在团队一直在非洲实地从事中国对外援助的研究，本文是对既往研究的一个阶段性总结。首先需要说明的是，尽管对于近代中国的演化，存在不同角度的理论构建，但是中国被动卷入现代化的理论观点一直占据主要位置，这也是我们研究中国对外援助的基本假设。

改革开放以来，中国在域外的急剧扩展，从规模到战略都在一定程

第九章　中国为什么援助非洲

度上显示出中国开始从被动卷入向主动把握世界的转变。这种主动性当然不是当前中国才具备的，20世纪50年代中国开始的对外援助已经具备明显的主动把握世界的特点。

很多人都把这个阶段的对外援助理解为国际共产主义和中国战略利益的产物，但是，正如周恩来所言，中国的对外援助不全是国际共产主义的东西，也包含某些中国文化自身的因素。这些似乎都暗示了过去60年里中国在全球地位的某种转变，而援助则是这个转变过程中的重要变量之一。这也是我们研究对外援助的一个很重要的理论关怀。

我们选择在非洲进行研究的主要原因，一是非洲一直都是西方援助的重点对象，是殖民和后殖民发展问题的集中地；二是非洲也是中国对外援助的重点地区，是中国支持被压迫民族实现"民族独立"的主要场域，也是近年来践行"互利双赢"以及所谓"新殖民主义"争论的集中地，这样的地域有助于我们反思西方的"殖民""后殖民""新殖民"的范式，并按照"前发展""发展""后发展""新发展"的框架，将不同的历史事件串成一个连续体进行观察和研究。

我们的研究对象主要是援非农业技术示范中心，这主要是考虑到农业技术一直是中国援助非洲的重点，同时，"农业""技术""示范""中心"等又承载着中国自身发展的特征，与欧洲早期在非洲的"农业开发"及其后援助非洲的"绿色革命""农业研究和推广""综合农业发展"，以及非洲的"粮食安全""农业发展和经济增长"等本土战略，共同构成了援助场域的三元遭遇。我们选择"新发展的示范"作为讨论中国援非农业示范中心的一个视角，把"发展"和"新发展"作为讨论的议题，而将"示范"视作与"干预"相对应的文化形态，由此勾勒出中国对外援助的历史和现实，进而廓清近代中国的变迁轨迹和具有中国特色的"现代性"。

发展援助的未来

"新发展的示范"：中国对外援助的基本框架

近十年来，我们先后访问位于坦桑尼亚、埃塞俄比亚、津巴布韦、莫桑比克等国的中国援非农业技术示范中心，与那里的中国援非工作人员一起讨论中国的对外援助，观察他们如何管理农业技术示范中心。在此过程中发现，他们的做法与我们了解的西方发展援助的方式有很多不同。埃塞俄比亚外交与国际合作部负责管理发展援助的常务秘书对我们说，中国的做法和西方不同，西方更热衷于帮助当地人制定发展计划和政策，而中国人更像企业家，他们忙着找市场，找合作，找当地政府帮忙解决其在项目中遇到的具体问题，中国援外人员更喜欢和自己人待在一起，而西方人更喜欢和当地人打成一片。

非洲朋友显然感觉到了中国和西方在发展援助上的差异。用西方援助者的话说，中国援助者更像"生意人"，而中国的援非工作人员则认为，西方援助者才是真正的"援助者"。即便在西方世界内部，不同国家（如英国、美国、德国）的援助方式也有差异。不同视角反映出的中西方对外援助的差异意味着什么？我们还不能断言。但正如德哈特所说的"全球发展已不再由西方国家控制"，而且，中印等国有着完全不同于西方的援助历史和框架，但时至今日，我们才关注到这个差异。随着中国对外援助规模的扩大和援助方式的日益多元化，我们有必要从深层次上回应这个问题。

第一，中国的对外援助经历了从20世纪50年代至今的一系列变化，特别是金砖银行、亚投行的启动，标志着中国的对外援助由双边行为向多边制度化行为的转变。这在某种程度上标志着中国在全球化的浪潮中开始由被迫性卷入向主动性把握转化。

第二，上述转变不仅是话语层面的，"一带一路"倡议还使中国和

第九章　中国为什么援助非洲

世界在新发展框架下连为一体。当然，这并不意味着中国即将主导国际发展事务，但至少说明中国尝试在国际事务中寻求更加重要的位置。

我们在 2014 年发表的一篇英文论文中提到，中国对外援助实际上一直是其国内发展方式在海外的延伸。很多国内外的学者也都注意到了这一点，但却没有人揭示这个逻辑的具体内涵。很多学者假设，中国在非洲的呈现与西方有着某种本质的不同，那么，我们把中国的援非示范中心作为"发展"的示范，似乎意味着中国在示范如何按照西方模式发展的经验。因为，虽然很多西方学者认为中国现在做的很多事情与 20 世纪 50—60 年代西方的做法相差不大，但是在技术层面上的相近并不代表背后的政治和社会逻辑一致。上面提到的非洲国家管理援助的官员针对中西援助的体会，在某种程度上正反映出了这种差异。

中国的发展实践在很大程度上是属于"新发展"的实践，中国的现代性似乎不同于西方以思想启蒙为基础的表征。这虽不能说是共识，但也有很强的经验支撑。所以，中国援非农业示范中心不仅是在示范农业技术，也是在示范一个非规范的变迁经验。在研究中，我们深切地感受到示范中心呈现了一个新的主客体关系及其建构方式。在示范中心，我们感觉到中国的专家与当地农民的互动、政府官员与中国国内机构的互动、西方的援助专家与其在非洲建立的社会关系互动，三者呈现出很大的差异。所以，我们把这个示范称作"新发展的示范"。

发展研究在学术上一直存在经典发展研究和批判发展研究的争议，前者强调工业资本主义主导的文化模式由西方逐渐传播到世界各地的过程，这种文化模式宣扬人类理性的力量，倡导以自然科学为工具认识和改造世界；它同时主张在发展中国家建立一套与工业化相适应的政治经济体系。西方之所以发展出了充满活力的资本主义经济是源于新教伦理和一套由强大的国家、法治和责任制组成的现代政治制度。西方发展援

发展援助的未来

助的核心就是在发展中国家践行这套政治经济体系，而新自由主义和新制度主义结合的发展援助的理论框架，则是这一理论在当代的具体呈现。

这一理论框架强调全球的贫困和暴力是糟糕的政治治理体制所致，而要想改变这一状况并为穷人提供服务，则依赖于一个强大的制度。从工业资本主义形成至今，工业资本主义文化逐步在全球范围内扩张，冲击世界各地，中国自然也不例外。工业资本主义已经演化成了全球资本主义，并形成了通过国际发展援助进一步强化这种文化扩张的局面。随着不同文化之间的频繁交流，特别是在今天高度发达的交通和通信条件下，物质和文化相互影响的程度越来越高，从表面上看，工业化的文化形态充斥世界各地。但我们也应该看到，问题可能不在于工业文化扩张这一事实是否存在，而在于如何看待非欧洲国家在工业文化冲击下的各种反应，这就是我们所说的"文化的遭遇"。

第一，工业资本主义在宗教的配合下，侵入了世界各地，改变了这些地区的本土文化，比如在非洲，西方社会科学认为社会演变是不可逆的，由低级向高级的进化，因此，从农业封建主义向工业资本主义的变化也是不可避免的。这就是经典发展理论的历史逻辑，其为西方的殖民主义做了很好的辩护——殖民主义是在帮助野蛮社会进入文明社会，作为"现代殖民主义"的西方发展援助也从中获得了合法性。

第二，工业资本主义及其文化形态，在世界不同地区遭遇的命运有所差别。中国是其中的一个典型案例。中国既没有像非洲那样被完全殖民，工业资本主义文化没有完全改变中国的本土文化；中国同时也没能完全避免工业资本主义的冲击。因此，对于中国经历的变化，学术界形成两个维度的思想分野：或是将中西分野放置在落后/进步的话语谱系中讨论；或是将中国视作一个独立的文明整体，强调中国发展道路的独

第九章　中国为什么援助非洲

立性和特殊性。中国在海外的呈现，为我们提供了研究中国变迁的场域。

我们这项研究还有一个经验性的预设：一个主导性的文化模式，其实践在国际和国内层面应能一致性地呈现出来。例如，在大中华文化圈中的日本和韩国，虽然也创造出东亚经验，但没有发展出在本质上有别于西方的发展模式。特别是日本这样一个全盘西化的国家，其不仅经历了与欧洲类似的工业化在其内部的深化，也延续了西方通过殖民主义侵略和工业产品对外扩张的过程。这不仅反映在日本国内的政治实践中，也反映在日本的对外援助上。日本的对外援助非常西化，但在社会文化上却很纠结。最近，日本提出1 000亿美元的亚洲基础建设基金，其背后是争取在国际事务上的"主导性"，但是这主要还不是钱的问题。韩国也是一样。

日本与韩国的援助项目和西方一样，都强调性别与发展、参与式发展，但和他们的援助专家聊天，会发现他们骨子里好像没有这些东西。我问韩国的一位专家："你们新农村建设时期也搞性别与发展和参与式发展吗？"这位专家半天都没有回答，我接着问："你们为什么不给非洲的朋友讲朴正熙时代农村建设的真实情况呢？"他说："那是独裁的事，不好啊！"

即便如此，日本与韩国的对外援助和中国的也有许多共同特点，比如都强调不干预内政，强调经济合作，利他的成分少，日本和韩国的学者将这种趋同称为"东亚发展合作模式"。很多西方学者觉得日本和中国的对外援助没有西方的时间长，西方也走过和日本与中国相同的阶段，但他们还是忽略了一些带有本质性的差异。日本国际发展机构的一位资深官员曾经讲：日本很希望中国能参加OECD发展援助委员会，日本的对外援助和西方不同，在这个组织中，日本很孤单，和西方没有共同语言。韩国在加入 OECD 发展援助委员会以后的处境也与日本的遭遇相同。"社会文化价值"和"政治文化价值"的不一致是日本在和平时期难以主导世界的主要原因。

在全球化的影响下,中国内部的变迁与欧洲在大的方面有很多共同点,如工业化、城市化、农民向工业和城市的流动等,但是,这种变迁明显呈现了中国的特异性。在对外援助上,中国与西方也有很多的共同点,但是,中国所谓"不干预内政"的方式不同于西方通过发展援助在发展中国家建立符合工业资本主义的制度。如前所述,其中也包含有中国传统的成分。

基于此,我们希望从中国的对外援助实践来看中国变迁的意义,进而观察这种变迁在内部深化和外部彰显上是否一致。很显然,仅从话语层面比较,很难回答这一问题,只有通过比较系统的实地研究才能找到答案。

中国援非的历史经验与微观实践

在中国快速发展和转型的过程中,其存在已经远远越过了自己的边界,延伸到了世界各地。在全球化条件下,相较于近代中国与西方的遭遇,中国与世界的遭遇,呈现出完全不同的情况;中国与非洲的遭遇,也不同于西方与非洲的遭遇;更重要的是,今天中国与非洲的遭遇,也不同于 20 世纪非洲国家独立后与中国的遭遇。

第一,今日多中心的全球结构不同于以往的两极或单极世界。发展与欠发展之间的权力关系远比之前的全球关系更为复杂。单一的中心-外围关系已不复存在。后殖民知识体系中的"第三世界"的概念已经不再令人信服,过去作为外围的中国和印度等,正在成长为新兴国家,其与其他发展中国家正在形成某种新的中心-外围的关系。

第九章 中国为什么援助非洲

第二，新兴国家和发达国家在资本和技术方面仍然存在着依附关系。新兴国家在传统的不发达和发达之间，呈现出了中心和外围的双重身份。

第三，与过去的世界经济格局不同，今日资本和技术的流动不再是单向的，新兴国家在发达国家的投资日益增长。中国在美国 37 个州的投资从 2008 年的年均 10 亿美元增长到 2010 年的 50 亿美元。依照传统的西方–非西方的结构主义理论，已经难以确切把握中国与非洲新遭遇的时代意义。中国作为发展援助提供者，其成长挑战了殖民主义中心–外围历史框架下的西方后殖民主义发展理论。

基于此，我们从下述角度，详细展开了对中国援助非洲的研究。

一是中国援助非洲农业的历史叙事，这个叙事展示了中国的发展方式如何以平行流动的形式与非洲产生互动。从 20 世纪 50 年代末到 70 年代末期，中国迫切希望逐步推行农业合作化和规模化，改造传统农业从而快速实现工业化，其中建设国有农场成为在农区之外发展农业的重要措施。因此，在 60—70 年代，农业合作化和国有农场建设已成为中国援非农业的主要形式。

70 年代末期，农业生产高度合作化和集体化的制度障碍使中国农业发展陷入困境，调动个体积极性的承包责任制成为中国农业发展道路的新选择。1985 年，中国选派农业专家帮助改造早先在布基纳法索援建的三个水稻垦区，参照中国国内承包责任制的做法，农田的所有权归国家，经营权则分给农民，采取"分田到户、个体经营、收获归己"的经营方式，将农民的收益和农田的经营管理结合起来。

进入 20 世纪 90 年代，市场逐渐取代政府，开始对资源配置起基础性作用，中国一方面进行市场经济体制改革，对国有企业进行改革，实行政企分开；另一方面通过独资、合资和合作经营三种途径吸收外商直

发展援助的未来

接投资，尤其是外商投资成为中国经济增长的主要推动力，包括合资经营在内的中国国内企业，包括农业科技推广服务体系的市场化改革，自然被运用到中国对非洲的农业援助项目中。进入 21 世纪以后，"科技兴农"成为援非农业的主要形式，以援非农业示范中心和技术培训为主导的模式开始成为中国援非农业的主要方式。

二是中国援非农业示范中心的微观运行模式。任何机构的边界都呈现出某种"清晰"与"模糊"的特点，这也反映在中国援非示范中心的运行上。国际上经常采用"行动者"（actor）和"代理人"（broker）框架讨论国际发展援助机构的行为和功能。在行动者分析框架中，强调行动者如何利用"能动性"（agency）促使不同社会生活、知识和权力不同"界面"（interface）之间的协商，强调不同行动者在微观层面的互动；代理人分析框架则更加突出分析发展干预机构是如何通过"代理"（brokerage）和"翻译"（translation），将援助资金提供者和受益者连接起来。这一框架的基础是各个行动者边界的清晰。

中国农业技术示范中心框架下形成的中国商务部、受援国相关政府部门和中国国内公司三方主体共同介入的管理结构，实际上让示范中心本身突破了行动者和代理人独立的身份，造成了身份和功能边界的模糊。示范中心既是援助者又是受助者，既是公共服务部门又是公司企业。从示范中心的运行来看，三方主体的介入管理虽然使得示范中心经常会面临"选择"的困难，但是三方主体的角力使得示范中心的行动难以偏离各方的利益诉求，示范中心目前所开展的所有行动几乎都是围绕三方主体的目标进行。示范中心这种模糊的边界特点源于中国政府、受援国政府和承建公司在维护各自核心利益目标时谨慎的协调和博弈，是社会互动构建的战略性安排，这与在身份和功能边界清晰的语境下国际发展援助中出现的偏离、妥协和翻译等功能有很大的差异。我们把这

第九章　中国为什么援助非洲

些特点也看作新发展主义的特征。

　　三是中国发展经验通过平行流动的方式如何进入非洲的地方性体系。西方援助携带着西方文化，以直接的附加条件的形式、援助项目实施中的原则或发展知识等方式强势进入受援国，西方援助可被视作西方文化扩张的重要途径之一。我们在田野调查中发现，与中国农业援助项目在同一个非洲小村庄中正在实施的美国农业援助项目，其将文化要素直接强加在受援农户的选择上。美国项目规定，在所有村民中选出一定数量的受援农户，选择过程要遵循男女人数相同的性别要求，以及全员投票选举的民主要求。这种文化扩张方式直达受援国一方，迫使其接受。

　　与西方援助不同，中国援助的文化影响是一种非强制性的经验嵌入，其嵌入是在援助的中国一方的制度和知识之上，对受援国一方并没有强制要求，当然，中国专家与受援国人员在项目互动中，源自不同文化和客观环境的经验不可避免会发生碰撞和交融。中国的援助实践是中国发展经验跨国再生产和地方化的过程，中国与受援国的能动主体根据自身政治、经济等利益诉求，在实践互动中共同形塑中国发展经验的再生产和地方化过程。

　　中国发展经验在进入受援国地方的过程中不可能保持原有的完整文化形态，中国发展经验不断接受地方文化和知识的修改，最终以改造后的变体形态存在于受援国地方。将中国援建的农业技术项目看作一个援助场域，它是历史条件的产物，是文化的载体和实践的空间。在这个援助场域中，历史条件、文化和实践得以聚合。众多来自中国及受援国的行动者（机构）在这个援助场域内运作各种经济、文化、社会、象征资本，使用各种策略互动，从而为自身谋求利益。

　　四是两种文化遭遇后的合作逻辑问题，即从中国人的视角深入了解

发展援助的未来

示范中心的实施过程,以发掘中非农业合作的本质特征。一些研究者已经分析了中国和非洲农业合作在具体运行中的真实情况,不仅考虑具体项目或政策运行的成败,更关注其实施过程。例如,巴克利(Buckley)在塞内加尔的研究中,分析了土地管理的不同方式如何经由不同的主体谈判及重塑,像不同主体临时编排的舞蹈,个人的即兴创作导向未曾预期项目的结果。巴克利认为对非洲土地采取的中国农业管理制度,在充满冲突的同时,也有着充分的合作,从而使小农户受益。中国援助的特征更倾向于避免某些标准的解决方案,而且常常需要回应合作国的特别要求,展示自己的发展经验,而不是建设体系化的政治或经济模式。中非农业合作的过程,并不必然遵循 OECD 发展援助委员会对发展中国家的发展援助的规范。示范中心运行遵循的制度,正如杜克海姆提到的,它由知识、信仰和"集体情感和集体观念"系统构成,这些系统是人类互动的共同产物,但又为个人以客观和"强制"的方式提供经验。

五是分析了科技理性在过去五十多年的时间里逐步渗入中国对非农业援助的过程,它直接反映了中国人对非洲农业发展陷阱和发展机遇的认知。需要说明的是,这里我们以科技理性抽象概括中国农业发展的核心要素,其具有以下特质:以现代科技为手段,将生产力的提高置于首要位置,注重国家的引领作用,并在市场化改革的背景下注重吸收商业化的手段以提高发展的可持续性。

农业技术示范中心的出现本身就是科技理性从中国向非洲漫游的升级版,是在原有实践基础之上的创新和务实考量的综合产物。我们一方面系统回溯了农业技术示范中心在宏观叙事,另一方面又刻画了示范中心在坦桑尼亚、埃塞俄比亚、津巴布韦和莫桑比克四个案例国在微观实践中的知识遭遇。通过这两个层面的阐述,揭示了新时期中非农业合作中备受热议的创新形式(农业技术示范中心)内在勾连的几个面向:

第九章　中国为什么援助非洲

第一，宏观援助政策设计和微观实践之间的断裂；第二，知识和政治之间的相互作用；第三，示范中心在提供替代性发展援助方式方面的可能性。

六是援助运行的激励。在援助项目的实践过程中，国家为激励运营单位，将援助款项交给中国的运营机构（企业或科研院所），由运营机构分配项目款项的用途，选择项目的具体实施人员。这就为机构和个人提供了发挥能动性的空间。项目实施的过程中表现出国家、运营单位和个人三方在经济利益上的博弈。

运营单位的性质决定了项目的日常运行模式，如运营者为企业的项目，其运营目标自然是最大限度地减少运营成本，增加项目收入。激励项目的执行人利用援助项目进行创收，改善自己的经济状况。在国家使命与经济利益的双重激励下，示范中心与受援国建立了互相依赖、互利共赢的微观关系，双方工作人员之间虽充满冲突和不信任，但这些都在互利共赢的关系下，通过中方妥协和让步的形式得到化解，示范中心的示范交流功能得以持续。示范效果激励着非洲人开始反思自身的发展问题，对可持续发展的探索也鼓励示范中心引导中国企业走进非洲农业领域进行投资，并督促其承担起规模化技术培训和示范的国家使命。由此鼓励非洲政府和人民探索和效仿中国农业发展经验，探索本国农业发展道路。

七是聚焦中国的援助者。西方国家的援助专家接受专门的全球化使命教育，带有西方文化"进步"思想，到非洲带有传教士的性质，而中国专家没有。从中国到非洲，他们带着恐惧、期待和兴奋进入非洲大陆，对非洲的了解也仅限于他们在出发前的粗浅了解。他们没有西方专家那种优越感，甚至还有一种"同乡"的感觉，他们看到的更多的是中国和非洲国家之间的文化相似性。

由此,政治与国家层面的高度契合与农业专家的技术捆绑在一起,塑造了中国援非农业专家在实践中的角色和身份。中国农业专家不像西方独立的、为挣工资而来的发展专家,也不是旨在传递文化的传教士,他们作为普通的个体、社会行动者,既有个人的经济动机,又承载着国家的政治使命,每个人都是国家的一部分,他们是中非国家之间的绿色使者,他们个人利益的驱动屈服于国家的使命,同时,他们的能动性又与国家的使命联系在一起。

我们把中国援非农业示范中心视作一个交织着中国、非洲和西方文化的"援助田野"(Aid Land),同时把这个"田野"假设为一个在中国政府、非洲政府、援助执行机构和个人利益的目标约束下,具有相对独立利益的"体系"。在这个体系中,政治战略、知识、技术得以传播,借由交流再生产出具有地方特征的政治和社会文化符号、话语。通过对这些符号和话语的分析理解"新发展"范式如何从中国流动到非洲,以此建构一个新的主客体关系的叙事。

这一叙事不是地缘政治的呐喊,而是基于田野的微观呈现,也是我们对新的全球化思潮模糊的学术理解。这一理解还远远达不到解释的目的,我们还不能在"天理"和"心智"、"理性"与"非理性"之间建构出一个学术的合法性基础,但我们希望开始这个看似野心勃勃的过程。

对非洲的报道缺了什么?

我参加清华大学传媒学院主办的"首届中国媒体非洲报道高层论坛",听了中国网总编辑王晓辉先生和中非基金副总裁王勇先生的发言很有感触。王勇先生讲,问中国人什么是非洲,大家都联想到"动物",这

第九章 中国为什么援助非洲

与非洲有许多野生动物自然分不开，但这样的印象过于单一了。

中国缺乏对非洲自主性的认知

　　媒体对非洲的报道涉及非洲的客观实际和我们如何看待非洲这两个问题，不同的视角所呈现的客观现实也可能是不同的。大家的感觉是媒体对于非洲的报道和那些长期在非洲工作的人了解有差异，这个差异当然也是正常的。媒体的报道有媒体的资源基础，也有媒体的话语和视角。有一次，我和一位同事去非洲农村考察，他对我说，这里不贫困啊！很显然，他看到的非洲农村和他在国内了解到的非洲有差异。在全球流动性这么大的今天，大众的非洲印象也不全都来自媒体。还有一次，我在埃塞俄比亚首都看到人们排着长长的队，一看就是在等公交车，这也可能和我们想象的不大一样。每次我们有新的同事去非洲，第一件事就是要去打针，然后再问去那里吃什么。这让我想到了20世纪80年代的时候，我的一位德国朋友跟我说，她来中国之前，很多人都说要带够吃的，她说"我去常驻，带多少算够呀"。由于我们在历史上缺乏对远距离异乡的实质性接触，对于非洲除了郑和带回来的长颈鹿外，谈不上对非洲有深刻的历史印象。我们对非洲的印象主要受到了西方的影响，也就是说，我们对非洲缺乏自主性和原初性的认知（很少受到其他文化建构的影响），而西方对于非西方的印象则是他们在与非西方的长期接触中构建出来的。西方对于非西方的构建从一开始也不是现在这样。非西方在西方人的眼里最初是"尊贵的异乡人"，到了启蒙主义以后就变成了"野蛮人"，到了殖民主义以后变成了"不文明的人"，到了去殖民化以后就变成了"不发达的人"，"贫困、饥饿、战乱、不安全、疾病"等符号主要是在这个阶段建构出来的，西方对于非西方印象的构建经历了从平行性到差异性构建的过程。按照西方的标

发展援助的未来

准衡量,不仅出现了差异,而且这个差异还呈现出具有歧视含义的二元特征。实际上,我们国内媒体上的非洲与西方媒体的非洲差异性并不是很大。我告诉我的西方朋友我在非洲工作,他会马上说"啊,我喜欢狩猎远征"。虽然我对解构主义的后现代观十分警惕,但是我还是接受他们对西方话语霸权的深刻批判。从某种意义上说,这个构建是不平等的,具有歧视性,按照后现代发展理论讲,这个建构甚至是西方的"阴谋"。差异化条件下对异乡的认识总是有差异性的,但是不应该是歧视性和霸权性的(全球伦理问题),这是后殖民知识理论的一些核心观点。

社会科学家的缺位

前面说过,我们在历史上基本没有探险者、传教士和海外殖民者这些"代理人"留给我们系统的关于非洲的印象。我们对于非洲的初期印象主要来源于早期的外交人员和援非工作者等,他们给我们留下了很多带有原初性的非洲印象。但是早期的这些人在外事纪律的约束下大多是在"中国人里生活",对于非洲的了解不能算很深入。后来有大量的经商者、投资者、工人和援外人员等进入非洲,一方面他们远比当初的那些人对于非洲有了更深入的了解;另一方面,他们也受到了主流媒体的影响,所以为国内提供的"非洲"信息往往很矛盾,包括我本人。一方面,觉得媒体上的非洲和真实的非洲不一样,另一方面又告诉国人非洲很乱,艾滋病很多等。我常常提醒自己,也告诉那些去非洲做研究的学生,客观看待非洲是很难的,但我们至少可以用"中国眼"看非洲,逐步建立一个具有中国主体认识的非洲。那么,什么是"中国眼"呢?比方说,用"关系"等看非洲,也可以用现代的"政商"关系,招商引资行为,"为人民服务"等。在差异性下建构一个"中国的非

第九章　中国为什么援助非洲

洲",发育基于中国自主性认知的非洲印象的概念和框架。我们的文化里有很强的中国文化的优越感,所以用"中国眼"看非洲无法做到客观,也有可能同样具有歧视性。同时,在全球化时代,我们自然也无法避免西方的影响,所以我们不可能超越自我的局限,但至少可以提高我们文化的自觉性,尽可能建构一个少一些歧视性的"中国的非洲"。这是媒体报道的基础工作。

构建这个属于"中国的非洲"印象离不开发育一个自主性的理论系统,否则无法构建认知框架,也就是说建立一个属于我们自己的了解非洲的"阅读体系"。中国人有多少人愿意看充满西方话语的非洲书籍呢？但是在西方,大家都会看那些关于非洲的书籍。如果我们有系统的、从文化上普通人都能懂的"非洲的书",情况可能就不一样。我们关于非洲的书很多都是重复西方的话语和观点,而建立我们自己的"阅读体系"离不开中国的社会科学的介入,尤其是人类学。西方利用人类学为他们提供了认识非西方的认识路径。建立中国对非洲的主题性认识当然很难,因为我们的社会科学体系是西学,特别是人类学。我们的人类学在框架和范式上基本上是西方视角的"中国",说它是西方研究中国的"资料助手"有点过分,但也的确有这个问题。所以,最近几年一大批学者开始讨论研究的主客体问题。我不认为我们会有一个完全的"中国人类学",但是很多人类学家已经触及了主客体的关系重构问题。我预计热衷于给中国村庄冠以各种符号的中国社会学家很快就会带着中国的视角到非洲去看非洲的乡村和社会,可能也会给非洲一个类似"乡土非洲""三农非洲"的概念。只有这样,我们才有可能建立起一个至少是"杂交"型的中国非洲印象。媒体的报道需要这样的理论建构,从而不断推出具有中国文化特色的非洲。

发展援助的未来

媒体报道的形式和内容的单一

　　由于工作的原因，我很注意媒体对非洲的报道。我发现，我们对非洲报道的形式和内容都比较单一。首先，涉及非洲的报道几乎都是时事类，关于战乱、政变、干旱、海盗等负面新闻，很少见到对非洲社会日常生活的报道。其次，很多援非工作者和在非洲的工作人员开始撰写反映非洲社会和我们在非洲生活故事的文章，很多材料都较为全面地展示了非洲的社会经济状况，也很接近真实的非洲，同时也有"中国的视角"，他们主要通过微信、微博等社交媒体在社会上传播这些个人的生活趣事，但在主流媒体上很少见到这些材料。对于很多没有去过非洲的人来说，媒体是他们形成非洲印象的主要信息源，媒体的话语也影响着他们对非洲的认知。在独立的初级性建构缺失的情况下，媒体甚至是人们对非洲认识的最重要的影响因素，不同媒体的影响力是不同的。总的来说，视觉媒体无论从形成印象，还是形成认知的冲击力等方面都比其他形式的媒体更为有力。我经常看央视有关非洲的报道，这些节目比起以前，从内容上讲已经非常广泛了，但涉及非洲的政治、社会、自然等很多方面，我觉得还是不够。这些叙事性的印象恰恰说明我们媒体报道非洲的形式和内容方面的单一问题。

非洲有值得我们学习的地方吗？

　　非洲有啥值得我们学习的？！这可能是大多数国人看到这个题目时的反应吧。

　　在过去的数年中，我积极介入了中国发展经验国际化的各种活动，特别是中国发展经验与非洲的各种分享活动。这些接触让我慢慢产生了

第九章　中国为什么援助非洲

更平衡看待不同的地方经验的视角，尤其是注意不能在批判西方中心主义的时候却在践行中国中心主义。

不久前，我在坦桑尼亚和中国驻坦桑尼亚大使聊天，我们都谈到了中国人对非洲的偏见。在非洲时间久了，会慢慢感觉到我们还是有很多地方需要向非洲学习。我讲的当然是那些我去过的非洲国家，不能覆盖所有的非洲国家，我见到的也不代表所有的非洲，只是习惯了用非洲这个词说我到过的一些非洲国家。

我们比非洲人更讲规矩吗？

我这样说，估计很多人都会同意。但是，我在坦桑尼亚工作了好几年，同时也广泛接触其他非洲国家的很多朋友。我们习惯说了就去做，但是非洲朋友总是要求我们要有明确的合同和工作任务书。这个习惯不仅在高层是这样，在大学，在农村都是这样。这个习惯也许是西方殖民主义的遗产，但是毕竟是一个好的习惯。他们基本上会按照文本的规定履行各种要求。

我们在坦桑尼亚苏库恩农业大学建了一个联合研究中心，经费到位后，他们按照设计的要求顺利完成了建设，每个过程都有详细的报告。从我们的经费和建成的中心看，我不认为这里面有太多的腐败问题。他们对于这样一个小的项目经历了校务会议和律师的审查，很讲规矩，反倒是我们都没有要求有一个项目的结束报告。

很多人都说非洲腐败，实际上这也与我们的习惯和认识有关。我们做生意的人往往会把在国内的做法带到非洲，觉得要办事就得找人，找人就得给钱，非洲的朋友工资低，给他们钱可能就拿了。很多情况下，非洲的人也会主动要钱，他觉得你有钱，为啥不和他分享一点，这是文化问题，不能腐败问题。我不是说非洲不腐败，但我觉得说非洲比中国

发展援助的未来

腐败可能并不真实。

非洲人讲规矩是普遍现象。有一次，陈见星先生陪我看动物，他是坦桑尼亚国家公园特许进入公园工作的动物保护者。他让司机带我们到马拉河边，司机说不行，直到司机打电话，公园管理处的工作人员核实了陈见星的身份后，司机才同意。

我在坦桑尼亚和其他非洲国家乘车，很少见到司机抢道、按喇叭、不让车。非洲城市的交通拥挤主要是道路不好和车多造成的，这与我们路上开车不讲规矩形成鲜明的对照。非洲的司机遇到行人基本上都是先让行人过。

我在亚的斯亚贝巴的街上看到人们排着长长的队在等公共汽车。在达累斯萨拉姆的快速公交道上，大家都很有秩序地排队。

非洲大街上的确是行人、汽车、摩托车等混杂，道路不发达，显得混乱拥挤，但是只要时间长了，你细心观察，会发现要不是他们讲规矩，不知要有多少事故，有多少争吵！从这点上说非洲是落后的文明，那我们算是发达的不文明。

我们比非洲人更讲卫生吗？

我们印象中的非洲往往是脏乱差，这也没错，但这可能更多是基础设施落后等造成的。只要你深入接触社会，你就会发现非洲人其实很讲卫生。

我在非洲一些国家很少看到随地吐痰的现象，非洲的朋友也很少抽烟。照理说抽烟是早期西方殖民者贵族的消费品，非洲的上层好像也没有太多人继承这个传统，倒是我们自己成为抽烟大国。非洲朋友区分中国人和日本人与韩国人好像也是通过观察抽烟来判断的。

我经常在非洲乘车长途旅行，中间会停在加油站或饭馆休息。我发

第九章　中国为什么援助非洲

现这些路边休息区的卫生间设施简陋，但是都很干净，没有太大的味道。相反我们高速路边的卫生间设施豪华，还有专人负责清理，但是总是味道难闻。

在非洲的卫生间也很少见到像我们那样贴着各种提示牌。即使在村里一般也都会有简陋的公共卫生间，里面一般都放着水桶，随时冲洗，但如果你要是到中国乡村，估计很难找到这样的卫生间。在中国农村去卫生间是一个很痛苦的事，找到一个干净的卫生间很难。如果我们把中国和非洲经济水平差别小点的农村在卫生上做个对比，毫无疑问我们农村的卫生习惯远远不如非洲。

很多人会说这不对，为什么非洲有那么多的传染病？是的，非洲的人畜饮水设施落后，很多都靠饮用天然降水，没有消毒的手段，饮用这样的水当然会有问题。我们可以设想一下如果我们没有很好的设施和卫生防疫，按照我们的卫生习惯估计问题要比非洲严重得多。

我们比非洲人更有信仰吗？

非洲犯罪率高也是我们对非洲的印象。但是奇怪的是，在很多非洲国家，抢劫的对象主要是中国人。对此，我们有很多的解释，但是，除了针对中国人的抢劫事件外，非洲社会其实很安全。如果按照人口的各种犯罪案件的发生率来看，非洲的社会治安应该是好的，而且他们维持社会秩序的成本是很小的。这与非洲的社会结构和信仰有很大的关系。

我在周日看到首都和小城市的人穿得整整齐齐去教堂，那种虔诚胜过教他们的西方人。在一般人的家里，照顾小的和父母以及周围的亲戚朋友也很自然。我们常常开非洲朋友的玩笑说什么人都是你们的兄妹。家庭和亲属以及村落内部的和谐自然与社会的现代化程度有关，但也不能说与信仰无关。

发展援助的未来

我在坦桑尼亚也发现，以前问大家对于总统的看法，他们的回答让我觉得总统好像是他们的亲戚一样，现在换了总统，他们也说这个总统好。我是外国人当然无法了解他们的真实想法，但是好像很少看到那种官民对立的情绪。这当然不是说非洲的政治和社会没有问题，很多非洲国家政局动荡，但这都有着复杂的原因。

我是个外国人，在非洲仔细观察他们是不是有官民对立的情绪。我总觉得他们比我们平静得多，他们比我们在物质方面落后很多，但是似乎比我们更满足。

我们比非洲人更能接受批评吗？

若干年前，我在一个有总统先生在场的会上发言讲到了坦桑尼亚发展的问题，第二天当地的著名报纸《公民报》在第一版有了大标题说"中国教授教训总统"。我看了这个报纸非常紧张，跑到使馆，大使笑着说，教授厉害啊，敢教训总统。

我根本没有教训，我哪敢破坏中坦友谊啊！我找报纸希望他们道歉，报纸说这是我们的理解。我又到总理府跟总理说：我可没有这样说。结果总理说，我们天天都得面对这些，不用在乎，在乎的话就没法工作了。

还有一次，我参加一个会，我发完言，当时坦桑尼亚的计划委员会的常务秘书长、现在的财政部部长当着总统的面说，我们这么多年没弄清楚发展是什么。我觉得我们的部长不敢当着领导的面在公众场合这样讲。这些都自然与坦桑尼亚的政治体制和社会制度有关，也并不是所有非洲国家都这样，但是这毕竟是在非洲，是在我们想象中独裁专断的非洲。

非洲有很多与我们想象不一样的地方，重要的是非洲有自己的文化

第九章　中国为什么援助非洲

优势，长期受到西方的影响，自然会吸纳西方的精华。现在非洲又开始"向东看"。非洲具有自然资源的优势，有人口优势，有发达国家和其他国家的支持，我相信非洲大陆能很好地吸纳各种文明。他们有很多值得我们学习的东西，特别是他们现在展示出的谦虚的学习精神更值得我们学习。

私企走进非洲，功课须先做足

日前，一则赞比亚铜带省移民局和警方抓捕 31 名中国公民的消息迅速成为国内外新闻热点。中国驻赞比亚使馆在事件发生后立即与有关方面进行密集交涉，并看望被关押的中国公民。目前该事件已得到妥善处理，但这起事件却被国外一些媒体拿来作为指责中国对非投资的"口实"。

其实，这起事件在中国对非投资中只是极少数的个案。之所以引起关注，一方面是由于当地警方抓捕关押方式引起国内民众反响，另一方面可能因为涉及中国的某些小型私人企业在纳税、雇用员工等方面的因素。

西方企业在非洲其实也有类似情况，比如几天前，坦桑尼亚主流报纸《每日新闻》披露了西方跨国公司长期瞒报珍稀矿产，在 16 年间逃税 50 亿美元的消息。但相比之下，这则消息并未引起西方媒体的"轩然大波"。

显然，无论将中国还是西方的某个企业可能涉及的问题，升格为中国和西方所有企业的问题，这种话语都是不对的。西方的援助和投资，对于非洲整体发展绝不能说都是负面的，而中国作为非洲发展的积极推动者，其发挥的作用也是国际社会公认的。

发展援助的未来

2017年5月30日,中国援建肯尼亚从内罗毕至蒙巴萨的铁路正式移交通车。肯尼亚总统肯雅塔说,这是一个历史性的、令人骄傲的时刻。20世纪70年代,中国花了不到6年的时间援助建成了全长1 860.5公里的坦赞铁路。坦赞铁路为当时东南部非洲国家的独立和发展发挥了很大的作用。在基础设施日益成为非洲发展制约的今天,蒙内铁路与2016年建成的亚吉铁路已成为东部非洲发展的重要支撑。因此,中国与非洲的合作和发展是着眼于长远的,而非"一锤子买卖"。

2016年,中国与非洲国家贸易额1 492亿美元,中国连续第8年成为非洲第一大贸易伙伴国。目前,中国对非各类投资存量已经超过1 000亿美元,有3 100多家中国企业在非洲投资经营。随着越来越多的中国企业(包括不少小型的私人企业)投身非洲发展,它们中间有少数因为对当地法律和社会人文环境不了解,容易出现这样或那样的问题。

近些年中国对非直接投资已经从过去的单一资源产业为主,逐渐向多元化过渡,金融业、新能源、农业、制造业、基础设施和通信信息产业等均正在成为新的投资热点,例如一家中国制鞋集团在埃塞俄比亚投资,为当地创造6 000个就业岗位。这些企业不但都遵守了当地有关税收和就业的法律,为当地提供了巨大的税收和就业,而且积极履行企业的社会责任。

事实上,在过去三十多年中,中国企业的国际化也是在实践中学习,不断按照国际环境和就业的标准展开投资。在这个过程中,难以避免一些小型企业由于各种原因存在税收和就业工资以及环境方面的问题。

不少中国私企人员并不清楚,虽然非洲一些国家经济不发达,但是都有比较完善的税收、劳工和环境相关法律,因此在进入非洲前应该与

第九章　中国为什么援助非洲

中国驻非使馆和商务代表加强联系沟通，了解学习这些重要的内容。对于在与当地企业合作中出现的由于语言等方面导致的问题，以及没有很好地遵守当地法律的问题，中国的企业必须面对，改进工作，只有这样，中非合作才会在互惠互利的原则下不断深化。

"白衣天使"的援非使命[*]

从 1963 年中国向阿尔及利亚派出第一支援外医疗队至今，中国政府不间断地向非洲派出医疗队，并确立了以省为单位选派医疗队的医疗援外体系。这不仅在中国外援史上绝无仅有，在世界范围内也极其罕见。根据国家卫计委发布的数据，这 50 年来，中国共向 66 个国家和地区派遣过医疗队员 2.3 万人次。目前有 1 100 余名医疗队员在 50 个国家和地区的 113 个医疗点从事援外医疗工作，主要集中在非洲国家。而从成效上讲，中国援外医疗队在受援医院援助效果明显，贡献巨大，有力地配合了我国的外交工作，已经成为中国援外工作的标志性成绩。

挑战

中国对外的医疗援助，本身就是国际人道主义援助的一种形式，同时也是履行大国责任的重要体现，是推动全球实现联合国可持续发展目标的重要途径之一，值得继续坚持。但是就目前来讲，根据笔者的实地调研，中国的援外医疗存在着以下问题和挑战。

援外理念和体系需要与时俱进

目前中国援外医疗队的派遣、管理和理念更像是延续着前 30 年的

---

[*] 本文原载于微信公众号 IDT，作者：田牧野。

发展援助的未来

"惯性",殊不知相比那个年代,国内国外的情况已经有了巨大的变化。从国内来看,随着社会的转型与发展,单纯的援外津贴和政治表彰已经缺乏相应的吸引力,考虑到职业发展等因素,旧有的体制下援外医生普遍面临着选拔难的问题;另一方面,欧美发达国家对非洲国家也开始了大面积医疗援助,并非中国一枝独秀。

就定位而言,中国援外医疗队到底是专家型的技术性援助,还是单纯人力上的补充;是以日常门诊为主,还是以公共卫生治理为主,都没有明确的目标。中国医疗队员在上述各个方面的事情中都有参与,缺乏重点。在布局分配上,也是延续之前的模式,力量分散,且工作环境恶劣,效能有限。

而相比之下,一些其他国家的医疗援助更加专业化、精细化,富有针对性。例如笔者在非洲调研时发现,有的国家采取"飞行团队"(Flying Doctor)的模式,即以一个医学治疗团队为单位,在非洲某个医院开展某种特定类型的手术。飞行团队一般自己带全套器械,集中开展一周或一个月的手术,结束后器械和设备全归当地医院。这种模式定位明确、效率高,且降低了受援医院和患者的医疗成本,深受当地人的欢迎。

受制于受援国的医疗卫生条件,普通医疗队援助模式难以充分发挥作用

鉴于其固有的发展条件,非洲的众多受援国在医疗卫生领域普遍面临着以下问题:由于财政紧张,公立医院普遍缺医少药,甚至连手术用的麻醉药、纱布都经常短缺;医疗设备短缺、落后,省一级医院的条件甚至连中国乡镇医院都不如,现代化医疗设备更是严重缺乏;公共卫生领域力量更为薄弱,缺乏相应人才。

当前中国医疗队的援助形式主要是在受援医院中开展诊治工作,缓

第九章 中国为什么援助非洲

解受援医院医生不足的情况,并适当组织巡诊,总体上讲只是帮助受援医院暂时性地解决缺医少药的问题,并从事一些较为简单的医疗活动。派出单位根据受援医院的情况适当援建一些医疗中心,但是受制于数量和客观条件,并不能充分发挥中国医生的价值和作用。

队员内部矛盾和心理问题需引起重视

援外医疗队是将"个体化"的队员从各自的家庭、单位抽离出来,重新聚集在一起过集体生活。在非洲出于安全、外事的考虑,一般与外界社区是隔离的。在这种情况下,队员每天直接面对的是自己的队友,医疗队又是临时性机构,长时间接触中不可避免地产生队内矛盾。队内矛盾在援外医疗队中很容易出现,并且大部分都是一些非常琐碎的事情,都是些"上不了台面"的事情,但是很容易在队内引起负面情绪。

此外,由于队员长期在非洲相对封闭的环境中工作,面对艰难的条件,身心疲惫,加上工作繁重、矛盾积累且无法调节、生活枯燥寂寞、思念亲人等因素,容易产生心理问题。笔者在援坦桑尼亚地区医疗队调研中,就发现了这个问题,一些队员存在着心理敏感、焦虑、抑郁的现象;而笔者在国内同其他医疗队队长的访谈中,也发现了这一问题,可以说,队员心理问题也较为普遍。上述问题直接关系整个医疗队团队的队内氛围和工作状态,是需要引起管理部门注意的。

建议

针对中国援外医疗队的上述问题和挑战,笔者提出了以下建议:

重新定位中国援外医疗队目标及布局

如定义中国医疗队是以专家技术性援助为主还是以医学培训为主?尤其是在当前的形势下,医疗援外的定位更需明确化、专业化、效率化。就目前中国援外医疗队发挥的积极效应看,援外医疗队的布局与分配应该与国家外交宏观战略相配合，尤其是在当前"一带一路"倡议下，援外医疗队的布局和分配有待再考量。

适当拓展其他援外形式尤其考虑实行医疗队+医学器械形式

医生要发挥更好的诊疗效果，必须要依靠先进的医学器械和设施。而目前我国的医疗援助则是以增派医生为主，医疗器械和设施援助的力度有限。例如就笔者在坦桑尼亚基层调研的情况看，由于器械和设施的缺乏，中国医生的很多诊疗活动无法开展，极大地限制了诊疗效果，医生只得从事一些非常简单的工作。

江苏省卫计委援建的医疗中心是一个很好的示范，即依托具体的中国医生援建医疗中心，医疗中心以硬件器械援助为主，配合中国医生开展了众多当地无法开展的手术，极大地改善了当地医院的医疗条件。

但是，由于非洲当地医院缺乏维修条件，需要定期派人维护援建的医疗设施，例如在坦桑尼亚所有美国援助的设备每年都有人定期前来修缮保养。因此，今后是否可以将器械与设备援助作为医疗援助的重要方面，并且结合中国医疗队队员的具体专业，可以考虑由省级卫计委负责相关器械、设备的配给，并且安排人员定期维护。

除了以上援助形式，公共卫生领域及医疗人才培养领域的援助可以尝试开展。例如美国针对坦桑尼亚地区艾滋病流行的情况长期提供抗艾药品，并援建大量的艾滋病防治医疗中心，中国医疗队可以参与到当地流行疾病如疟疾、艾滋病的专项防治工作中。

借鉴一些积极经验，重视队内生活管理

队内矛盾问题和心理问题直接关系医疗队的工作生活状态，急需管理人员重视。一些医疗队外派单位从选拔到培训总结了一套自己的经验，这些是可以推广和学习的：

（1）考虑到队员可能因生活习惯发生冲突，所以在队员选拔上，

第九章 中国为什么援助非洲

考虑由一个地级市统一选拔,若有不足的名额,再从邻近城市选拔。这样就避免了因生活习惯不同造成的冲突,并且选拔的队员很多都共事于同一所医院,都会顾及颜面不会因为某些小事而起纷争。

(2) 在派出前培训时,组织军训及拓展训练,注意培养团队意识和团队凝聚力,队里面的分工,如司机、水电工、会计等在出行前就具体分好,并且有相应的规定执行。

(3) 在生活细节上统一要求,避免因生活琐事起纠纷。例如在队员赴非洲前就分配好驻地房间,房间中的配置都是相同的;在伙食问题上更是制定了伙食管理制度,例如规定了菜的样式、搭配,为了让厨师休息在周日要实行帮厨制度,在具体实施时队里制定菜谱和周末帮厨名单;平日里考虑到生活会比较单调无聊,队里会组织各种活动诸如台球比赛等来丰富队员们的日常生活,避免队员们生活孤单、寂寞。对于这些举措,相关主管部门可以采纳。

此外,医疗队在队伍管理上少一些"硬性"的管理规定,如"队员不得离开驻地50公里"。此类规定,在细节上精细管理,充分考虑队员的心理、工作状态。此外,考虑到医疗队队员毕竟跟外交人员不同,规则上可以适当增加其灵活性,在保障队员安全的基础上,鼓励与当地民众的交往,尤其是鼓励他们参加对当地人的医疗培训和当地医学院的教学。

多部门共同协调,承担相应的责任和经费

中国医疗队目前在外由多部门领导,其所做的工作主要为外交服务,在外华人、企业及使馆相关工作人员均受益于医疗队。目前国家卫计委管辖的医疗队众多,仅在非洲就有45支中国医疗队,而地方卫计委已经负责了队员的选拔、部分经费及后续安排,管理压力和经费压力也非常大,那么,可以考虑由多部门联合起来,更多地负担相应的责任、经费，如医疗队在生活上的设施、住宿环境的改善，这些也有助于医疗队工作的开展。

中国援非专家如何更好地助非发展[*]

中国向非洲派遣农技专家已有五十多年的历史。尤其是2006年11月中非农业合作论坛北京峰会后，作为党和国家领导人对非洲国家做出的八项承诺之一，向非洲国家派遣农业专家技术组（以下简称农技组）已成为中非农业合作的一项主要活动。该项目在传递中国先进的农业科学技术、介绍中国成功的农业发展经验、改善受援国农业发展条件等方面发挥着积极作用。中国农业专家充分利用自己的专业知识，通过开展实地调研、技术培训和观摩示范等活动为受援国培训了大量的农业技术人才，帮助他们解决当地农业生产中的技术问题，为促进受援国农业发展做出了贡献，赢得了受援国的尊重和好评。

实践证明，中国向非洲国家派遣农技组是行之有效的援助方式，但基于项目执行周期短、经费有限等限制因素，未来欲加强其援助效果还面临一些挑战。在实地调研的基础上，我们提出以下七条建议：

第一，加强人员派遣的连续性。目前，农技组派遣时间通常为一年（部分项目为两年），当一批专家到期回国后，再派出另一批专家。不同批次的专家派遣到受援国的工作时间完全没有任何交叉，因而未能形成两个批次专家之间有效的沟通和交流机制。在此情况下，专家的调研工作需从头做起，重复性强、时间成本大，从而造成一些试验性项目不够连续。鉴于此，建议在专家自愿的基础上，可派遣同一个专家持续到

---

[*] 本文原载于微信公众号 IDT，作者：陆继霞、李小云。

第九章　中国为什么援助非洲

相同的国家继续进行农业援助工作（如个别专家在同一个国家连续两年）。

另一方面，建议不同批次的专家在派遣时间的安排上，可以重叠一个月的时间，从而让两个批次的专家在受援国有一段时间能够共处，或者邀请前一批专家和后一批专家在国内相聚，为他们提供充分的面对面交流的机会和平台，让前期的专家更好地为后续专家介绍并提供当地的信息，以促进专家更快更好地适应当地的自然、人文与社会环境，进入工作状态。对于基础比较好的国家，可考虑建立驻外专家工作站的模式，还能够节约项目中的一些成本。

第二，建立并完善中国援非农业专家信息交流数据库，加强信息资料收集与整理工作。

农业专家到达当地后至少需要用半年到一年时间了解受援国的政治和经济等情况，尤其是项目期只有一年的农技组，刚刚了解了受援国情况项目就结束了，成效不是很好。尽管后续专家可通过阅读前面专家的报告或其他信息了解，但缺乏更为全面的渠道。因此建议加强农业专家的信息资料收集与整理工作，并建立和完善相关数据库，为中国援非农业专家建设统一的信息交流平台。

在此基础上，援非农业专家可以在项目提供的平台上更为深入地了解其他批次的专家在同一个受援国已经开展的工作，更为及时有效地了解相关信息，从而为后续工作奠定基础，减少专家对同样工作不必要的重复，从而提高工作的连续性和有效性。

第三，进一步优化中国派遣农技组的项目设计，引入项目监测与奖惩机制。当前，援非农技组项目的评价与奖惩机制较弱，缺乏有效的监测和评估体系。目前，农技专家在受援国工作量的多少和效果的好坏更多取决于专家对自己的要求，这种政策导向并不能有效激励农业专家工作的积极性。基于此，建议建立项目监测系统，可适当考虑引入第三方或者独立的机构对项目效果进行科学的评价。如对援非农技组项目进行定期监测和评估，从而及时发现项目实施过程中的问题并给予解决，为日后项目工作提供借鉴。

与此同时，应健全农业专家的评价与奖惩机制，引入弹性工作机制，提高专家的工作积极性。此外，农业领域的工作是一项实践性很强的工作，需要专家到实地进行勘察和实验。但总体而言，目前经费不足成为限制农业专家更好地开展工作的瓶颈。由此，还建议相关部门适当提高经费投入力度，从多方筹集经费，以此提高援助效果。

第四，进一步优化农业专家选拔机制，积极倡导农技组的团队意识。一方面从语言和专业水平方面考量，更重要的是对团队合作为主的综合素质的考察。农业专家的素质高低直接影响项目执行的效果，因此建议拓宽选拔范围，提高专家的选拔标准，综合考虑语言、性格和业务等因素。中国农业专家的援非工作兼具思想的统一性与行动的独立性，只有具备良好的思想素质、扎实的业务能力、丰富的实践经验和深厚的语言功底的专家才能胜任，而对农技组团队组长则要求有丰富的团队管理能力。农技组专家作为援非使命的承担者，其相互之间的协作配合很大程度上会直接影响项目执行的效果。建议审慎选择农技组的管理者，专家技术组的组长应具备卓越的业务素质并善于运用领导艺术，在专家技术组内积极倡导团队合作意识，使组内成员能密切合作，以提高援助的有效性。

第五，进一步提高专家福利待遇，促进其工作积极性。当前，专家的津贴标准较低（还是近 10 年前的文件标准），并且农技专家按规定在派遣期内只能回家探亲一次（探亲期间薪金需扣除），家属赴非探亲也会受到客观和主观上多方面的限制，所有这些问题给援非农技专家心

第九章　中国为什么援助非洲

理都带来很大压力。因此，建议适当改善专家在执行项目时的待遇，使他们的工资达到援外人员的同等水平。如农技专家在项目执行期间可安排每年一次的公费探亲活动，家属赴非探亲可实行部分经费报销制度，并安排探亲家属的食宿等。此外，建议提高援非农技专家的政治待遇，当其完成援非任务回国后，除保留原单位的职务外，在其职称晋升和政治待遇等方面给予政策性倾斜。

第六，建立农技专家心理咨询制度，关注管理专家的心理状况。现有的政策体系较少关注援非农技专家的心理状况，当援非工作中产生负面情绪时，基本上只能自行消化，专家抗压能力各异，时间久了，大部分专家会受到或轻或重心理疾病的困扰。而农业专家健康稳定的心理状况有助于增强援助工作的有效性和科学性。鉴于此，建议农业专家出国前和归国后都应接受心理辅导，援助中期可定期派心理咨询师前往受援国，对农业专家进行心理辅导（必要时进行心理干预或治疗）。

第七，结合受援国的具体情况，建议农技专家组的工作任务可以进行适当拓展。如专家可以在非洲工作期间，为走出去的中国农业企业提供一些技术指导和咨询服务，在非洲国家和中国企业之间起到牵线搭桥的作用，一方面可以减少中资企业投资的盲目性和损失，另一方面也能为促进受援国的农业发展做出贡献。

讲好中国故事勿要变成仅讲中国 "好故事"[*]

在 2018 年的春晚节目中，《同喜同乐》（下简称"喜乐"）这样一个讲述中非合作故事的小品在国内外引发了广泛的讨论。争议的观点集

---

[*] 本文原载于微信公众号 IDT，作者：徐秀丽。

发展援助的未来

中为三种：第一，认为中国有种族歧视的倾向，因为节目中让一位中国人将脸涂黑，装上夸张的臀部装扮非洲妈妈，并对着镜头喊"我爱中国人，我爱中国"，还让另一位非洲人扮演猴子（事后证明，猴子是中国人扮演的）；第二，节目中强调了中国人西装革履的形象和非洲野生动物的形象，刻画了中国先进、非洲落后的二元结构，并伴随着剧情的开展呈现了非洲大陆需要中国人拯救的含义；第三，也有人认为此剧本身从意愿到表达都与带有歧视性意味的种族主义没有关系。但令人失望的是，此剧将非洲朋友长期想要改变的刻板印象和附属地位再次展现出来，通过春晚如此有力的舞台传播后，有可能打击之前各方所做的真正想要认识非洲的努力。

诚然，对上述批评我们可以一一提供内部视角予以辩驳或补充，借以提供更为多元、均衡的叙事。但需要注意的是，这并不是中国第一次涉外交流和宣传引发争议，更早之前的上海洗衣粉广告、湖北省博物馆展览等均在国际上引发不小的风波，而此前一部关于中非交往的纪录片也因国内公众的强烈反应而停播——上述几类事件尽管性质不尽相同，但均彰显我国涉外叙事上的困境。可以设想，随着中国在国际上影响力的逐日增大，国内事务和国际事务之间的边界会较之前更为模糊，面向国内公众和面向国际公众的叙事之间会产生交叉（比如春晚之前都是面对国内受众和海外华人的），假如我们对类似的故事不弄清楚"到底发生了什么"，争议只会增多。"这才是最让人担心的"，正如一位非洲朋友所言。

那么，"喜乐们"为何会引发争议呢？以下三个方面的议题供探讨：

第一，相关方对现行国际话语和前沿社科思想不敏感。"一带一路"和中非合作的推进不是在真空中开展的，而是无时不在、无处不

第九章　中国为什么援助非洲

在，与已有的历史叙事和地理情境在碰撞中前行。从文艺复兴到大航海时代，再到启蒙运动，以及二战后兴起的国际体系，尤其是20世纪80年代以来的后殖民主义知识体系源源不断地创建出一个话语世界，包括诸如反对种族主义、追求性别平等、关注绿色发展、要求体面工作、反对童工、推进善治等，这套话语和准则不仅通过WTO、世界银行、联合国各机构等国际多边、双边和非政府组织的出版物、高层论坛、协约条款等广泛传播，更是通过"项目""媒体""教育"等载体不断落地实践、漫游全球，成为众多现代知识精英智识版图的核心部件。可以说，这些话语一方面具有先进性，反映了西方世界从启蒙主义到去殖民化，再到后殖民主义时期底层民众对权利的争取和知识精英对自身结构的警醒，从而引发了全球性多元文化的价值取向；但另一方面，这些话语作为西方后现代思潮的理论基础形成了全球性的知识霸权，并对那些在知识生产方面处于劣势，但希望追求物质改善的发展中国家的现代化过程产生消解——显而易见，这套话语体系的运作是需要经济成本的，一旦经济发展不佳，该体系就会屡遭挫折，与此套话语体系格格不入的特朗普之所以能入选美国总统也从侧面反映这套知识体系在现行美国经济形势下的局限性。

作为发展中国家的一员，我们一方面受益于全球性多元文化价值取向腾挪出的发展空间，但另一方面，通过自身有别于国际主流倡导的政治体制、文化传统和实践模式探索出一套可选择的发展途径，从而与现行国际上盛行的话语套路形成一定的张力。尽管如此，当前中国现代发展经验的总结和分享仍处于初级阶段，诸如国家引领市场、摸着石头过河、国企改革、乡镇企业、新结构主义等概念虽在一定范围内得以探讨，但尚不占据全球引领性位置，更谈不上系统性进入现代知识精英的核心智识版图。因此，在长期内，在"一带一路"和新南南合作推进的过程中,对现行国际主导话语和实践准则的"底板"必须予以敏感性的对待,方能避免掉坑。在此案例中,我们自不必赘言几个世纪以来欧洲和美国种族主义的整套体制、伴随而来的风起云涌的西方民权运动,以及这些历史进程给世界各地包括非洲民众带来的深层心理影响和话语塑造,他们今天可以用"种族主义"来套用中非之间的合作,下次还可以用"性别歧视""环境破坏""治理不善"等各种既定的框架来刻画中非之间的关系,假如对此背景不敏感,误以为可以在白纸上绘制"中国经验",反映"中国声音",引发风波自是不可避免。

第二,我们多数人由于历史原因长期形成单一、刻板的世界观,往往以"中－西"二元对立框架思考自我和他者之间的关系,防御性较强,缺乏立体多元的全球观,以及有效设置国际话语议程的能力。一国国民的世界观向来与其国家所处的阶段性国际位置紧密相关,随着"一带一路"和新南南合作的不断推进,必然需要国民重塑其对世界的想象,但是观念的转型往往是个漫长的过程。在回应"喜乐"的批评时,也有不少评论指出"不要用西式文字来判断,而要将其置于中国文化和背景之下理解""要注意外媒的意识形态设置,不能落入他们的圈套"等,这些批驳固然有其道理,但由此也可看到评论者脑海中隐含的"中－西"二维分析框架,即将西方作为中方或追赶学习,或防御、攻击的对立面,从而形成较为单一刻板的全球观。这一框架具有历史原因。晚清遭遇西方,屡次战事交锋失利,林则徐开始睁眼看世界,李鸿章则发出"千年未有之大变局",严复大量翻译西方著作,再加上之前通过日本福泽谕吉等翻译引进的大量西方著作等,一种以西方为中心的全球秩序及文野观在中国确立起来。随后通过二战后建立起的有关发达和发展中国家、南方国家和北方国家的二元分类方式,西方已经作为一个我们追赶、学习和竞争的"他者"被构建起来,"赶英超美"

第九章　中国为什么援助非洲

"与国际接轨"都是这种二元框架在不同时期不同的表达方式。在此框架内，世界被强行割裂为"我国"和"外国"，而外国则一般通指"西方"，进而，"西方"又进一步简化为"美、日、欧"等发达国家和地区。

在此二元框架下，世界失去了丰富性和多元性，"西方"成为我们界定外部世界时的一个笼统对象。这不仅是指普通大众，即便在专业研究者和创作者群体身上，情况也大致如此。根据笔者之前的访谈，目前，我国最具影响力的国际研究者关注的国家基本在美、日、欧等一些大国、强国和地区。笔者的一位同事在分析中国顶级学者的研究视野时也发现，通过地理、语言和幅员等几个维度的想象，这些具有影响力的研究逐渐落实了一个指称不明、边界模糊的"西方"概念，并将其作为"一争高下"的对象。在此框架下，五彩斑斓的世界被割裂成黑白两种颜色。这样一种观念必然影响我们在回应国际话语时的有效性，呈现出较强的预防性和机械性。

如今，随着"一带一路"倡议的提出，中国与世界发生着日益多元复杂而密切的联系，中国和发达国家、其他发展中国家正在构建完全新型的关系，无论从经济方面，还是从社会文化方面，中国本身的角色和身份及其对世界的意义都发生了本质上的转型，"人类命运共同体"的提出也为全球发展提供了新的方向。但这些宏观层次的倡议如何落地，在很大程度上有赖于微观层次上不同国家民众之间的多元互动，这首先需要升级我们长期以来秉承的简单的中－西二元框架，使民众建立起更为立体多元的全球观，这不仅有助于我们在国际上主动设置议程，还能使我们更好地展开更有效的国际对话。

第三，讲好中国故事变成仅讲中国"好故事"，国际对话和传播忽略动态性和多元性，形象塑造过于刻板。多年前，在印度尼西亚参加国

发展援助的未来

际会议,中场休息时一位来自美国的观众说,她很喜欢《卧虎藏龙》这部电影,问她为什么,她给了一个词"dynamic",并进一步解释说:这部电影呈现出人物的复杂性和动态性,让人觉得很真实,而非机械和刻板。事实上,不管国内,还是国外,大众喜闻乐见的故事都是有血有肉、能反映人物真实情感复杂性的。任何影视作品都会蕴含和传达一定的价值取向,这无可厚非,但如何寓教于乐,能做到"随风潜入夜,润物细无声",将故事讲得更好,却是一门需要关注的技艺。尽管许多国内观众并不认同"喜乐"中有种族歧视的含义,但如同许多《战狼2》的观众一样,他们都认为这些影视作品中的叙事过于单一,人物刻画不够多元和动态,大喊口号反而让人望而却步。

从构建人类命运共同体的长远目标看,"一带一路""五通"中最为核心的还是民心相通,国之交在于民相亲。党的十九大也指出"推进国际传播能力建设,讲好中国故事,展现真实、立体、全面的中国,提高国家文化软实力",针对国内公众提高他们对于国际事务的认知,针对国外公众提高他们对中国发展历程的认知,这些都至关重要。近年来,国内也为此开设了不少针对国外各类人员和国内走出去人员的涉外培训班,并推出了诸多著作和影视作品,但叫好又叫座的并不多见,其中一个很大的原因是将"讲好中国故事"窄化为仅讲中国"好故事",忽略了过程的复杂性、动态性和多元性,从而无法让中国发展经验更好地落地和转化。

新的一年里,中非合作、"一带一路"倡议以及各种形式的新南南合作将继续前行,在互动更为频繁的今天,中国涉外叙事中的摩擦在所难免。如何从中学习和反思,建立起事前和事后的反馈机制至关重要,这就需要在内宣和外宣之间、官方和民间之间、行政和学术之间等进行多维有效的沟通和互动。比如如何在大型有影响力的活动、知识艺术产

第九章　中国为什么援助非洲

品推出前设立相关方的专业咨询机制，推动中国社会科学面向其他国家展开更为多元和丰富的知识生产过程，加强发展中国家尤其是我国发展经验的研究和南南合作话语的生产和传播，并推进这些探索性知识的及时分享和应用等。今天和未来的中国，需要对自身角色和身份重新界定，走出悲情和二元对立的历史叙事，与外部世界建立从容不迫的平视视角，开拓更为丰富立体的全球视野，对"走出去、走进去"过程中的摩擦和冲突保持一种从容的自信。当然，这需要时间，这一目标不可能短期内就实现，但是时候提出这一命题了。